Ulfert Herlyn/Wulf Tessin
Faszination Wolfsburg 1938-2000

Ulfert Herlyn/Wulf Tessin

Faszination Wolfsburg
1938-2000

Leske + Budrich, Opladen 2000

Gedruckt auf säurefreiem und alterungsbeständigem Papier.

Die Deutsche Bibliothek – CIP-Einheitsaufnahme
Ein Titeldatensatz für diese Publikation ist bei Der Deutschen Bibliothek erhältlich

ISBN 3-8100-2653-0

Druck: DruckPartner Rübelmann, Hemsbach
Printed in Germany

Inhalt

Verzeichnis der Abbildungen

Einführung

Es gibt unübersehbar viele Bücher über Städte und ihre Entwicklung – darunter auch mehrere über Wolfsburg. Warum sollten wir ein weiteres hinzufügen? Verschiedene Gründe sprechen dafür. Sie hängen zum einen mit Besonderheiten der Stadt Wolfsburg und zum anderen mit von uns verfügbaren Forschungsergebnissen zusammen.

Ein erster und vielleicht der wichtigste Grund für ein Buch über Wolfsburg ist die Tatsache, daß es sich bei Wolfsburg um eine der wenigen Stadtgründungen in Deutschland im 20. Jahrhundert handelt. Bekanntlich sind die meisten Städte zwischen dem 11. und 14. Jahrhundert entstanden. Fast alle haben daher eine z.T. stolze, häufig wechselhafte, aber auf jeden Fall eine lange Geschichte, und das heißt, daß sich sehr verschiedene historische Epochen in der jeweiligen Stadtorganisation und Stadtgestalt niedergeschlagen haben.

In einer neuen Stadt wie Wolfsburg hingegen, die erst seit 60 Jahren existiert, kann sich die städtebauliche Gestalt der Moderne auf dem Hintergrund der jeweiligen Leitbilder ungehindert verwirklichen (vgl. Kautt 1988). In den verschiedenen Phasen der Stadtentwicklung wurden unterschiedliche Planungskonzepte verfolgt: das "Gartenstadtmodell", die "gegliederte und aufgelockerte Stadt" und das Konzept "Urbanität durch Dichte". "Die Sonderstellung Wolfsburgs definiert sich (...) zu einem wesentlichen Teil durch die paradigmatische Ausprägung städtebaulicher Leitbilder des 20. Jahrhunderts, die hier in einer Dichte und stilistischen Geschlossenheit im Stadtgebiet ablesbar sind, wie das wohl sonst in Deutschland nur selten der Fall ist" (Reichold 1998: 8). Wolfsburg ist damit zu einem beliebten Ziel für angehende Architekten und Städtebauer geworden, die hier auf engem Raum die verschiedenen Lösungen der Wohnungsfrage im und nach dem 2. Weltkrieg in Reinkultur vorfinden.

Als zweite Besonderheit sind der Gründungsanlaß für Wolfsburg und die sich daraus ergebene besondere Wirtschaftsstruktur der Stadt anzuführen. In der "Stadt des KdF-Wagens", wie Wolfsburg bis Kriegsende hieß, sollte im Volkswagenwerk der "Volkswagen für alle Deutsche" gebaut werden. Dieses VW-Werk wurde in der Nachkriegszeit ein Wirtschaftsgigant, der sich in seiner weitverzweigten internationalen Verflechtung zum größten Automobilhersteller Europas entwickelte. Für die Entwicklung der Stadt Wolfsburg war die von Beginn an programmierte industrielle Monostruktur entscheidend, neben der bis heute keine nennenswerten anderen Industrieunternehmen entstehen konnten. Der erste Generaldirektor des Werkes, Heinrich Nordhoff, sagte einmal: "Es dürfte in Europa – vielleicht in der ganzen Welt – nur wenige Fälle geben, in denen die Symbiose zwischen einer Stadt und einem Industrieunternehmen so vollkommen ist wie in Wolfsburg mit dem Volkswagenwerk". Diese Vormachtstellung des VW-Werkes hat nicht nur die Art, das Ausmaß und das Tempo des Stadtwachstums entscheidend beeinflußt, sondern auch und vor allem die Art und Weise des Zusammenlebens in der jungen Stadt. "Durch den Erfolg des Volkswagenwerkes wurde das Fragment der 'nationalsozialistischen Musterstadt' in der jungen Bundesrepublik die 'Wirtschaftswunderstadt' des Westens" (Beier 1997: 11). Auch wenn die Stadt Wolfsburg unter dem Aspekt der monoindustriell strukturierten Stadt kein Einzelfall ist – man denke an die Autostadt Detroit in den USA, an Rüsselsheim oder Leverkusen in der Bundesrepublik – so ist sie in Kombination mit dem Merkmal der ungefähren Gleichzeitigkeit von Stadt- und Werksgründung, einer 'Stadt aus der Retorte', einmalig.

Wichtiger für diese Publikation ist uns allerdings noch der Forschungsaspekt. Wir haben die Möglichkeit, eigene empirische Forschungsergebnisse über diese Stadt, die wir in drei Untersuchungen zwischen 1959 und 1999, also über einen Zeitraum von 40 Jahren hinweg gewinnen konnten, zusammenfassend auszuschöpfen.[1] Nicht nur die mehrfache Thematisierung der Stadtentwicklung und der gemeindlichen Integration über einen so lan-

---

1 Es handelt sich dabei um die Studien:

a) M. Schwonke, U. Herlyn 1967: Soziologische Analyse einer jungen Industriestadt, Enke Verlag, Stuttgart (erste Wolfsburg-Studie)

b) U. Herlyn, U. Schweitzer, W. Tessin, B. Lettko 1982: Stadt im Wandel. Eine Wiederholungsuntersuchung der Stadt Wolfsburg nach 20 Jahren, Campus Verlag, Frankfurt (zweite Wolfsburg-Studie)

c) A. Harth, U. Herlyn, G. Scheller, W. Tessin 2000: Stadt am Wendepunkt. Eine dritte soziologische Untersuchung der Stadt Wolfsburg, Leske + Budrich, Opladen

Im Mittelpunkt der angewandten Methoden stand in der 1. Studie (Schwonke, Herlyn 1967) und der 3. Studie (Harth u.a. 2000) jeweils eine repräsentative Befragung der Einwohnerschaft der Stadt. Hingegen wurde in der 2. Studie (Herlyn u.a. 1982) eine wiederholte Befragung (Panel) der Wolfsburger durchgeführt, die schon in der 1. Studie befragt wurden. Diese wiederholte Befragung von 508 Personen ist nicht repräsentativ, weil alle Befragten über 40 Jahre alt waren und schon mindestens 20 Jahre in der Stadt wohnten. Außerdem ziehen wir Befunde aus unseren, sich gleichfalls mit Wolfsburg befassenden spezialen Untersuchungen (Tessin 1986; Herlyn, Scheller, Tessin 1994) heran sowie den im Forschungszusammenhang entstandenen Dissertationen von Hilterscheid (1970) und Schweitzer (1990).

gen Zeitraum, sondern auch die personale Kontinuität der untersuchenden Personen sind einmalig in der Stadtforschung. Ende der 50er Jahre konnte der damalige Oberstadtdirektor dem Initiator der ersten Untersuchung, Prof. Plessner, noch sagen: "Sie sind der Erste, der mit einem solchen Projekt zu uns kommt (...). Wenn mich Amerikaner hier besuchen, fragen sie jedesmal nach Analysen der Kommune und ihres Wachstums und brechen in schallendes Gelächter aus, wenn sie hören, daß in all den Jahren sich noch niemand gefunden hat" (Geleitwort, in: Schwonke, Herlyn 1967: V). Insofern als diese Stadt ein Stück jüngster deutscher Sozialgeschichte verkörpert, soll dieses Buch eine empirisch gestützte Sozialgeschichtsschreibung sein – nicht mehr und nicht weniger. Dabei geht es nicht nur um eine Nachzeichnung der individuellen Geschichte dieser neuen Stadt, sondern auch um eine Herausarbeitung verallgemeinbarer charakteristischer Züge. Was die Frage anbelangt, ob die Problematik der neuen Stadt Wolfsburg auch paradigmatische Gültigkeit hat, so meinen wir, "daß nicht die Entwicklung Wolfsburgs insgesamt als Paradigma begriffen werden kann, wohl aber einzelne Aspekte bzw. Teilprozesse dieser Entwicklung paradigmatischen Charakter haben (Herlyn u.a. 1982: 265).

Mit der hier vorgelegten Publikation verfolgen wir aber auch das Ziel, die Ergebnisse dieser 40 Jahre umfassenden sozialwissenschaftlichen Analysen unter bewußtem Verzicht auf Einzelheiten und zitatenreiche wissenschaftsimmanente Diskussionen für ein breites Publikum aufzubereiten. Vor allem wollen wir mit diesem Buch den Wolfsburgern unsere Befunde zu ihrer Stadt nahebringen.

Der entscheidende Unterschied zu einer Reihe der sonstigen auf Wolfsburg bezogenen Publikationen liegt in der hier möglichen engen Verschränkung von objektiver Stadtentwicklung und subjektiven Reaktionen bzw. Einschätzungen der Bewohner. Wenn im Text auf solche Befragungsdaten zurückgegriffen wird, dann ist es wichtig zu wissen, daß die erste Untersuchung in einer Zeit stattfand, "in der in Wolfsburg eine kontinuierliche wirtschafltiche Expansion fast als selbstverständlich galt" (vgl. Schwonke, Herlyn 1967: IX). Hingegen war zur Zeit der zweiten Untersuchung nach verschiedenen Krisen im Volkswagenwerk "die damals außerordentlich optimistische Haltung einer Skepsis gewichen, die sich in recht unsicheren Zukunfserwartungen ausdrückt" (Herlyn u.a. 1982: 12). Während der dritten Untersuchung waren die Zukunftsaussichten der Stadt nach der wohl schwersten Krise wieder positiver, was vor allem an dem verstärkten Engagement des VW-Werkes an der Stadtentwicklung deutlich wird (vgl. Harth u.a. 2000).

Um das Ziel, einen gerafften Überblick über die städtebauliche und soziale Entwicklung der neuen Stadt Wolfsburg zu erreichen, haben wir zu den nach unserer Meinung zentralen Problemfeldern jeweils einen historisch ausgerichteten, überschaubaren Text verfassen wollen. Dabei beziehen die ersten beiden Kapitel sich auf die Stadtgründung sowie das städtebauliche Grundgerüst der Stadt. In den Kapiteln drei und vier wird die monoindustrielle Struktur der Stadt durch das alles beherrschende Volkswagenwerk behandelt und vor allem diskutiert im Hinblick auf die Formen der Kooperation mit dem politischen Zentrum der Stadt. Die folgenden Kapitel fünf und sechs behandeln die entscheidenden Besonderheiten der Sozialstruktur. In Kapitel sieben wird die Freizeitinfrastruktur und Freizeitkultur in der Stadt auch in Abhängigkeit der spezifischen Arbeitsbedingungen gesondert thematisiert. Die beiden folgenden Kapitel acht und neun befassen sich dann mit zwei speziellen, für die Wolfsburger Stadtentwicklung jedoch folgenreichen Prozessen der Innenstadtentwicklung einerseits und der Stadt-Umlandentwicklung andererseits. In zwei weiteren Kapiteln stehen die Bedeutung und die Veränderungen der sozialen Beziehungen im Mittelpunkt. Den Schluß bildet ein Rückblick auf Phasen der Stadtentwicklung.

Abschließend möchten wir uns bei der Stadt Wolfsburg für finanzielle Zuschüsse bedanken, mit denen sie die drei Untersuchungen unterstützt hat. Darüber hinaus bedanken wir uns bei all jenen, die uns im Laufe der Jahre ihre Zeit für Gespräche (manchmal sogar mehrmals) zur Verfügung gestellt haben. Unser besonderer Dank gilt sowohl dem Leiter der ersten Untersuchung, Herrn Prof. Dr. Schwonke als auch den Mitarbeitern an den früheren Untersuchungen: Dipl. Soz. Barbara Lettko, Dr. Ulrich Schweitzer, Dipl. Soz. Annette Harth und Dr. Gitta Scheller. Schließlich danken wir Frau Claudia Breinker für das Layout der Buchvorlage, Frau Susanne Weller und Frau Corinna Haberkorn für das Arbeiten am Manuskript sowie Herrn Florian Siegert für die Herstellung der Abbildungen.

Mit Referenz gegenüber den Zitaten aus den früheren Studien ist der Text noch nach den alten Rechtschreibregeln verfaßt. Zur Vereinfachung sind wir bei der männlichen Form geblieben – meinen jedoch immer sowohl männliche als auch weibliche Personen.

Ulfert Herlyn / Wulf Tessin im Dezember 1999

1. Stadtgründung

Am 11. Juli 1998 beging man in Wolfsburg mit einem feierlichen Festakt im Theater das 60jährige Stadtjubiläum. Bundes- und Landtagsabgeordnete waren erschienen, der Regierungspräsident, die Spitzen der Stadt, ebenso der komplette Vorstand des VW-Werks. In den Festreden wurde der Stadtgründung von 1938 gedacht und beide Hauptredner, die amtierende Oberbürgermeisterin und der VW-Vorstandsvorsitzende, gingen in ihren Ansprachen unter anderem auch auf das 'nationalsozialistische Erbe' der Stadt ein, so daß sich die Frage stellt, wie das eigentlich damals war und was heute noch zurückweist auf die Zeit der Stadtgründung im Nationalsozialismus, auf die Jahre 1938 bis 1945.

Der Beginn

Am 1. Juli 1938 entstand durch Erlaß des Oberpräsidenten von Hannover am Mittellandkanal zwischen dem Landstädtchen Fallersleben und dem Flecken Vorsfelde, 30 km nordöstlich von Braunschweig, in einer ausgedehnten, bis dahin fast ausschließlich agrarisch bestimmten Gegend eine neue Gemeinde, die den vorläufigen Namen "Stadt des KdF-Wagens" erhielt. Dieser eigenartige Name ist heute sicherlich erklärungsbedürftig und steht in Verbindung mit dem VW-Werk, dessen Errichtung der alleinige Grund für die Stadtneugründung war: "Als Ferdinand Porsche 1934 Adolf Hitler das Exposé seines Volkswagens überreichte, sah dieser darin eine Chance, mit dem Projekt eines preiswerten Kleinautomobils in Deutschland das Zeitalter der Massenmotorisierung einzuleiten und so breite Bevölkerungsschichten für den Nationalsozialismus zu gewinnen. Auf Grund des Widerstands der Automobilindustrie gegen das Projekt entschied Hitler, den Volkswagen durch die Deutsche Arbeitsfront (DAF)[2] herstellen zu lassen und mit dem Volkswagenwerk das größte und modernste Automobilwerk in Europa zu bauen. Da

2 Diese 1933 gebildete nationalsozialistische Organisation sollte anstelle der Gewerkschaften die Interessen der Arbeiter vertreten.

die Freizeitorganisation der DAF 'Kraft durch Freude' Träger der Produktion und des Vertriebs sein sollte, erhielt das Auto den Namen 'KdF-Wagen'." (Reichold 1998: 14). Ende Mai 1938, also noch vor der Gründung der neuen Stadt, erfolgte die Grundsteinlegung des Volkswagenwerks, des Werks des KdF-Wagens (vgl. Abb. 1.1).

Abb. 1.1 Das Volkswagenwerk

Die Entscheidung, Werk und Stadt gerade in dieser Gegend, fern aller Ballungszentren, anzusiedeln, mag verwundern, aber es gab einige plausible Gründe: An erster Stelle ist wohl die (für das damalige Reichsgebiet) zentrale Lage zu nennen (vgl. Abb. 1.2), ferner die günstige Verkehrslage am Mittel-

Abb. 1.2 Wolfsburgs Lage im Raum

landkanal, an der D-Zugstrecke Ruhrgebiet-Berlin und in der Nähe der Autobahn (vgl. Schwonke, Herlyn 1967: 26). Diese zentrale Lage im damaligen Reichsgebiet war umso wichtiger, als schon damals (wie derzeit wieder) die Vorstellung bestand, daß sich die Käufer ihren KdF-Wagen selbst im Werk abholen sollten (Schneider 1979: 31). Für die gewählte Lage der neuen Stadt sprach auch die landschaftlich reizvolle Lage.

Das von der zuständigen Reichsstelle für Raumordnung eingeleitete Raumordnungsverfahren brachte eine ganze Reihe von Vorbehalten gegenüber dem Standort zutage. Aber offenbar wurden mit dem Hinweis, der 'Führer' habe bereits entschieden, alle Einwände abgeblockt. Wie überhaupt - aus heutiger Sicht - der gesamte mit der Werks- und Stadtgründung zusammenhängende Entscheidungsprozeß als höchst dubios und "wenig rational" (Fondran 1984: 168) einzustufen ist: es wurden Stellen eingeschaltet, die gar nicht zuständig waren, andere (an sich zuständige) Stellen um- und übergangen. Schneider spricht von Geheimhaltung, "die sich später zu einem Verhalten von Verschworenen steigerte" (Schneider 1979: 31). Von wissenschaftlich untermauerten Machbarkeitsstudien, Gutachten usf. konnte nicht die Rede sein ("Wir rechneten ins Blitzblaue", zit.in Schneider 1979: 40). Nachdem die Reichsstelle für Raumordnung Ende 1937 überhaupt erst eingeschaltet worden war, wurde das Raumordnungsverfahren schon am 17. Januar 1938 auf einer Sitzung abgeschlossen.

Nicht einmal ein Monat später, am 24. Februar, erfolgte der erste Spatenstich zum Bau des Werks nördlich des Mittellandkanals. 1937 war mit den Vorplanungen für das Werk begonnen worden; am 26. Mai 1938 erfolgte die Grundsteinlegung (vgl. Abb. 1.3) durch Hitler persönlich: "Der Wagen soll den Namen der Organisation tragen, die sich am meisten bemüht, die breiten Massen unseres Volkes mit Freude und damit mit Kraft zu erfüllen. Er soll KdF-Wagen heißen. Wenn wir dieses gewaltigste deutsche Automobilwerk errichten, dann soll mit ihm zugleich auch eine vorbildliche deutsche Arbeiterstadt entstehen. Sie soll eine Lehrstätte sowohl der Stadtbaukunst wie der sozialen Siedlung werden. Wir wollen damit zeigen, wie der Nationalsozialismus solche Probleme sieht, wie er sie anfaßt und wie er sie löst" (zit. in Schneider 1979: 40f.).

Die Stadt: ein nationalsozialistisches Städtebaudenkmal?

Mit der Planung der Stadt, südlich des Mittellandkanals gelegen, wurde - auf Empfehlung von Speer, dem damaligen Generalbauinspektor und engstem Vertrauten Hitlers - der junge Architekt Koller beauftragt. Man kannte sich

Abb. 1.3 Hitler bei der Grundsteinlegung

aus verschiedensten Arbeitszusammenhängen, nicht zuletzt hatte Speer (vergeblich) Koller eine Mitarbeit an den Berlin-Planungen angeboten. Koller kam eigentlich vom ländlichen Siedlungswesen und von der Gartentstadtbewegung (vgl. Kap. 2) her und stand dem sog. Heimatschutzstil nahe, einer Stilrichtung in der Architektur, die versuchte, in einer schlichten, leicht idyllisierenden Formensprache die deutsche Bautradition gegen die Ideologie des 'Neuen Bauen' im Sinne etwa des Bauhauses zu setzen: 2-3geschossige

Wohngebäude mit Spitzdächern, Erkern, hölzernen Schlagläden an den Fenstern waren typische Merkmale dieses Heimatschutzstiles.[3]

Bekanntlich hat der Nationalsozialismus keinen einheitlichen Architektur- und Städtebaustil entwickelt, sondern - je nach Bauaufgabe - einerseits, im Wohnungsbau, eher traditional gebaut, andererseits, bei Repräsentationsbauten, neoklassisch-monumental, schließlich auch, etwa im Industriebau, durchaus auch quasi bauhausmäßig mit seriell vorgefertigten Bauteilen, mit Glas usf.. Mit der Berufung Kollers war damit - bewußt oder unbewußt - die Entscheidung für eine ganz bestimmte Richtung des städtebaulichen Entwurfes gefallen. Freilich mußte sich Koller dem (vermeintlichen) Geschmack von Speer und Hitler anpassen. Speer hatte den ersten Kollerschen Entwurf mit der Bemerkung abgelehnt, daß man damit bei Hitler keinen Beifall ernten könne (Schneider 1979: 34). Das bedeutete für Koller vor allem, sich einer etwas mehr geometrisierenden Formensprache zu bedienen, die sich dann im Stadtgrundriß und der Straßenführung (Achsen, Kreisplätze etc.) niederschlug (vgl. Abb. 1.4).

Hitler hat sich mit den städtebaulichen Planungen für die Stadt des KdF-Wagens nicht intensiv auseinandergesetzt. In einem Vorstadium des städtebaulichen Entwurfes (Ende 1937) ließ sich Hitler von Koller informieren. "Hitler gab dabei Hinweise, die auf eine ausgesprochen städtische Gestaltung mit großzügigem Straßennetz und auf starke Auflockerung durch Gärten zielten. Bei späterer Gelegenheit schlug Hitler sogar vor, in den einzelnen Stadtteilen Gewächshäuser für die örtliche Versorgung mit Gemüse vorzusehen und diese mit Fernwärme zu heizen" (Schneider 1979: 32). Eigenartigerweise aber hatte die neue Stadt Wolfsburg, auch wenn sie durch einen entsprechenden Führererlaß im Juli 1938 in den Kreis der sog. Neugestaltungsstädte aufgenommen und damit dem Generalbauinspektor Speer direkt unterstellt wurde, nicht den politisch-ideologischen Stellenwert wie die Planungen in den sog. Führerstädten (Berlin, Nürnberg, München, Hamburg, Linz) bzw. den sog. Gauhauptstädten (z.B. Weimar, Augsburg, Hannover). Bezeichnend ist z.B., daß in einer Veröffentlichung über "Hitlers Städte" (Dülffer u.a. 1978) die Stadt des KdF-Wagens nicht einmal eine Fußnotenerwähnung findet. Recker schreibt hierzu: "Vor allem aber die Weigerung, staatliche Mittel über den bisherigen gesetzlichen Rahmen hinaus für die neue Musterstadt zur Verfügung stellen zu lassen, während auf der anderen Seite beträchtliche Summen in andere Bauprojekte flossen, verweist auf den

3 Bezeichnenderweise war Koller, als ihm Speer Einblick in dessen Berlin-Planung gewährte, denn auch "etwas erschlagen von der Großzügigkeit und Sturheit" dieser Projekte: Riesig, riesig...wissen Sie, erst schmeißt es einen beinah um (...)" (zit. in Schneider 1979: 33).

Abb. 1.4 Die Stadt des KdF-Wagens Gesamtbebauungsplan M 1:30000

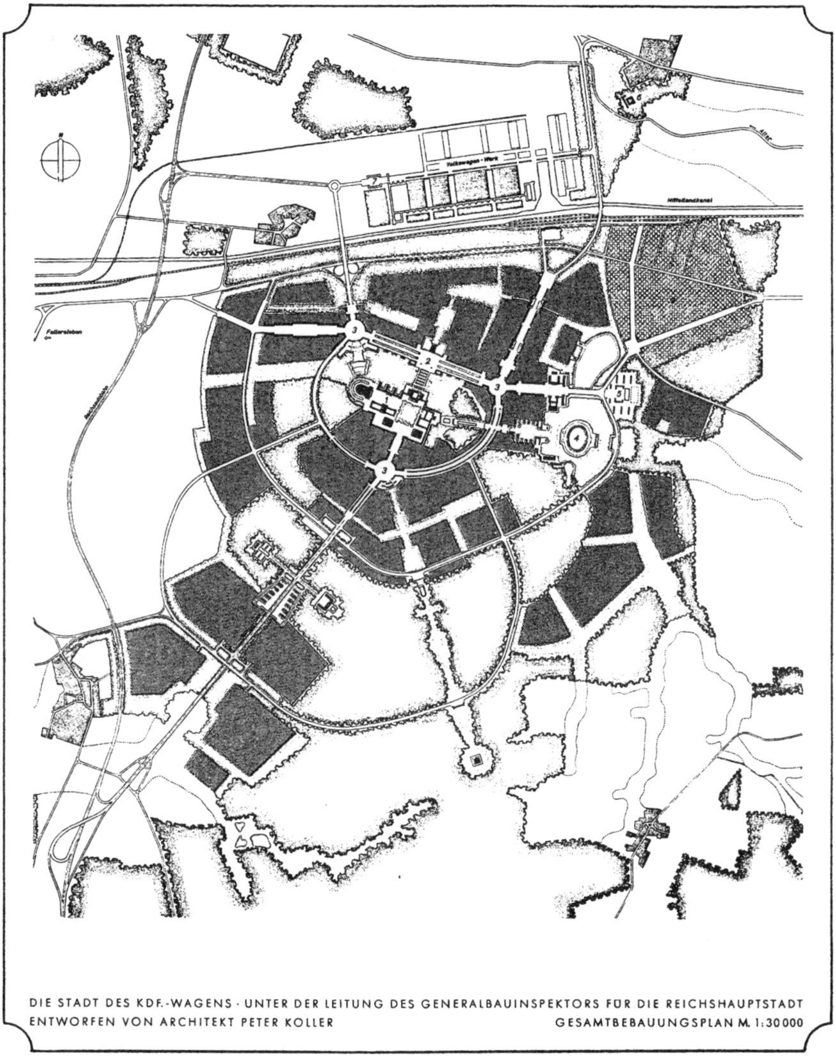

fehlenden Willen, die selbstgesteckten wohnungspolitischen Ziele auch zu verwirklichen und den eigenen Ansprüchen Genüge zu tun" (Recker 1981: 84f.).

Auch unter anderen Gesichtspunkten läßt sich in der Stadtgründungskonzeption nicht viel spezifisch 'Nationalsozialistisches' erkennen. Die Stadt lag mit ihren anvisierten 90.000 Einwohnern weit über dem, was etwa der (freilich bald schon entmachtete) städtebauliche Chefideologe der Nationalsozialisten, Gottfried Feder, als optimale Stadtgröße für Neue Städte angegeben hatte (nämlich 20.000 Einwohner). Der von Feder ebenfalls propagierte, aber dann auch von der nationalsozialistischen Wohnungsbaupolitik zunächst tatsächlich betriebene Kleinsiedlungsbau spielte in den Kollerschen Planungen für Wolfsburg keine Rolle (mehr). Immerhin gab es Planungen für zumindest eine derartige Siedlung (Kleinsiedlung Teichbreite); sie fiel aber der allgemeinen Baueinstellung in Wolfsburg im zweiten Weltkrieg zum Opfer. Die Idee der sog. Stadtkrone, ein über der Stadt liegender und das Stadtbild beherrschender Bezirk mit repräsentativen Gemeinschaftsbauten, in den Kollerschen Planungen auf dem Klieversberg in Gegegenüberstellung zum Volkswagenwerk vorgesehen (vgl. Abb. 1.4), war kein eigentlich nationalsozialitisches Ideengut, sondern war ein schon 1919 von Bruno Taut (eigentlich mehr dem sozialistischen Lager zuzurechnen) entwickeltes Konzept. Zudem hat Koller keinerlei Schritte unternommen, diese Idee der Stadtkrone auch praktisch umzusetzen; so blieb "den Wolfsburgern erspart, sich zwischen Werk und Stadtkrone gefangen zu sehen" (Kautt 1984: 146).

Schaut man sich den Kollerschen Stadtgrundriß an (vgl. Abb. 1.4), so fällt die starke Durchgliederung und Durchgrünung des Stadtkörpers auf. Auch hier kann man nicht von einem spezifisch nationalsozialistischem Gedankengut sprechen. Zwar hat auch Feder Ähnliches gefordert (vgl. Schubert 1986: 205), aber das war im Grunde herrschende Lehrmeinung im Gefolge der Gartenstadtbewegung und des sog. landschaftlichen Städtebaus (vgl. hierzu Kap. 2) schon vor der Machtergreifung der Nationalsozialisten. So bleiben als typisch nationalsozialistisch im Kollerschen Entwurf eigentlich nur ein paar Achsen, Symmetrien, Plätze, die freilich nie realisiert wurden und von Koller - nach eigenem Bekunden - auch nur unter aquisitorischen Gesichtspunkten hineingezeichnet worden waren, um dem vermeintlichen Geschmack von Speer und Hitler entgegenzukommen.

'Eine Stadt ohne Kirchen' sollte - angeblich auf Anordnung Hitlers - Wolfsburg sein (vgl. hierzu Kautt 1983: 75, auch Köhler o.J.: 59). Zwar wurde bis 1945 tatsächlich keine Kirche gebaut, aber ab 1940 war eine kirchliche Betreuung gewährleistet. Der Saal der alten Heßlinger Gastwirtschaft 'Brandenburger Adler' wurde für die kirchlichen Zwecke genutzt (vgl. Köhler o.J.: 59). Daß es doch so schnell zu einer Art kirchlichen (zumal katholischen) Betreuung kam, hing auch damit zusammen, daß zum Bau von Werk und Stadt italienische Fremdarbeiter in die Stadt des KdF-Wagens geholt wurden und die italienische Seite eine kirchliche Betreuung verlangte.

Die Stadt des KdF-Wagens verkörpert also weniger 'nationalsozialistischen Städtebau', sondern einen gemäßigt modernen Städtebau: aufgelockert, gegliedert, durchgrünt, landschaftlich, d.h. sich in die landschaftlichen Gegebenheiten des Standortes (Topographie, Waldbestände etc.) harmonisch einfügend (vgl. hierzu Kap. 2). Modern auch z.B. deshalb, weil die Straßen bereits auf die erwartetete Massenautomobilisierung ausgelegt wurden. Koller ging schon 1938 von einer Vollmotorisierung der VW-Arbeiter aus[4], so daß noch Anfang der 70er Jahre Wolfsburg eine der wenigen Städte war, die - obwohl Spitzenreiterin in bezug auf den Kfz-Besitz pro Kopf der Bevölkerung - keine nennenswerten Verkehrsprobleme aufwies; ja, so ein damaliges Gutachten (zit.in Kautt 1983: 363f.), ein Hauptverkehrsstraßensystem besaß, das ausgereicht hätte, um den Verkehr einer Stadt bis zu rund 250.000 Einwohnern bzw. rund 130.000 Beschäftigten aufnehmen zu können. Die Wolfsburger Stadtgründung war auch insofern modern, als die Wohnungen mit Fernwärme aus dem VW-Werk versorgt (also keine Einzelfeuerung) und die Abwässer der Stadt auf Rieselfeldern verregnet werden sollten zur Ertragssteigerung in der Landwirtschaft. Der Städtebau war nur gemäßigt modern deshalb, weil sich die geplante Architektur nicht der Formensprache des 'Neuen Bauens', also der 'eigentlichen Moderne' bediente, sondern sich an tradtionellen Leitbildern orientierte wie etwa dem des Heimatschutzstils, abzulesen an der ersten und einzigen in der Zeit der Nationalsozialismus vollständig fertiggestellten Wohnsiedlung, an der Eigenheimsiedlung am Steimker Berg (Abb. 1.5).

Diese Siedlung zählt noch heute zu den prestigeträchtigsten Wohngebieten der Stadt. Es handelt sich neben einigen Mehrfamilienhäusern überwiegend um eine Eigenheimsiedlung aus Reihen-, Doppel- und Einfamilienhäusern. Die Siedlung wurde mit ihren fast 500 Wohnungen ins bewegte und bewaldete Gelände eingepaßt. Satteldächer, Gauben, Torbögen, Sprossenfenster, Schlagläden, akzentuierte Tür- und Fenstereinfassungen (z.T. aus Natursteinen) und schmale Balkone geben der Siedlung eine angenehme Atmosphäre. Die Siedlung hat in der Wolfsburger Bevölkerung, wie entsprechende Untersuchungen stets ergeben haben (z.B. Schwonke, Herlyn 1967: 170), einen hohen Prestigewert zum einen, weil das städtebauliche Ambiente auch heute noch gefällt, zum anderen, weil von Anfang an in dieser Siedlung die Führungskräfte des VW-Werks untergebracht wurden, es sich also von Beginn an

---

4 H. Mönnich berichtet hierüber die folgende nette (erfundene?) Anekdote über ein Gespräch zwischen Koller und Speer. "Der fragt: 'Und wie breit wollen Sie die Straßen anlegen? Koller hat sie ursprünglich auf vierzig Meter veranschlagt. 'Sechzig Meter', sagt er. Speer, lakonisch: 'Unter hundert werden Sie bei Hitler kein Glück haben!' " (Mönnich 1958: 151)

Abb. 1.5 Siedlung Steimker Berg

um ein sog. besseres Viertel gehandelt hat. Daran hat sich bis heute nichts geändert. 1980 wurde die Siedlung unter Denkmalschutz gestellt.

Wurde die Steimkerbergsiedlung ganz im Stile der Heimatschutzbewegung errichtet, so gingen die Planungen und ersten Bauabschnitte im Bereich der Stadtmitte mehr in eine andere Richtung. Geplant waren hier zunächst einmal 6.700 Wohneinheiten für rund 25.000 Einwohner. Nur zwei Bauabschnitte konnten vor der kriegsbedingten Einstellung der Bauarbeiten in Wolfsburg, Anfang der 40er Jahren, fertiggestellt werden: Die Siedlung Wellekamp und Schillerteich (vgl. in Kap. 2 Abb. 2.1).

Im Bereich Wellekamp dominiert der Geschoßwohnungsbau, "blockhaft an strengen Achsen orientiert und mit einem auf klassizistischen Formen basierenden, kühleren Dekor gestaltet" (Schneider 1998: 148). Diese im Stil der 'Hofarchitektur' bzw. im 'Kasernenstil' errichteten Gebäude wirken heute keineswegs abschreckend. Dies liegt zum einen an den begrünten Innenhöfen, zum anderen an der Geschlossenheit des Eindrucks, der akzeptablen Geschoßhöhe und nicht zuletzt wohl auch an der Renaissance der Blockrandbebauung in den 70er und 80er Jahren. Das Teilgebiet Schillerteich nähert sich dagegen wieder mehr dem Heimatschutzstil an und weist einige Ähnlichkeiten mit der Steimkerbergsiedlung auf.

Das städtebauliche Erbe aus der Zeit des Nationalsozialismus hält sich also in Wolfsburg in Grenzen zum einen, weil vergleichsweise wenig in der Zeit bis zum Ausbruch des Krieges bzw. Zusammenbruch des 3. Reiches gebaut wurde. Sicherlich sind in jener Zeit in jeder anderen deutschen Großstadt mehr Wohnungen, mehr Straßen gebaut worden als gerade in Wolfsburg, wo nicht mehr als 3.000 von heute gut 60.000 Wohnungen aus jener Zeit stammen. Von einem nationalsozialistischen Städtebau ist zum anderen auch insofern nicht viel zu bemerken, weil mit dem Architekten Koller jemand für die Stadtgründung verantwortlich war, der mehr von der Gartenstadtbewegung und dem Heimatschutzstil herkam und kein Vertreter dessen war, was man mit Blick auf die Speer'schen Planungen als 'typisch nationalsozialistisch' bezeichnen würde.

Erstausstattung und Auskreisung

In typisch nationalsozialistischer Manier wurden dagegen die organisatorischen Probleme der Stadtgründung gelöst bzw. in der Schwebe gelassen. Wie schon angedeutet, wurde die Deutsche Arbeitsfront (DAF) beauftragt, das Werk zur Produktion des Volkswagens in Massenfertigung zu errichten. Im Mai 1937 wurde die Gesellschaft zur Vorbereitung des deutschen Volkswagens, kurz: GEZUVOR, gegründet. Sie ging sofort daran, den gesamten Grund und Boden, der für Werk und Stadt notwendig sein würde, in ihren Besitz zu bringen. Dies gelang in kürzester Zeit. Dann galt es, zur Durchführung der geplanten Baumaßnahmen einen geeigneten Träger zu finden. Als entsprechende Verhandlungen mit verschiedenen gemeinnützigen Wohnungsbaugesellschaften ohne Ergebnis blieben, entschloß man sich bei der GEZUVOR zur Gründung einer eigenen Wohnungsbaugesellschaft, der 'Neuland'. Schließlich galt es, eine Art von Gemeindeverwaltung aufzubauen. Auf Betreiben der GEZUVOR wurde am 1. Juli 1938 aus den zwei bestehenden Gemeinden Heßlingen und Rothenfelde-Wolfsburg und unbewohnten

Teilen der Gemarkungen Sandkamp, Fallersleben und Mörse eine Gemeinde gebildet. Dieses neue kommunale Gebilde wurde zunächst von einem Assessor verwaltet. Im November 1938 wurde dann ein kommissarischer Bürgermeister eingesetzt. "Dies änderte jedoch nichts an der erdrückenden Abhängigkeit der Stadt von der Werksleitung. Da weder Geld noch Einwohner zur Errichtung einer eigenständigen Gemeindeverwaltung vorhanden waren, deckte die GEZUVOR die laufenden Ausgaben, zahlte sogar zeitweilig das Gehalt des Bürgermeisters und behandelte ihn insgesamt 'als eine Art Abteilungsleiter des Werks'" (Recker 1981: 22). Der Stadtaufbau lag denn auch nicht in seinen Händen, sondern diesbezüglich hatte die GEZUVOR schon im April 1938 ein Stadtbaubüro in Berlin eingerichtet, das im Juli 1938 nach Wolfsburg verlagert wurde. Das Stadtbaubüro, geleitet von Koller, das die Funktion eines späteren Stadtplanungsamtes vorwegnahm, war die eigentlich entscheidende Instanz für alle Planungs- und Aufbauarbeiten. "Durch die enge organisatorische Verbindung zur Werksleitung und die persönliche und fachliche Beziehung Kollers zu Speer war es doppelt gegen etwaige Mitspracherechte von anderer Seite abgesichert und konnte seine Konzeption im großen und ganzen ungehindert durchsetzen" (Recker 1981: 22f.). Durch die Aufnahme der Stadt des KdF-Wagens in den Kreis der sog. *Neugestaltungsstädte* wurde diese Tatsache noch verstärkt. Wolfsburg wurde also weitgehend außerhalb des staatlichen Behörden- und Instanzenweges gegründet, wie es vermutlich nur in totalitären Staaten möglich ist und für die nationalsozialistische Politik insbesondere typisch war.

Bis zum Kriegsende ungeklärt blieb die Frage, wie die Kosten für die Aufgaben aufgebracht werden sollten, die an sich der Gemeinde zufallen würden, aber in diesem Fall von der Gemeinde - ohne Einkünfte und ohne Einwohner - nicht getragen werden konnten. Man vertagte die Klärung dieser Frage auf die Zeit nach dem Krieg in der Hoffnung und Erwartung, daß nach dem (erhofften) 'Endsieg' mehr Geld da sein würde. Bis dahin behalf man sich mit provisorischen Lösungen. Ungeklärt (bzw. für die Stadt unbefriedigend geklärt) war auch die Frage des Landbesitzes: als Eigentümer sämtlicher Ländereien in Wolfsburg war die Volkswagen-GmbH in das Grundbuch eingetragen worden.

Schon bald nach Kriegsende mit seinen desaströsen Ergebnissen begann die Stadtverwaltung, die beiden offen gebliebenen Fragen der Stadtgründung (Grundbesitz und Finanzierung) zu klären. Rund 5 Jahre, zwischen 1947 und 1952, stritten die Stadt und das VW-Werk in dieser Frage, bis eine Lösung auf freiwilliger Basis im November 1952 erzielt wurde: "Das Volkswagenwerk erklärte sich bereit, 9,5 Millionen DM in Jahresraten von 1,5 Millionen DM an die Stadt Wolfsburg zu zahlen. Dadurch erhielt die Stadt die Möglichkeit, ihre dringendsten Aufgaben zu lösen" (Hilterscheid 1970: 111f.).

Ungeklärt aber blieb zunächst noch weiterhin die Frage des Grundbesitzes, die erst im Februar 1955 auf dem Verhandlungswege entschieden wurde. "Die Stadt erhielt die für den Gemeinbedarf (Straßen, Plätze, öffentliche Anlagen usw.) benötigten Grundstücke in einer Gesamtgröße von 345 ha sowie alle im Stadtgebiet vorhandenen Versorgungs- und Kanalisationsanlagen. Überdies erhielt sie zur Befriedigung des weiteren Erstausstattungsanspruchs Grundstücke in einer Größe von 1188,7 ha. Das restliche Grundvermögen, insbesondere die Restgüter und der Wald in einer Größe von 1136 ha (...) wurde dem Land Niedersachsen übertragen" (Hilterscheid 1970: 112). Damit wurde der Grundbesitz des Volkswagenwerkes auf das unmittelbare (wenn auch weiträumige) Werksgelände nördlich des Kanals konzentriert, der dadurch zu einer Art Grenzlinie wurde: diesseits und jenseits des Kanals, hieß es in der Folge in Wolfsburg, wenn von Stadt und Werk die Rede war (vgl. Schwonke, Herlyn 1967: 41). Die Stadt bekam nahezu die gesamten Flächen, die für Baugebiete vorgesehen oder geeignet waren. Gerade dieser riesige kommunale Grundbesitz seit 1955 hat die Stadtentwicklung Wolfsburgs erheblich erleichtert. Wolfsburg ist damit ein Beispiel geworden für einen Städtebau, bei dem der private Besitz an Grund und Boden keine Rolle spielt. Die Stadtplanung hat hier sozusagen die volle Verfügung über das Bauland.

Wolfsburg war 1938 als kreisangehörige Stadt im Landkreis Gifhorn gegründet worden: Nach dem Zusammenbruch, durch den Wolfsburg auch seine Sonderstellung als Neugestaltungsstadt (s.o.) verlor, regte sich schnell der Wunsch nach Auskreisung. Konkreter Anknüpfungspunkt für entsprechende Bemühungen war die Tatsache, daß Wolfsburg Ende 1949 den für die Kreisfreiheit magischen Schwellenwert von 25.000 Einwohnern erreicht hatte. 1951 wurde im Niedersächsischen Landtag ein Auskreisungsantrag eingebracht, der vor allem auf die Sonderstellung Wolfsburgs als 'Neuer Stadt', als Industriestadt in einem rein bäuerlich-ländlichen Landkreis hinwies, auf die periphere Lage der Stadt im Landkreis, auf die ungeheuren Aufgaben, die auf die Stadt zukommen würden und die sie nur als kreisfreie Stadt würde lösen können. Ein weniger durchschlagendes, aber aus Wolfsburger Sicht nicht weniger wichtiges Argument war der finanzielle Aspekt: "Die Kosten, die Wolfsburg aufwenden muß, wenn es kreisfreie Stadt werden sollte, sind gering gegenüber denen, die es jetzt an den Kreis als Umlage zu zahlen hat" (Wolfsburger Allgemeine Zeitung v. 1.10.1951). Tatsächlich wurde im Niedersächsischen Landtag die Auskreisung Wolfsburgs zum 1.10.1951 beschlossen.

Mit der Klärung der Erstausstattungs- und Auskreisungsfrage waren nun auch die kommunalrechtlichen Fragen der Stadtgründung endlich geklärt, gerade rechtzeitig genug, um das dann über Wolfsburg hereinbrechende sog.

Wirtschaftswunder stadtentwicklungspolitisch einigermaßen erfolgreich bearbeiten zu können (vgl. Kap. 3).

Die Anfänge des sozialen Lebens

Schaut man sich die Bilder aus Wolfsburg an, die in jenen Stadtgründungs- und Nachkriegsjahren gemacht wurden, so beschleicht einen - aus heutiger Sicht - blankes Entsetzen. Wolfsburg zeigt sich als eine Barackensiedlung, dazwischen einige Wohngebäude und Wohnsiedlungsteile der Vorkriegszeit und ansonsten Brachflächen, ungepflasterte Straßen und Wege, die buchstäblich ins Nichts führten. Während das VW-Werk stark kriegsbeschädigt war, blieb 'die Stadt' (sofern man denn überhaupt Wolfsburg zwischen 1942 und 1950 als solche bezeichnen kann) von Kriegseinwirkungen weitgehend verschont. Und dennoch: "Die einzelnen Wohnviertel bzw. Barackenlager lagen viele hundert Meter entfernt auseinander, dazwischen halbfertige Straßen, offene Gräben mit nur teilweise verlegten Leitungen. Die Fernheizung war mangels Kohle außer Betrieb. Vor den Geschoßwohnungen waren aus Luftschutzgründen Erdhügel von den Bewohnern aufgeschüttet worden. Überall von Baustellenbetrieb aufgerissenes Erdreich, das brach lag und vom Wind zu Dünen verweht wurde, bis diese Flächen allmählich als Kartoffeläcker und Kleingärten von der hungernden Bevölkerung usurpiert wurden. (...) Der Schachtweg im Barackenlager mußte das fehlende Stadtzentrum ersetzen, Schulen und Krankenhaus waren nur provisorisch in Baracken untergebracht. Holzbaracken gab es in den Lagern an der Fallerslebener Straße, in Rothenfelde und in Hesslingen, Steinbaracken mit gestampften Lehmböden am Laagberg" (Kautt 1983: 139, vgl. Abb. 1.6).

Die Menschen, die in den ersten 10 Jahren nach Wolfsburg kamen, waren teilweise entsetzt: "Der erste Gedanke fast aller war: 'Hier bleibst du nie!' Denn nach Abfahrt des Zuges stand man ungeschützt auf weiter Flur. Es war sehr windig. Die Straßen waren nicht befestigt, meistens gab es nur sandige Feldwege, die sich im Regen in Schlamm auflösten" (Künne 1999: 27).

Die Bewältigung des Alltags während der Kriegs- und ersten Nachkriegsjahre war schwierig. "Da es nur wenige Geschäfte mit einem recht begrenzten Warenangebot gab, wurde (...) auch in Fallersleben, Vorsfelde und Braunschweig eingekauft. Ein Bus fuhr einmal täglich nach Braunschweig und zurück" (ebenda: 28). Je nachdem, ob man seine Wohnung in den fertigen Wohnsiedlungen fand oder in einem Barackenlager, frohlockte oder haderte man mit seinem Wohnschicksal. War man - als Führungs- und/oder Fachkraft im VW-Werk - in der Siedlung am Steimker Berg

Abb. 1.6 Barackenlager in Wolfsburg

untergekommen, hatte man Glück: die Wohnungen waren wenn auch (aus heutiger Sicht) klein, so doch recht komfortabel und ferngeheizt. Die anderen, die später kamen, zumal die Flüchtlinge nach dem Krieg, mußten sich mit ein bis zwei Jahren Wartezeit und Barackenleben im Reislinger Lager oder mit einem Untermieterdasein in Mansardenzimmern zufrieden geben, wo sie zusammengepfercht auf eine Änderung der Wohnverhältnisse warteten.

Ausländische Arbeitskräfte, Zwangsarbeiter, gehörten in den Anfangsjahren der Stadt zur Normalität. Das Verhältnis war 1945 ungefähr 9.000

Ausländerinnen und Ausländer zu 7.000 Deutschen. Die Zwangsarbeiter waren in gesonderten Lagern untergebracht. Außerberufliche Kontakte waren unter Strafe gestellt. Künne schreibt hierzu auf der Basis von Gesprächen mit Wolfsburgerinnen, die diese Zeit miterlebt haben: "So standen sie (die befragten Frauen, Erg.d.Verf.) bei friedlichen Spaziergängen am Sonntag plötzlich vor hohen Zäunen mit Stacheldraht und Wachtürmen, hinter denen zerlumpte, abgemagerte Gestalten zu sehen waren. Im allgemeinen wurden diese Orte auch gemieden. Es umgab sie der Hauch des Geheimnisvollen" (Künne 1999: 37). Im April 1945 wurden die Zwangsarbeiter befreit. Viele zogen in Gruppen - teils bewaffnet - durch die Stadt und das Werksgelände. Eine Zeit lang herrschte Angst in Wolfsburg, bis die amerikanischen Besatzungstruppen die Lage unter Kontrolle bekamen. Bald begann dann auch die Rückführung der Zwangsarbeiter, die überlebt hatten. Schon vor Kriegsende setzte ein starker Flüchtlingsstrom aus den Ostgebieten ein, der die Bevölkerungszusammensetzung in der Nachkriegszeit nachhaltig prägen sollte (vgl. Kap. 5).

Politisch waren die ersten Jahre nach dem Krieg unruhig in der Stadt, die auf Grund eines Beschlusses der neu eingesetzten Stadtverordnetenversammlung vom 25.5.1945 nun offiziell den Namen Wolfsburg erhielt. Durch die Entnazifizierung verlor die Stadt eine beträchtliche Anzahl von politisch-administrativen Repräsentanten. "In der Stadt führten nun Männer, die der Bevölkerung weitgehend unbekannt waren. (...) Es erwies sich als folgenreich, daß die junge Stadt keinen altbewährten Stamm von Männern mit kommunalpolitischen Erfahrungen hatte. In den meisten übrigen deutschen Gemeinden und Städten vollzog sich die Übernahme der politischen Verantwortung durch demokratische Kräfte relativ reibungslos, weil man dort auf Persönlichkeiten mit kommunalpolitischen Erfahrungen aus der Weimarer Republik zurückgreifen konnte. Dieses Reservoir war in Wolfsburg nicht vorhanden" (Hilterscheid 1970: 94). Die ersten Gemeindewahlen (1946) gingen noch klar zu Gunsten der SPD aus (59%), zweitstärkste Partei wurde die CDU (25%), drittstärkste die KPD (15%). Aber zwei Jahre später veränderte sich die politische Lage erdrutschartig: Die SPD kam nur noch auf knapp 21%, die CDU auf nur 10%; stärkste Partei wurde mit 64% (sic!) die Deutsche Reichspartei (DRP). Die Wahl wurde zwar ein paar Monate später für ungültig erklärt, die DRP bundesweit verboten, aber auch die Wiederholungswahl 1949 ergab neue Verwirrung: nun errang die Deutsche Partei auf Anhieb 48%. Erst ganz allmählich normalisierten sich die politischen Verhältnisse. Zwischen 1946 und 1954 mußten die Wolfsburger allein sieben Mal den Gemeinderat wählen. "Eine gewisse politische Unruhe blieb durch den ständigen starken Zustrom von Menschen, von denen ein großer Anteil Vertriebene aus den Gebieten jenseits der Oder-Neiße-Linie und Flüchtlinge aus der DDR waren. Die noch nicht beendete Neuorientierung dieser Menschen läßt sich in den folgenden Jahren an häufigen Neugründungen von Parteien und vielfältigem Wechseln von einer Fraktion zu anderen im Rat der Stadt ablesen" (Hilterscheid 1970: 123). Bis in die 50er Jahre hinein hatten rechte Parteien, die sich insbesondere der Interessen der Vertriebenen annahmen (DRP, BHE, DP, GDP etc.), in Wolfsburg erheblichen Zulauf.

Die Stadt Wolfsburg hatte also eine recht schwierige Stadtgründungsphase. "Die Situation Wolfsburgs im Mai 1945 war also atypisch und nicht einmal für eine Stadtgründung 'normal'. Es waren kaum die Anfänge eines Gemeindelebens zu bemerken. Die 'Stadt' bestand aus einem riesigen Werk, das gegen Kriegsende zu 60% zerstört worden war, aus dem Torso einer Wohnstadt mit vorwiegend deutscher Bevölkerung und den weitflächigen Barakkenvierteln mit Fremdarbeitern und Kriegsgefangenen, welche der Siedlung teilweise den Charakter eines Lagers gaben" (Schwonke, Herlyn 1967: 28). Kaum offiziell gegründet, verhinderten Krieg und Nachkriegszeit eine stetige Entwicklung. Über mehr als zehn Jahre hinweg blieb eine Entwicklung aus, die Stadt des KdF-Wagens blieb ein Gründungstorso, ein Provisorium, eine Baustelle, auf der nicht gebaut wurde, ja, kurz nach dem Krieg hätte man sich sogar vorstellen können (real stand das nie zur Debatte), daß man das ehrgeizige Ziel einer Stadtneugründung in Deutschland, hätte ganz aufgeben können. Völlig ausgeschlossen schien aber - unmittelbar nach dem Krieg - daß man die alten Kollerschen Planungen für eine auf 90.000 Einwohner ausgelegte Stadt würde fortführen können. "Der Rat trägt dem Rechnung und beauftragt den Hamburger Architekten Dr. Reichow, einen neuen Flächennutzungsplan auszuarbeiten. Er soll einen geordneten Bau einer Stadt von etwa 35.000 Einwohnern ermöglichen. Man glaubt also nicht mehr an die Entwicklung einer Großstadt" (Köhler o.J.: 78). Aber Ende der 40er, Anfang der 50er Jahre zeichnete sich ab, daß, zehn Jahre nach der offiziellen Stadtgründung, die Entwicklung der Stadt nun eigentlich erst beginnen würde.

2. Stadt im Grünen

Die alles überragende Eigenschaft der Siedlungsstruktur Wolfsburgs ist die Durchgrünung der Stadt. Dieses Merkmal wurde schon vor 40 Jahren von fast einem Drittel der damaligen Bevölkerung als Vorteil genannt (Schwonke, Herlyn 1967: 160), und ebenso viele schätzten in einer 1996 veröffentlichten Imageanalyse die Grünversorgung positiv ein (vgl. Funke 1996: 19). Direkt auf die Eigenschaft der Stadt im Grünen bzw. auf die Grünflächen, Parks und die umgebende Landschaft angesprochen, antworteten rund 80% der befragten Wolfsburger, daß diese Eigenschaften in Wolfsburg voll gegeben seien (ebenda: 36). Keine andere Eigenschaft der Stadt traf auf eine solch breite Zustimmung.

Schaut man sich die amtliche Statistik an, so besteht die Stadt Wolfsburg in der Tat überwiegend aus 'Landschaft', zu 47% aus Landwirtschaftsflächen, zu 23% aus Waldflächen, zu 3% aus Gewässerflächen (Stadt Wolfsburg, Hg., Statistisches Jahrbuch 1995/96: 8). Selbst in den 14,5% Gebäude- und Freiflächen sind noch in Gestalt von Vorgärten, Blockinnenhöfen, Spielplätzen usf. Grünflächen enthalten! Keine Großstadt Deutschlands dürfte so 'grün' sein wie gerade Wolfsburg. Es sind im wesentlichen zwei Gründe, die zu dieser Situation geführt haben: die städtebauliche Gründungskonzeption (vgl. Kap. 1) und die Gebietsreform im Jahre 1972 (vgl. Kap. 9), die die ursprüngliche dezentrale Siedlungsstruktur der Stadt nun noch einmal auf eine größere Ebene hob.

Das Grundmuster: landschaftlicher Städtebau

"Die Stadt wird in der Landschaft sein und die Landschaft in der Stadt", so nennen Fehl und Rodriguez-Lores (1997) nicht nur ihr Buch über das städtebauliche Leitbild der sog. Bandstadt, sondern so umschreiben sie auch ganz generell ein Grundverständnis des Städtebaus in der ersten Hälfte dieses Jahrhunderts. Tatsächlich war diese Zeit geprägt durch städtebauliche Leitbilder, in denen der Landschaft bzw. dem Versuch, Stadt und Landschaft miteinander zu versöhnen, eine relativ große Bedeutung beigemessen wurde, auch wenn das in der realen Siedlungsentwicklung der meisten historisch gewachsenen Städte vielleicht nicht so zum Ausdruck kommt; und auch wenn sich diese Ideologien nicht nur auf das landschaftliche Moment beschränkten. Das Leitbild des hier so bezeichneten 'landschaftlichen Städtebaus' geht zurück auf die Gartenstadtbewegung, wie sie von Howard Ende des 19. Jahrhunderts entwickelt wurde (vgl. zur Rezeptionsgeschichte dieser Idee Bollerey u.a. 1990). Grundlage dieser Überlegungen war neben gesellschaftlichen Reformen die Vorstellung, es müsse möglich sein, die Vor- und Nachteile von Stadt und Land in einer neuartigen Siedlungsform zu verbinden. Howard folgerte: 'So wie Mann und Weib einander durch ihre verschiedenartigen Gaben und Fähigkeiten ergänzen, so sollen es Land und Stadt tun.' Die 'Vermählung von Stadt und Land'(schaft) wurde gefordert.

Einige Jahrzehnte später, genauer: um 1930, proklamierte Le Corbusier im Kontext des städtebaulichen Funktionalismus seine Utopie der ville radieuse, der 'strahlenden Stadt' (Le Corbusier 1964, zuerst erschienen 1933): "Die Stadt ist ein einziger Park." (ebenda: X) Und er stellte sich Hochhäuser vor, 20-40 geschossig, die sich wie monumentale Plastiken in der Landschaft verteilen und aus denen sich herrliche und weite Blicke in die Landschaft ergeben sollten.

Gartenstadtbewegung und die Bewegung des städtebaulichen Funktionalismus liefen (in Deutschland) zusammen im Konzept der "gegliederten und aufgelockerten Stadt" (Göderitz u.a. 1957), das zwar erst Mitte der 50er Jahre gleichsam offiziell wurde, aber schon in den 30er und 40er Jahren inoffizielles Leitbild war: der städtische Siedlungszusammenhang sollte gegliedert und aufgelockert werden, die Bereiche Arbeit und Wohnen und die verschiedenen Wohnviertel durch umfängliche, landschaftlich gestaltete Grünzüge voneinander getrennt werden, die Städte sollten sich gleichsam in die vorhandene Landschaft hineinentwickeln. Dem Konzept ging es um Sortierung der Stadtfunktionen, Aufgliederung der Siedlungseinheiten, Wachstum durch Addition dieser Siedlungseinheiten, landschaftliche Einbettung einer jeden Siedlungseinheit, um niedrigen Geschoßwohnungsbau. Die Stadt sollte in 'lebendiger Beziehung zu Raum und Landschaft' stehen (vgl. ausführlicher Lammert 1987).

In diese Zeit des hier so bezeichneten landschaftlichen Städtebaus fiel 1938 die Stadtgründung Wolfsburgs. Und es liegt nahe, daß sich dies ausdrückt im Stadtgründungskonzept. Mit Koller (vgl. Kap. 1) wurde ein Architekt beauftragt, der sich ganz ausdrücklich der Gartenstadtbewegung und dem landschaftlichen Städtebau verpflichtet sah. Der von ihm entwickelte Stadtgrundriß war denn auch entsprechend 'landschaftlich', 'gegliedert' und 'aufgelockert'. Die erste gebaute Wohnsiedlung am Steimker Berg war gleichsam in den Wald hineingebaut worden. Und selbst noch die Wohnbaugebiete in der Innenstadt wurden von Koller durchgrünt. In den Blockinnenhöfen wurden Grünflächen angelegt, Mietergärten und Kinderspielplätze.

Als nach dem 2. Weltkrieg die bauliche Entwicklung Wolfsburgs wieder einsetzte, war es wieder - bewußt oder unbewußt ausgewählt - ein Protagonist des landschaftlichen Städtebaus, der die Siedlungsentwicklung Wolfsburgs prägte. Reichow[5] legte 1947 einen neuen städtebaulichen Entwurf für die weitere Entwicklung Wolfsburgs vor. Da zudem Koller zunächst als freischaffender Architekt im Raum Wolfsburg tätig blieb, ab 1955 sogar wieder Stadtbaurat von Wolfsburg wurde, blieb die Kontinuität des landschaftlichen Städtebaus in Wolfsburg gewahrt.

Bis Mitte der 50er Jahren entstanden - entsprechend den Reichow'schen Überlegungen hinsichtlich einer Siedlungsentwicklung in ost-westlicher Richtung - die Wohnsiedlungen Hohenstein, Köhlerberg, Wohltberg und Hageberg (vgl. Abb. 2.1). In ihnen überwiegen Reihenhäuser in lockerer Anordnung mit reichlich bemessenen Grünanlagen. Diese Stadtteile zählen heute zu den überalterten Wohngebieten, in denen über 40% der Bevölkerung über 55 Jahre alt sind (vgl. Kap. 5).

Ab Mitte der 50er Jahre kommt es zu einer Reihe von Wohnsiedlungen, die in die vorhandenen Waldbestände hineingebaut wurden und in Wolfsburg auch als 'Waldsiedlungen' bezeichnet werden: die Siedlungen Hellwinkel (1956-1959), im Osten der Innenstadt, Eichelkamp (1956-1959), Laagberg (1956-1959) und Rabenberg (1958-1960), alle drei südwestlich der Innenstadt gelegen (vgl. Abb. 2.1). Sie alle zeichnen sich aus durch eine lockere Siedlungsweise, durch Zeilenbauten, die ganz auf die Sonne ausgerichtet sind. Es sind Siedlungen, in denen heute zwischen 2.000 und 4.000 Einwohner wohnen. Im Verhältnis zu späteren Wohnsiedlungen haben sie also noch eine überschaubare Größe, denn man ging davon aus, Siedlungen von unter 5.000 Einwohnern würden optimale Bedingungen für die Entwicklung der Nachbarschaftsbeziehungen bieten. Herausragendes Kennzeichen dieser Siedlungen ist aber, wie gesagt, ihre Einbettung in Waldgebiete; zwischen den Wohngebäuden ziehen sich Rasenflächen hindurch mit einzelnen großen Bäumen, so daß sich insgesamt ein sehr grüner Eindruck ergibt. Dies weiß

5 Reichow war Vertreter der sog. "organischen Stadtbaukunst". Auch Reichow erhebt darin die Stadtlandschaft zum städtebaulichen Gestaltungsprinzip, geht aber weiter. Sein anspruchsvoller Versuch: die Stadt nicht nur harmonisch in die umgebende Landschaft einzubetten, nicht nur sie aus der Landschaft heraus zu entwickeln, sondern die Stadt nach landschaftlichen, organischen Strukturprinzipien zu organisieren, z.B. die Straßenführung der Stadt wie das Ädersystem eines Blattes anzulegen (vgl. ausführlich Reichow 1948)

Abb. 2.1 Lage und Entstehungszeit der Stadtviertel in Wolfsburg

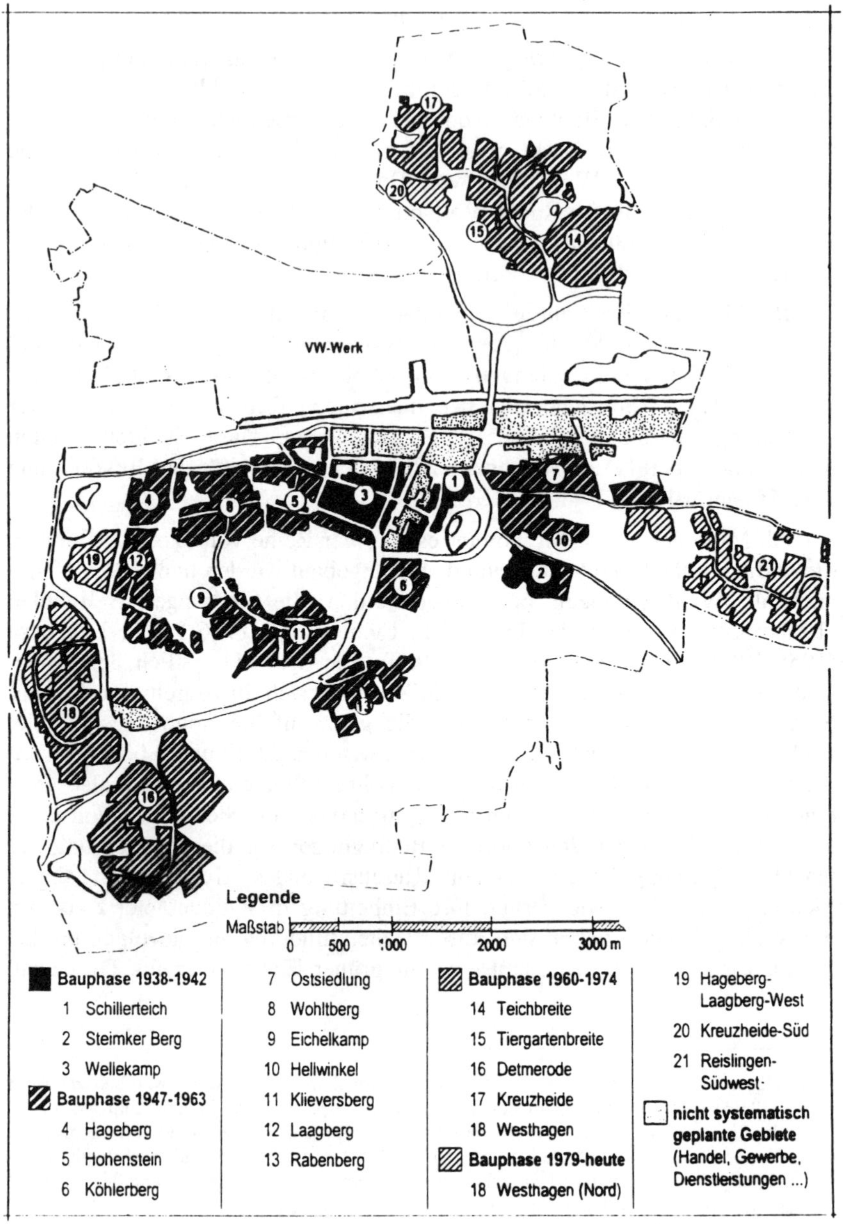

auch die Bewohnerschaft dieser Stadtgebiete zu schätzen, in denen die Ruhe, die gute Luft und der leichte Zugang zu öffentlichen Grünflächen besonders positiv gesehen wird (Herlyn u.a. 1982: 166).

Anläßlich der Planungen der Rabenberg-Siedlung gab es aber erstmals nennenswerten Widerstand seitens des Naturschutzbeirates der Stadt, der nicht mehr mit ansehen wollte, wie nach und nach der Wald den Siedlungsmaßnahmen geopfert wurde. Nach z.T. heftigen Auseinandersetzungen einigte man sich, daß nach Fertigstellung der Rabenberg-Siedlung der Waldbestand in Zukunft absolut unantastbar sein sollte.

So galt es, neue Baugebiete zu finden. Schon im Gründungskonzept Kollers waren zwei Siedlungsgebiete im Norden der Stadt, jenseits des Mittellandkanals, ausgewiesen worden. Die diesbezüglichen Planungen hatten sich aber früh zerschlagen. Angesichts der neuen Planungssituation griff man aber auf diese Planungen wieder zurück und errichtete bis 1963 die beiden Gebiete Teichbreite und Tiergartenbreite (vgl. Abb. 2.1). "Beim Entwurf für die nördlichen Baugebiete wurde das Leitbild der aufgelockerten Stadt durch die Ausweisung großer öffentlicher Grünzonen besonders herausgearbeitet. Charakteristisch hierfür waren die Freiflächen um den Neuen Teich und um die mittig in den Baugebieten angeordneteen Punkthochhäuser. Nach außen hin schlossen sich Zeilenbauten an, die am Rand der Siedlungen in Einfamilien- und Einfamilienreihenhäuser übergingen (...)" (Kautt 1986: 306). Heute leben in diesen beiden Siedlungen jeweils etwas über 4.000 bzw. 5.000 Einwohner.

Mit diesen beiden Siedlungen endet in Wolfsburg zunächst die Phase des landschaftlichen Städtebaus. In den 25 Jahren, in denen in Wolfsburg nach diesem Leitbild geplant wurde, entstanden Wohnsiedlungen, in denen heute rund 70% der kernstädtischen Bevölkerung[6] lebt. Der Bau der Siedlungen der 50er und frühen 60er Jahre fiel in die Hauptwachstumsjahre der Stadt (vgl. Übersicht im Anhang): die Bevölkerungszahl kletterte von rund 20.000 Einwohner (1946) auf 80.000 (1964); die Zahl der Wohnungen stieg von knapp 4.000 auf fast 23.000. In den Jahren zwischen 1964 und 1972, dem Jahr der Gebietsreform, entstanden nur noch 6.000 Wohneinheiten in der heutigen Kernstadt. Fast 80% der kernstädtischen Wohnungen entstanden also vor 1964 und damit in einem Zeitraum, als in Wolfsburg der landschaftliche Städtebau unumstritten herrschte.

6 Wenn im folgenden von Kernstadt oder kernstädtischer Bevölkerung die Rede ist, dann ist damit das Stadtgebiet Wolfsburgs vor der Gebietsreform von 1972 gemeint (vgl. in Kap. 9 Abb. 9.2)

Die Phase städtebaulicher Verdichtung

Mit dem Abschluß der Wiederaufbauphase in der Bundesrepublik, im Falle Wolfsburgs kann man freilich nur von einer Aufbauphase sprechen, Anfang der 60er Jahre, verlor das Konzept der gegliederten und aufgelockerten, der in die Landschaft eingebetteten Stadt an Zugkraft. Kritik wurde dahingehend laut, daß diese landschaftliche Auflockerung der Stadt zu einem Verlust an Urbanität geführt hätte (vgl. hierzu z.B. die Schriften von Bahrdt 1961, Jacobs 1963, Mitscherlich 1965). Die im Grünen gelegenen Wohnviertel seien zu bloßen Schlafstätten degeneriert, das Leben dort langweilig, steril, monoton; es fehle an Vielfalt. Auch meldeten sich vermehrt jene, es wurde weiter oben auf die entsprechenden Einwände des Naturschutzbeirates in Wolfsburg hingewiesen, die die proklamierte aufgelockerte Siedlungsweise als 'Zersiedlung der Landschaft' brandmarkten. Der Kampf gegen die Zersiedlung der Landschaft war neben der Hoffnung auf ein urbaneres Leben das Leitmotiv für die geforderten höheren Bebauungsdichten. Hinzu kam - das sollte bei diesem eigenartigen Ideologiewechsel in Deutschland und Europa nicht vergessen werden - eine dramatische Zunahme der Geburten zu Anfang der 60er Jahre, die ein starkes Anwachsen der städtischen Bevölkerung erwarten ließen. Entsprechend waren die Jahre nach 1965 von der neuen städtebaulichen Ideologie der 'Urbanität durch Dichte' geprägt, in der die landschaftliche Einbindung der Stadt keine große Rolle mehr spielte, sondern der Begrenzung der räumlichen Ausdehnung der Stadt in die Landschaft hinein oberste Priorität eingeräumt wurde, angestrebt in erster Linie durch eine bauliche Verdichtung.

Während man den Vorwurf mangelnder Urbanität sicherlich auch für Wolfsburg wird gelten lassen müssen (vgl. Kap. 8), auch wenn dieser Vorwurf eigenartigerweise in den entsprechenden Bevölkerungsumfragen in Wolfsburg Anfang der 60er Jahre kaum erhoben wurde und nur indirekt anklang (vgl. Schwonke, Herlyn 1967: 162 ff.), läßt sich der Vorwurf der Zersiedlung der Landschaft in bezug auf Wolfsburg nicht aufrechterhalten. Das im Begriff Zersiedlung anklingende Moment des Ungeordneten, des 'Ausfransens und Ausuferns' (urban sprawl) trifft auf Wolfsburg gerade nicht zu. Der landschaftliche Städtebau vollzog sich hier - wie wahrscheinlich in keiner anderen Stadt Deutschlands - in einem Höchstmaß an planerischer Ordnung und Kontrolle. Dies hatte verschiedene Gründe:

- Im Prinzip von Anfang an, aber spätestens seit der Regelung der sog. Erstausstattung, Anfang der 50er Jahre (vgl. Kap. 1), war die Stadt Wolfsburg im Besitz nahezu des gesamten Baulands der Stadt bzw. von etwa der Hälfte der Stadtgebietsfläche; der Rest gehörte besitzrechtlich dem VW-Werk bzw. dem Land Niedersachsen. Dadurch war eine geordnete, langfristig orientierte Siedlungsplanung auch bodenrechtlich möglich.

- Nahezu der gesamte Wohnungsbau wurde von Wohnungsbaugesellschaften in kommunaler Trägerschaft betrieben bzw. von VW-eigenen Wohnungsbaugesellschaften. Es gab in Wolfsburg bis in die 60er Jahre hinein so gut wie keinen Wohnungsbau, der von privater Hand bzw. von überlokalen Wohnungsbaugesellschaften betrieben worden wäre. Dadurch war ein Höchstmaß an planerischer Kontrolle über das Baugeschehen in der Stadt gegeben.
- Damit zusammenhängend erfolgte der Wohnungsbau in Wolfsburg in Form 'vollständiger' Siedlungseinheiten, also in Größenordnungen von mindestens 400 Wohneinheiten, die sozusagen an einem Stück fertiggestellt wurden. Dadurch wirken die Siedlungen zwar u.U. etwas zu einheitlich (sprich monoton), aber doch geschlossen und kompakt. Es wurden dann auch in der Folgezeit in den Wohnsiedlungen kaum weitere Baumaßnahmen oder Erweiterungen vorgenommen, so daß die Siedlungen in ihrem Originalzustand (wenn auch u.U. renoviert) verblieben sind. Die einzelnen Siedlungen sind also später nicht baulich 'ausgefranst'.
- Man kann von einer Zersiedlung der Landschaft im Falle Wolfsburgs auch deshalb nicht sprechen, weil deren Hauptursache, der Eigenheimbau, in Wolfsburg zu jener Zeit (ungefähr bis 1965) keine große Rolle spielte: 87% aller Wohnungen in Wolfsburg waren 1968 Mietwohnungen, eine Quote, die für Städte knapp unter 100.000 Einwohner weit unterdurchschnittlich war.
- Schließlich muß die besondere Stellung Wolfsburgs als einer Stadtneugründung in einer ländlichen Gegend in einer ausgesucht schönen Landschaft erwähnt werden. Wolfsburg war bewußt auch mit Blick auf die konkrete landschaftliche Situation am Ort gegründet worden. Was lag also näher, als wenigstens hier, auf der 'grünen Wiese', die Idealvorstellung einer landschaftlich eingebundenen Stadt zu verwirklichen? Daß der Stadtgründungsarchitekt Koller, der diese Stadtvision vertrat, über 25 Jahre an der Stadtplanung in Wolfsburg beteiligt war (zuletzt wieder als Stadtbaurat), ist mit dafür verantwortlich, daß an dieser Idee festgehalten wurde.

Der Wohungsbau in Wolfsburg ist in der zweiten Hälfte der 60er Jahre, nach der Berufung Kollers auf eine Städtebauprofessur an der TU Berlin, geprägt durch zwei große Wohnsiedlungsmaßnahmen: die Stadtteile Detmerode und Westhagen (vgl. Abb. 2.1)

Detmerode kann noch gewissermaßen verstanden werden als ein Übergang zwischen landschaftlichem Städtebau der 50er und frühen 60er Jahre hin zum Städtebau der späten 60er und 70er Jahre, der im Zeichen der 'Urbanität-durch-Dichte-Ideologie' stand. Dieser Wohnsiedlungsbau war charakterisiert (vgl. hierzu Tessin 1987: 75ff.) durch eine zunehmende bauliche Verdichtung; auch wurden die Wohnsiedlungskomplexe zunehmend größer dimensioniert. Dieser Wandel gegenüber dem Wohnsiedlungsbau der 50er Jahre manifestierte sich auch in der Mischung der verwendeten Bauformen, in der stärkeren Differenzierung der Geschoßhöhen, in der Einstreuung von kleinen Einfamilienhausgebieten, in der Anreicherung der Siedlung mit öffentlichen und privaten Dienstleistungen und im Versuch einer, wie man sagte, gesunden Durchmischung der Bevölkerungsstruktur. Insgesamt läßt sich der Wandel charakterisieren mit dem Slogan: von der Wohnsiedlung zum Stadtteil!

Die beiden Stadtteile Detmerode und Westhagen, die in Wolfsburg Mitte bis Ende der 60er Jahre begonnen wurden, spiegeln exakt diesen Wandel wieder. In Detmerode leben heute etwas unter, in Westhagen etwas über 11.000 Einwohner. Während Anfang der 80er Jahre die Bewertung des Stadtteils Detmerode von den dort wohnenden Befragten sich etwa im Mittel aller Beurteilungen bewegte, weist der Stadtteil Westhagen die bei weitem negativste Selbsteinschätzung der Bewohner auf (vgl. Herlyn u.a. 1982: 166f.). Dieses negative Urteil gründete sich nicht nur auf die städtebauliche Konzeption des Stadtteils, insbesondere die Massierung von Hochhäusern, sondern auch (und für einige vor allem) auf das problematische soziale Milieu. Der Anteil an Arbeitslosen, Sozialhilfeempfängern, Aussiedlern und Asylanten ist hier hoch - nicht untypisch für Wohnsiedlungen dieser Art. Während man in bezug auf Detmerode noch von einer gewissen landschaftlichen Einbindung sprechen kann, so ist dies beim Stadtteil Westhagen nicht mehr der Fall, nicht zuletzt auch deshalb, weil Autobahn und Autobahnzubringer die Anwohner von der umgebenden Landschaft abtrennen.

Trotz dieser beiden Stadtteilsiedlungen bleibt der Eindruck von Wolfsburg als einer Stadt im Grünen erhalten. Dies liegt u.a. auch daran, daß auch diese beide Stadtteile 'auf der grünen Wiese' errichtet wurden und zumindest der Stadtteil Detmerode von Landschaft umgeben ist. Es kam dem Charakter Wolfsburgs als einer Stadt im Grünen sehr zugute, daß nach Fertigstellung dieser beiden Stadtteile das Bevölkerungswachstum drastisch nachließ und keine weiteren hochverdichteten Stadtteilsiedlungen mehr gebaut wurden und durch die Gebietsreform von 1972 der landschaftliche Siedlungscharakter der Stadt auf eine ganz neue Ebene gehoben wurde.

Siedlungstrukturelle Folgen der Gebietsreform

Es gehört zu den ehernen Grundsätzen des landschaftlichen Städtebaus, ausgehend schon bei Howard und seinem Gartenstadtmodell, daß eine Stadt nicht - wie meist üblich - einfach von innen nach außen wachsen und nahezu beliebig in die Landschaft hinein 'ausufern' sollte, sondern daß die Stadt in sog. Siedlungszellen aufzulösen sei, die durch Grünzüge, sog. 'Green belts' (vgl. hierzu Tessin 1980) voneinander zu trennen seien. Hätte eine dieser Siedlungszellen eine bestimmte optimale Größe erreicht, so müßte man an anderer Stelle wieder neu beginnen, von der vorherigen Siedlungszelle getrennt durch einen Green belt, und es war darauf zu achten, daß die verschiedenen Siedlungszellen niemals zusammenwachsen, sondern immer durch einen Landschaftszug voneinander getrennt bleiben: Jeder Bewohner sollte allseitig in fußläufiger Entfernung Zugang zur umgebenden Landschaft haben. Die Stadt würde auf diese Weise nicht mehr ein zusammenhängender und ausufernder 'Siedlungsbrei' sein, sondern eine Gruppe von Siedlungszellen, fein säuberlich durch Grünzüge voneinander getrennt, nur verbunden durch Straßen- und/oder Bahnverbindungen.

Die Siedlungsentwicklung der Stadt Wolfsburg ist - wie ausgeführt - diesem Prinzip sehr weitgehend gefolgt: die meisten Siedlungen (und auch noch die Stadtteile Detmerode und Westhagen) sind umgeben von solchen Grünzügen. Man hat immer wieder, sozusagen auf der grünen Wiese und in einem gewissen Abstand zur vorherigen Siedlung, eine neue Siedlung gebaut, und hat nicht einfach die Stadt sich an ihren Rändern ausfransen lassen.

Dieses für den landschaftlichen Städtebau typische Verständnis von Stadt als einer Ansammlung räumlich durch Grünzüge voneinander getrennter Siedlungen bzw. Siedlungszellen fand nun im Falle Wolfsburgs gleichsam ungewollt seine Vollendung durch die Gebietsreform von 1972 (vgl. hierzu ausführlich Kap. 9), in deren Verlauf 20 (!) Ortschaften im Umland nach Wolfsburg eingemeindet wurden. Das Gemeindegebiet Wolfsburgs versechsfachte sich dadurch mit einem Schlag von 35 auf 203 qkm, und es kamen zwei Kleinstädte (Fallersleben und Vorsfelde) sowie 18 Dörfer hinzu, allesamt fein säuberlich durch landwirtschaftlich bewirtschaftete Flächen voneinander getrennt, so daß Wolfsburg heute wirklich dem Idealbild des landschaftlichen Städtebaus, der Stadt als einer Gruppe räumlich voneinander getrennter Siedlungszellen sehr nahekommt. Nicht zuletzt auch deshalb, weil sich Wolfsburg neben den Ortschaften knapp 150 qkm Landschaft einverleibte: Ackerflächen, Grünland, Moor, Heide, Wald, Gewässer. Kein Wunder also, daß man in den Außenbezirken Wolfsburgs manchmal vor lauter Landschaft die Stadt nicht mehr sieht.

Wolfsburg präsentiert sich also als eine in die Landschaft eingebettete Gruppe räumlich voneinander getrennter Siedlungszellen, die z.T. sehr unterschiedlichen Charakter haben: da gibt es die Stadtmitte Wolfsburgs mit gut 35.000 Einwohnern, dann die verschiedenen kleineren Wohnsiedlungen der Stadt, auch Waldsiedlungen genannt (wie z.B. Steimkerberg, Eichelkamp, Rabenberg), die sog. Nordstadt (die Siedlungen Teichbreite, Tiergartenbreite und Kreuzheide), die beiden Stadtteilsiedlungen Detmerode und Westhagen (alle drei mit jeweils 10.000 Einwohnern), die beiden eingemeindeten Kleinstädte Fallersleben und Vorsfelde und die 18 eingemeindeten Dörfer, die ihrerseits teils noch sehr ländlich-dörflich geprägt sind, teils zu Eigenheimsiedlungen sich entwickelt haben als Folge einer starken Wohnungsbautätigkeit besonders auch nach der Gebietsreform. Durch die Eingemeindung im Jahre 1972 erhöhte sich die Zahl der Wohnungen in Wolfsburg von knapp 30.000 auf fast 45.000 (vgl. Übersicht im Anhang). Heute verfügt Wolfsburg über knapp 60.000 Wohneinheiten. Fast die Hälfte aller seit der Gebietsreform gebauten Wohnungen liegen im Eingemeindungsgebiet. Diese Verlagerung der Wohnungsbautätigkeit ist - neben der sich verändernden Altersstruktur in der Kernstadt (vgl. Kap. 5) - mit dafür verantwortlich, daß bei stagnierender bis leicht rückläufiger Bevölkerung insgesamt sich die Einwohnerzahl im eingemeindeten Gebiet zwischen 1972 und 1996 um gut 13.000 erhöht, in der Kernstadt dagegen um über 15.000 verringert hat. Durch diese Art der Siedlungsentwicklung und (Eigenheim-)Bautätigkeit im eingemeindeten Umland ist aber immerhin gelungen, die Landschaft in der Kernstadt nicht weiter anzutasten, so daß selbst dort der landschaftliche Charakter Wolfsburgs erhalten blieb. Zugleich war die Bautätigkeit im Eingemeindungsgebiet nicht so massiv (bzw. verteilte sich auf so viele Ortschaften), daß auch dort die Landschaft noch das prägende Element geblieben ist. Wolfsburg ist wirklich eine Stadt im Grünen, sozusagen Gartenstadt, verstanden als Gruppe voneinander getrennter Siedlungseinheiten, eingebettet in viel Landschaft. Diese dezentrale Siedlungsstruktur mit erheblichen räumlichen Distanzen zwischen den einzelnen Wohnvierteln hatte jedoch nicht unerhebliche Auswirkungen für eine gesamtstädtische Integration der Bewohnerschaft. In unserer zweiten Untersuchung wurde des öfteren auf erschwerte stadtteilübergreifende soziale Beziehungen hingewiesen (vgl. Herlyn u.a. 1982: 243):

"Eigentlich kann man sich nicht heimisch fühlen. Es ist alles zu weit voneinander entfernt. Man braucht immer einen Bus" (Hausfrau, 27 Jahre, Detmerode).

"Hier hängt nichts zusammen wie in einer Kleinstadt; die Stadtteile sind zu weit voneinander entfernt, die Leute sind deshalb schlecht zu erreichen. So kann keine Atmosphäre entstehen. Man fühlt sich einfach allein, und man ist auch isoliert; alle Leute sind verstreut" (Arbeiter, 34 Jahre, Stadtmitte).

Und natürlich ist diese dezentrale Siedlungsstruktur auch mit verantwortlich für den Mangel an Urbanität der Stadt (vgl. hierzu ausführlich Kap. 8).

Stadtflucht in einer Stadt im Grünen

Jede Großstadt kennt das Problem: Leute kehren der Stadt den Rücken und ziehen hinaus 'ins Grüne'. Es mag zunächst schwer verständlich sein, daß eine Stadt im Grünen wie Wolfsburg trotzdem mit dem Problem der Suburbanisierung konfrontiert ist. Aber die Statistischen Jahrbücher der Stadt zeigen, daß die Stadt gegenüber dem Umland im Umkreis von 30 km jenseits der 1972 geänderten Gemeindegrenzen ein jährliches Wanderungsdefizit von durchschnittlich 1000 Einwohnern aufwies. Von 1980 bis 1996 sind 29.000 Wolfsburger ins nähere Umland gezogen. In den 90er Jahren schwankte das Wanderungsdefizit gegenüber dem Regierungsbezirk Braunschweig zwischen 300 und 900 Einwohnern, wobei insbesondere die Wanderungsbilanz gegenüber dem Landkreis Gifhorn stark negativ ist.

Die Gründe für diesen Suburbanisierungstrend sind vielfältig:

- Die Baulandausweisung in Wolfsburg erfolgte nach der Gebietsreform von 1972 zunächst sehr langsam (ein neuer Flächennutzungsplan mußte erst erstellt werden); auch noch später hat die Stadt Wolfsburg dem nach wie vor gegebenen Trend zum Eigenheimerwerb nur am Rande zur Kenntnis genommen und nicht aktiv unterstützt, vielmehr nur zögerlich reagiert.
- Die Erschließung der Baugebiete ist in Wolfsburg gegenüber den Umlandgemeinden zu aufwendig (teuer); zusammen mit etwas geringeren Bodenpreisen im Umland gibt es also durchaus einen finanziellen Anreiz, dort zu bauen.
- In Wolfsburg wurden lange Zeit Eigenheimgrundstücke nur in Erbpacht vergeben. Dieses Instrument, das ja u.a. eigentlich den Hausbau befördern soll (der 'Häuslebauer' muß nicht gleich 100.000 DM für das Grundstück bezahlen), wird von breiten Kreisen der Bevölkerung aber als zweitrangiges Eigentum angesehen und teilweise abgelehnt.
- Aus manchen (nordwestlichen) Umlandgemeinden im Landkreis Gifhorn ist die Entfernung zum VW-Werk überdies kürzer als aus einem etwa südöstlich gelegenen Ortsteil Wolfsburgs. Das erklärt mit, warum Wolfsburg besonders gegenüber dem nordwestlich angrenzenden Landkreis Gifhorn ein weit größeres Wanderungsdefizit aufweist als gegenüber dem südöstlich angrenzenden Landkreis Helmstedt.

- In alt gewachsenen Großstädten gibt es in den Gründerzeitvierteln ein attraktives Angebot an Eigentumswohnungen, das gerade für die heutige Generation der 30-40-Jährigen attraktiv ist und für sie eine Alternative zum etwas traditionellen Eigenheim im Grünen darstellt. Wolfsburg verfügt aufgrund seiner jungen Geschichte nicht über derartige Wohnlagen, was den Prozeß der Suburbanisierung ebenfalls beschleunigt. Es gibt für besserverdienende junge Paare bzw. Familien quasi keine Alternative zum Eigenheim. Das wenig urbane Flair der Stadt Wolfsburg ist ebenfalls ein Push-Faktor nach dem Motto: 'Da ist eh nichts los, dann kann ich gleich aufs Land ziehen!'
- Es kommt hinzu, daß es in manchen (Akademiker- und Bildungsbüger-) Kreisen 'chic' ist, nicht in Wolfsburg zu wohnen (wenn man dort schon arbeiten muß). Für die Führungskräfte bei VW kommt der nachvollziehbare Grund hinzu, daß man gern einen Trennstrich ziehen möchte zwischen seiner Funktion und Arbeit im Werk und seinem Privatleben. In der Stadt Wolfsburg wohnend, würde es schwerer fallen, einen angemessenen Grad an Anonymität sei es im privaten, sei es im öffentlichen Bereich sicherzustellen (vgl. Kap. 10).

Die Diskussion um das Ausmaß und die Form dieser Stadtflucht hat in Wolfsburg in den 90er Jahren zugenommen und die Bemühungen um Ausweisung neuer Eigenheimgebiete sind verstärkt worden. Dabei spielen - wie in anderen Großstädten auch - vor allem zwei Aspekte eine Rolle: unter kommunalwirtschaftlichen Gesichtspunkten geht es vor allem um (befürchtete) Einkommenssteuerverluste, Minderungen in den Pro-Kopf-Zuweisungen aus dem Landeshaushalt und um die Auslastung der vorhandenen Infrastruktur in der Stadt. Unter stadtkulturellen Gesichtspunkten fürchtet man die Folgen einer Art von Segregation, in deren Verlauf die Kernstadt immer mehr nur zum Wohnort der Armen, Alten, Ausländer und Alleinlebenden wird. Gerade im Falle Wolfsburg kommt das nachvollziehbare Bedauern hinzu, daß gerade die Weggezogenen ein Potential wären, um bestehende stadtkulturelle Defizite der Stadt, den Mangel an Urbanität, abzubauen. Stadtplanerisch interessant ist jedoch am Fall Wolfsburg, daß auch eine Stadt im Grünen eine 'Flucht ins Grüne' kennt, die über die Gemeindegrenzen weit hinausgreift - ja, daß eine solche Stadt diesem Trend u.U. noch mehr ausgesetzt sein kann, weil sie dieses Lebensmodell des Wohnens im Grünen gleichsam siedlungsstrukturell selbst nahelegt und die dazu attraktive Alternative des städtisch-urbanen Wohnens nicht anbietet.

3. Stadt des Volkswagens

"Die oft, auch in offiziellen Verlautbarungen, gebrauchte Bezeichnung 'Volkswagenstadt' für Wolfsburg kennzeichnet die dominierende Rolle, die das Industriewerk für das Leben und die Existenz der Stadtneugründung spielt, jedenfalls im Bewußtsein seiner Bewohner und im Urteil der Nichtwolfsburger. Diese annähernde Gleichsetzung von Werk und Stadt ist unter vergleichbaren Gemeinden ein Ausnahmefall. Daß dieser Zustand als nicht 'normal' und damit als eigentlich nicht wünschenswert empfunden wird, zeigt sich in zahlreichen Äußerungen von Wolfsburger Bürgern." (Schwonke, Herlyn 1967: 41).

Zu den oft genannten Kritikpunkten gehört die mangelnde Flexibilität auf dem Arbeitsmarkt durch die Quasi-Monopolstellung des Werkes. Gibt es im VW-Werk einen konjunkturellen Einbruch, so springt die Arbeitslosigkeit schnell über die Werte des Landes bzw. des Bundes. Die Frauenbeschäftigungsquote, ein anderer kritischer Aspekt, liegt in Wolfsburg mit unter 30% weit unter dem Durchschnitt des Landes, ganz zu schweigen von Großstädten wie Hannover, Göttingen, Braunschweig oder Oldenburg, die alle Quoten von über 40% aufweisen. Auch die Wolfsburger Ausbildungsquote ist problematisch: der Anteil der Auszubildenden an den sozialversicherungspflichtig Beschäftigten in Wolfsburg insgesamt liegt deutlich unter dem Landesdurchschnitt. Es ist deshalb kein Wunder, daß der Anteil der sozialversicherungspflichtigen Erwerbstätigen ohne abgeschlossene Berufsausbildung mit fast 28% in Wolfsburg überdurchschnittlich hoch ist.

Diesen und anderen Nachteilen der VW-Dominanz auf dem Wolfsburger Arbeitsmarkt stehen freilich auch Riesenvorteile gegenüber: vor allem das Lohnniveau bei VW. Der durchschnittliche Bruttoarbeitslohn liegt je Lohnsteuerpflichtigem in Wolfsburg um gut 10% über dem Niveau anderer Großstädte Niedersachsens (vgl. hierzu Kap. 6). Hinzu kommen erhebliche Sozialleistungen des Werks. Auch die Stadt lebt gut vom VW-Werk: die gemeindlichen Steuereinnahmen je Einwohner liegen in Wolfsburg um fast 50% über denen anderer Großstädte dieser Größenordnung. Wolfsburg ist also eine reiche Stadt, aber, wie gesagt, auf Gedeih und Verderb mit dem

VW-Werk verbunden: "Hat VW Schnupfen, kriegt die Stadt Lungenentzündung", lautet ein Bonmot.

Allerdings hat die Stadt Wolfsburg noch sozusagen Glück in ihrer monostrukturellen Abhängigkeit, weil sie in Gestalt der Automobilbranche und des VW-Werks abhängig ist von einem höchst dynamischen und weltweit höchst erfolgreichen Wirtschaftszweig bzw. -unternehmen. Die Automobilbranche (zumal VW) ist eben nicht zu vergleichen mit dem Bergbau, der Textilbranche oder der Werftindustrie.

In diesem Kapitel sollen die wichtigsten Entwicklungsetappen des VW-Werks als wirtschaftlicher Basis und stadtentwicklungspolitischer Motor der Stadt nachgezeichnet werden.

Die Boomjahre

"Nach dem Zusammenbruch im Jahre 1945 stand die Stadt Wolfsburg vor unlösbar erscheinenden Aufgaben. Die Zukunft des Volkswagenwerkes, der einzigen Existenzgrundlage der Stadt, war ungewiß. Das Volkswagenwerk war durch Bombenangriffe zu fast 70% zerstört. Als die Schäden notdürftig behoben waren, drohte dem Werk mehrere Jahre lang die Demontage durch die Siegermächte" (Hilterscheid 1970: 80). Die Werksleitung war (politisch belastet) teilweise 'abgetaucht', teilweise sah sie dem Prozeß der Entnazifizierung entgegen.

Trotz dieser belastenden Rahmenbedingungen und der zunächst auch politisch unklaren Verhältnisse, scheint aber zu keinem Zeitpunkt die Frage im Raum gestanden zu haben, Stadt und Werk nicht wieder aufzubauen bzw. fortzuentwickeln. Wohl aber bot die englische Besatzungsmacht das Werk zunächst all ihren Verbündeten als 'Kriegsbeute' an mit geringem Erfolg: Eine englische Expertenkommission hielt den VW-Käfer für nicht zeitgemäß. Die Firma Ford vertrat die Ansicht, daß das Werk keinen roten Heller wert sei. Trotz dieser Unsicherheiten begannen gleich nach dem Krieg wieder die Arbeiten im Werk, das nun als 'Wolfsburg Motor Works' firmierte und zunächst als Reparaturwerkstatt für alliierte Militärfahrzeuge genutzt wurde. Aber schon 1945 wurden 1.785 Volkswagen produziert. Am 1.1.1948 übernahm Nordhoff als Geschäftsführer die Leitung des VW-Werkes, noch im selben Jahr wurde der Sitz der Gesellschaft von Berlin nach Wolfsburg verlegt. 1949 verzichtete die Alliierte Militärregierung auf die Kontrolle der bisher beschlagnahmten Vermögenswerte, worunter auch das Volkswagenwerk fiel. Die Verfügungsgewalt über die Volkswagen GmbH wurde der Bundesregierung übertragen, die ihrerseits das Land Niedersachen mit der

Wahrnehmung ihrer Rechte beauftragte. Im Mai desselben Jahres lief der 50.000. Volkswagen, der seit Kriegsende gebaut wurde, vom Band, und die Jahresproduktion war auf über 45.000 Fahrzeuge gestiegen. Die Korea-Krise, Anfang der 50er Jahre, verlangsamte noch einmal das Tempo der Entwicklung, aber dann begann der Aufstieg des VW-Werks zu einem der größten Automobilhersteller der Welt, zum größten Europas. Die Exportquote von VW kletterte auf über 50%: jeder zweite in Wolfsburg produzierte Volkswagen wurde ins Ausland verkauft!

Die Beschäftigtenzahlen im VW-Werk (vgl. Übersicht im Anhang) stiegen von rund 10.000 (1949) auf knapp 40.000 im Jahre 1961; die jährlichen Wachstumsraten der Belegschaft beliefen sich Mitte der 50er Jahre auf rund 20%! Ab 1960 konnte dieser Arbeitskräftebedarf nicht mehr im Raum Wolfsburg bzw. der Bundesrepublik gedeckt werden (der Mauerbau an der Grenze zwischen DDR und BRD versperrte den Zustrom von Flüchtlingen, von dem das Werk stark gelebt hatte), so daß ausländische, vor allem italienische Arbeitnehmer angeworben werden mußten.

Wolfsburg hatte 1960 eine Bevölkerungszahl von 65.000 Einwohner und damit gegenüber 1950 seine Einwohnerzahl mehr als verdoppelt (vgl. Übersicht im Anhang). Dieses enorme Bevölkerungswachstum, das sich zu 85% aus Wanderungsgewinnen ergab, hat die jeweiligen Zielprognosen der Stadtplanung immer sehr bald hinter sich gelassen. Unmittelbar nach dem Krieg (1948) war man von einer Zielgrößenzahl für Wolfsburg von 30.000 Einwohnern ausgegangen. Schon 1950 wurde von der Stadt ein Generalbebauungsplan für 65.000 Einwohner erarbeitet, und 1957 mit einer Einwohnerzahl von 80.000-90.000 gerechnet. Der Wohnungsbau konnte dieser rasanten Entwicklung verständlicherweise kaum nachfolgen, um so weniger, als zusätzlich eine Vielzahl von Baracken, die unmittelbar nach dem Krieg entstanden waren, ersetzt werden mußten (vgl. Übersicht im Anhang). Das waren die Boomjahre Wolfsburgs, die Zeiten des Wirtschaftswunders. Die Stadt Wolfsburg wurde über die immer größer werdenden Gewerbesteuereinnahmen eine 'reiche Stadt'. Wolfsburg wurde zur Inkarnation des sog. Deutschen Wirtschaftswunders, eine "Goldgräberstadt", wie viele fälschlicherweise meinten, denn "Wolfsburg war nie der Ort, an dem man auf abenteuerliche Weise und schnell reich werden konnte in der Absicht, das gewonnene Vermögen in anderen, zivilisierten Gegenden zu verzehren" (Schwonke, Herlyn 1967: 56). Die vermeintliche Goldader war das VW-Werk.

Dennoch zeichneten sich um 1960 bereits auch die ersten Grenzen des Wirtschafts- und Bevölkerungwachstums in Wolfsburg ab, wenn auch noch nicht real, so doch als mögliche Perspektive. Zwei Entwicklungen beim VW-

Werk waren dafür bedeutsam: 1) die (Teil-)Privatisierung des VW-Werks, 2) die Dezentralisierung der VW-Produktion:

ad 1) Das VW-Werk war als NS-Vermögen von den Alliierten beschlagnahmt und 1949 der Bundesregierung in Treuhandschaft übertragen worden, die wiederum das Land Niedersachen mit der Aufsicht der Gesellschaft in ihrem Namen beauftragte. Bis 1960 blieb zwischen Bund und Land ungeklärt und strittig, wem von beiden das Werk eigentlich gehörte. 1960 schlossen Bund und Land einen Vertrag mit dem Inhalt, VW in eine private Aktiengesellschaft umzuwandeln, deren Grundkapital zu je 20% der Bund und das Land Niedersachen erhielten. Die restlichen 60% (deshalb spricht man von einer Teilprivatisierung) wurden in Form von Kleinaktien (z.T. an Werksangehörige) veräußert.[7] Werksseitig wie städtischerseits war man strikt dagegen, wobei befürchtet wurde, daß damit das VW-Werk nun von anonymen, überlokalen Kapitaleignern kontrolliert würde und damit auch die Stadt als 'VW-Appendix' in deren ausschließlich profitorientierte Abhängigkeit geraten könnte. Seit jenen Tagen gibt es z.B. die Furcht in Wolfsburg, daß irgendwann einmal die Konzernspitze aus Wolfsburg abgezogen werden könnte.

ad 2) Bereits 1954/55 war zu erkennen, daß zur Deckung der starken Nachfrage nach Volkswagen die Expansionsmöglichkeiten der Produktion in Wolfsburg nicht mehr ausreichen würden. Die Betriebsgröße des VW-Werkes in Wolfsburg hatte "bereits in den 50er Jahren das technisch-wirtschaftliche Optimum erreicht" (Mickler u.a. 1980: 60). Deshalb entstanden nach und nach VW-Produktionsstätten in anderen Städten Niedersachsens bzw. Nordhessens: 1955 in Hannover, 1959 in Kassel, 1964 in Emden und 1970 in Salzgitter. 1969 erwarb VW die Aktienmehrheit in der Audi NSU Auto Union AG. Neben der Dezentralisierung der Produktion wurde die Gründung von in- und ausländischen Tochtergesellschaften vorangetrieben: Vertriebs- und später dann z.T. Produktionsgesellschaften entstanden z.B. in Brasilien (1953), Südafrika (1956), Mexiko (1963), Belgien (1971). Dies war der Beginn einer Entwicklung von VW zu einem nationalen und internationalen, weltumspannenden Konzern, und er war für die Stadt potentiell bedeutsam: Das Interesse der Konzernleitung, so die damaligen städtischen Befürchtungen, würde sich auf den Ausbau der Produktions- und Vertriebsstätten woanders verschieben, Wolfsburg würde für den Konzern zu einem Produktionsstandort unter anderen werden. Tatsächlich schwankt seit 1969 die Beschäftigtenzahl im Wolfsburger VW-Werk bei ca. 55.000 Beschäftigten mit rund 10-20%igen Abweichungen nach oben und unten (vgl. Übersicht

---

7 Später (1988) privatisierte auch der Bund seinen Anteil, so daß heute nur noch das Land Niedersachen seinen 20%igen Anteil am Grundkapital des VW-Werks hält.

im Anhang). Auch die Zahl der in Wolfsburg vom Band rollenden Fahrzeuge hat sich gegenüber 1960 nur noch geringfügig geändert. Wie oben ausgeführt waren es damals 700.000-800.000 Autos, in den 90er Jahren 800.000-900.000.

Die Krisenjahre 1965-1975

Während die Beschäftigtenzahlen beim VW-Werk noch in der 1. Hälfte der 60er Jahre stiegen, zeichnete sich ab 1965 eine unruhige Zeit bei VW ab, die bis 1975 andauerte und gekennzeichnet war durch drei aufeinanderfolgende, sich in ihrer Brisanz steigernde Rezessionen 1966/67, 1971/72 und 1974/75.

Die ersten beiden Krisen waren gleichsam Warnsignale für Stadt und Werk, wobei die erste 1966/67 eingebunden war in die erste große wirtschaftliche Rezession in der Bundesrepublik, also keine werkseigene Krise war, während die beiden folgenden neben allgemein wirtschaftlichen Ursachen (Ölkrise etc.), deutlich auch hauseigene Krisensymptome aufwiesen. Die beiden Krisen von 1966/67 und 1971/72 führten - erstmals in der VW-Geschichte Wolfsburgs - zum Abbau der Belegschaft im Werk (vgl. Übersicht im Anhang). Während die 1. Krise noch weitgehend durch das Nichtersetzen der Belegschaftsfluktuation (sie lag in den Jahren bei rund 10-20% der Belegschaft), durch Abbau von Überstunden, Einführung von Kurzarbeit und anderes mehr beschäftigungspolitisch aufgefangen wurde, reichte dies in der Krise 1971/72 nicht mehr aus: Deshalb wurde erstmals von den sog. 'Aufhebungsverträgen' Gebrauch gemacht: das freiwillige Ausscheiden wurde mit Abfindungen honoriert, die sich nach Beschäftigungsdauer und letztem Lohn bemaßen.

Interessanterweise bedeutete vor allem die Krise 1966/67 für die Stadt einen psychologischen Schock. Vielleicht ist vielen Wolfsburgern die 67er Krise auch deshalb so nachhaltig in Erinnerung geblieben, insofern sie zeitlich zusammenfällt mit dem Tod des VW-Generaldirektors Nordhoff, der als 'König von Wolfsburg', als 'der General' (vgl. zur Rolle Nordhoffs in Wolfsburg u.a. Kuby 1957, Schwonke, Herlyn 1967, Edelmann 1997) vielen ein Symbol der Wiederaufbau- und Wirtschaftswunderphase gewesen war. Die Auswirkungen der beiden Krisen auf den kommunalen Haushalt waren eher gering: ehe die Krisen budgetär durchschlugen, waren sie jeweils schon wieder vorbei. Anders dagegen die dritte Krise von 1974/75.

Die 1974 einsetzende, seinerzeit größte Krise bei VW führte im Wolfsburger VW-Werk zu einem Personalabbau in bis dahin unbekanntem Ausmaß: 10.000 Arbeitsplätze gingen binnen zweier Jahre verloren (vgl. Übersicht im Anhang). Ursache dieser Krise (vgl. Dombois 1976) war zum einen der internationale Automobilmarkt, der durch eine Absatzflaute gekennzeichnet war, die für den VW-Konzern aufgrund seiner extremen Exportabhängigkeit besonders prekär war. Zugleich war die Krise Resultat einer (offensichtlich auch zu späten) Umstellung der Modellpolitik vom sog. Käfer zur Passat-, Scirocco-, Golf- und Pologeneration, die erst 1975 abgeschlossen wurde und die mit einer durchgreifenden Umstellung der gesamten Produktion auf das sog. Baukasten- und Gleichteilesystem verbunden war. Neben den schon in den früheren Krisen praktizierten Sozialmaßnahmen zum Abbau von Arbeitsplätzen (Nichtersetzen der Fluktuation, Kurzarbeit, Aufhebungsvertäge) wurde erstmals die sog. 59er- und 62er-Regelung praktiziert. Danach konnten 59jährige weibliche und 62jährige männliche Arbeitskräfte (im Juni 1975 wurde auch die Altersgrenze der Männer auf 59 Jahre gesenkt) unter Wahrung ihrer finanziellen Bezüge vorzeitig den Betrieb verlassen (vgl. hierzu Herlyn u.a. 1982: 279f., Fn 33). Insgesamt schieden 6.000 Beschäftigte (vorwiegend ausländische Arbeitnehmer) auf der Basis von Aufhebungsverträgen aus.

Angesichts des Ausmaßes dieses Personalabbaus und der Tatsache, daß die Mehrheit der Wolfsburger im Werk beschäftigt ist, stellt sich die Frage, wie die damalige Krise bei VW in der Stadt wahrgenommen wurde. In einer 1980, also 4-5 Jahre später durchgeführten Umfrage (Herlyn u.a. 1982: 81), wurde die damalige Stimmung in der Bevölkerung rückblickend wie folgt umschrieben: 16% meinten, die Stimmung wäre "dennoch zuversichtlich" und 38% äußerten, sie sei von "leichter Unruhe und Besorgnis" geprägt gewesen; gleich viele Befragte sprachen rückblickend von "gedrückter Stimmung, Unruhe, Panik und Angst" in der Stadt. Insgesamt war also die Stimmungslage in der Bevölkerung zwar gedrückt und nachdenklich, aber mehrheitlich nicht eigentlich dramatisch. Diese eher besonnene Stimmungslage wurde damals u.a. wie folgt erklärt:

- "Dadurch, daß keine formellen Massenentlassungen durchgeführt wurden, erweckte der Personalabbau von rund 10.000 Beschäftigten den Eindruck, daß nicht zu gehen brauchte, wer nicht gehen wollte.(...).
- In der Bevölkerung herrschte ein starkes VW-Selbstbewußtsein und Selbstvertrauen, das sich darin gründet, daß a) ein 'halbstaatlicher' Weltkonzern wie VW schon nicht einfach Pleite machen kann, b) es schon immer Absatzflauten gegeben habe, aus denen das Werk bisher stets nur gestärkt hervorgegangen sei, und c) daß, wenn es bei VW nicht mehr gehen sollte, auch überall sonst 'die Lichter ausgehen' (Herlyn u.a. 1982: 81).

Schon damals zeigte sich, was sich später noch einmal wiederholen sollte: nämlich ein nahezu perfektes, sozialverträgliches Krisenmanagement, zu dem sich Werksleitung und Gewerkschaften zusammenfanden.

Dennoch hatte die 1974/75er-Krise erhebliche Auswirkungen auf die Stadtentwicklung. Zum einen schlug sie auf die Bevölkerungsentwicklung durch. Erstmals in der Wolfsburger Geschichte sank die Bevölkerungszahl; zum ersten Mal zeigte die Wanderungsbilanz Wolfsburgs negative Saldi von über 3.000 Personen pro Jahr (vgl. Kap. 5)! Zum anderen schlug die Krise auf den kommunalen Finanzhaushalt durch: Noch 1973 flossen dem Gemeindesäckel über 40 Mio. DM an Gewerbesteuer zu; in den Jahren 1974, 1975 und 1976 sanken die Einnahmen ganz erheblich ab, um erst 1977, nach Überwindung der Krise, wieder auf über 57 Mio. DM hochzuschnellen.

Die Krisenjahre bei VW hatten der Stadt Wolfsburg wieder ihre ökonomische Abhängigkeit vom VW-Werk vor Augen geführt, die zwar jedermann auch schon vorher bekannt war, aber sie war noch nicht so virulent zutage getreten wie in diesen Krisenjahren. Die Stadt reagierte darauf mit einer bewußten Strategie der Tertiärisierung, d.h. mit dem Versuch, in Wolfsburg vermehrt Arbeitsplätze im Dienstleistungsbereich anzusiedeln. Die Pläne zum Innenstadtausbau (vgl. Kap. 8) waren auch stark durch diese Art Überlegungen mit geprägt.

Stadt und Werk im Globalisierungsprozeß

Die Zeit nach 1975, die Umstellung der Modellpolitik wie auch der Schub an Rationalisierung und Automatisierung im VW-Werk, brachte dem Werk wie auch der Stadt vergleichsweise ruhige Jahre. Das VW-Werk war gestärkt aus der 75er Krise hervorgetreten. Bis 1986 wurde die Belegschaft in Wolfsburg sogar wieder ausgebaut: die VW-Beschäftigtenzahl stieg von unter 50.000 (1976) auf 65.000 (1986), um von da an bis 1991 wieder etwas abzubröckeln auf knapp unter 60.000 (vgl. Übersicht im Anhang). Die Gewerbesteuereinnahmen (brutto) kletterten in den 80er Jahren, um 1991 einen Spitzenwert von 187 Mio. DM zu erreichen.

Allerdings führte in den 70er und 80er Jahren die Ausweitung der Beschäftigung im VW-Werk zu keinem nennenswerten Bevölkerungswachstum in der Stadt: zwischen 1976 und 1991 blieb die Einwohnerzahl Wolfsburgs bei rund 129.000 EW stehen. Die Hauptquelle, aus der heraus sich das Bevölkerungswachstum Wolfsburgs über Jahrzehnte gespeist hatte, die hohe Zuwanderungsquote, war gleichsam ausgetrocknet. Entsprechend wurden in den 15 Jahren zwischen 1976 bis 1991 in Wolfsburg nur noch knapp 7.000

Wohnungen gebaut, ein Wohnungsbauvolumen, das man in den 60er Jahren noch im Laufe von 5 Jahren hatte abwickeln müssen. Generell werden denn auch die 80er Jahre als so etwas wie eine Stagnationsphase empfunden - wenn auch auf hohem Niveau.

Der VW-Konzern aber setzte in dieser Phase seine Dezentralsierungs- und Globalisierungspolitik fort: 1975 wurde ein Montagewerk in Nigeria in Betrieb genommen; 1976 in den USA (das aber 1987 wieder geschlossen wurde). 1981 schließt VW einen Kooperationsvertrag mit Nissan ab, 1986 erwirbt man den spanischen Automobilhersteller SEAT. Im selben Jahr erreicht die (weltweite) Mitarbeiterzahl des VW-Konzerns die Rekordhöhe von über 280.000! Nach dem Fall der Mauer engagiert sich das VW-Werk auch im Osten: Schon 1990 wird in Zwickau die Volkswagen IFA GmbH gegründet (ehemals Trabant), noch im selben Jahr erteilt die tschechische Regierung der Volkwagen AG den Zuschlag für die Übernahme des tschechischen Automobilherstellers Skoda. Damit wird - neben Volkswagen, Audi und Seat - Skoda die vierte Marke im Konzernverbund. Später, in den 90er Jahren werden weitere Marken einkauft: Bentley, Lamborghini, Bugatti.

In der Zeit zwischen 1990 und 1996 sah sich jedoch das VW-Werk in Wolfsburg gezwungen, seine Belegschaft von rund 60.000 (1986 noch 65.000 Beschäftigte) auf rund 45.000 abzubauen, die Arbeitslosenquote stieg im gleichen Zeitraum um mehr als das Doppelte von 7,5% auf 17,5% (vgl. Abb. 3.1).

Diese bisher größte Krise bei VW traf Stadt und Werk nahezu unvorbereitet. Ein Wolfsburger Experte hierzu:

"Ich habe den Eindruck nachträglich, daß bei VW die Dinge fast ebenso crashartig und überraschend kamen. Ich glaube, niemand hat sich vorstellen können, daß ein solcher Absturz der gesamten Volkswirtschaft in Deutschland vorstellbar wäre. Ich habe die 74/75er Krise bei VW mitgemacht: Damals hieß es auch von einem Tag auf den anderen: 10-20.000 Beschäftigte zuviel. Da dachte ich, das kommt nicht wieder. So ein Ding in der Marketing-Expertise kann nicht noch einmal passieren, aber es ist genauso passiert. Heute noch himmelhoch jauchzend, und am nächsten Tag im Grunde schon alles runter gefahren. Werk und Stadt am Abgrund." (Gespräch v. 2.12.98)

Schumann u.a. schrieben Anfang der 90er Jahre: "In der Branche herrscht inzwischen Krisenstimmung, von konjunkturellen und strukturellen Problemen ist die Rede und der Druck, Kosteneinsparungen und Strukturverbesserungen zu realisieren, ist groß. Die seit Jahren immer wieder vorgebrachte Warnung vor dem Aufbau von Überkapazitäten und einer Strukturkrise scheint sich mit dem Auslaufen der Vereinigungskonjunktur zu bestätigen. Weltweit sinken die Gewinne der Automobilunternehmen, Verdrängungswettbewerb und Konkurrenzdruck nehmen aufgrund stagnierender oder sogar

Abb. 3.1 Entwicklung der Arbeitslosenquote in Wolfsburg und der Bundesrepublik 1980-1998

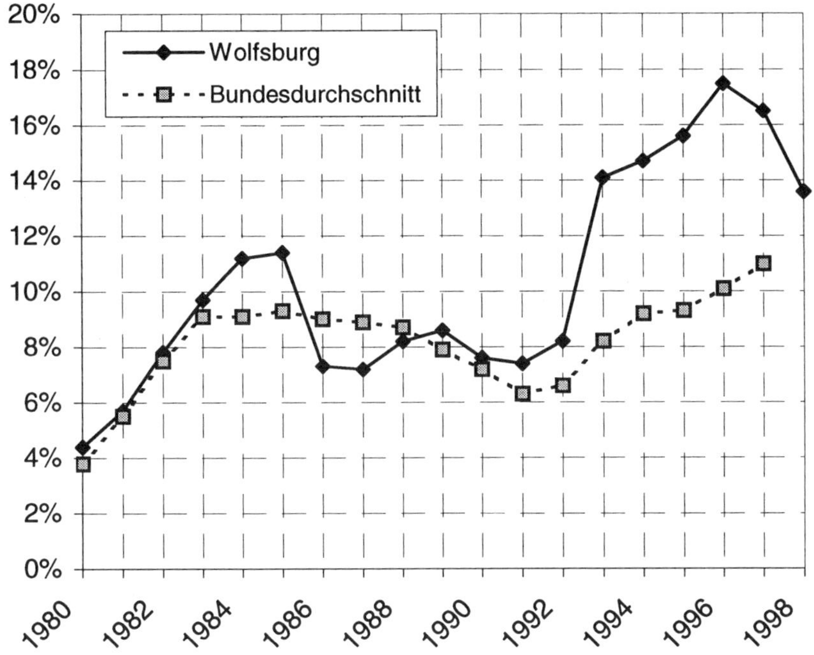

rückläufiger Nachfrage zu und intensivieren sich zusätzlich in dem Maße, wie durch interne Rationalisierungserfolge weitere Kapazitäten entstehen" (1993: 62). Zwar war im VW-Werk das Grundproblem der VW-Produktion in Deutschland bekannt (zu hohe Kosten und zu niedrige Produktivität), und tatsächlich wurden zwischen 1986 und 1991 im VW-Werk Wolfsburg rund 5.000 Stellen abgebaut, aber das war kein Zeichen der Krise, sondern Ergebnis einer immer weiter fortschreitenden Rationalisierung der Produktion. Noch im Mai 1992 berichteten die Lokalzeitungen von Sonderschichten im VW-Werk wegen der starken Nachfrage nach VW-Produkten (Wolfsburger Nachrichten v. 7.5.1992). Im Oktober 1992 verdichteten sich aber die dunklen Wolken: "Die Sorgen bei Volkswagen sind größer als öffentlich zugegeben. Zwar bleibt das Werk Wolfsburg wegen des immer noch bestehenden Auftragsüberhanges für die Modelle Golf und Vento vorläufig von Kurzarbeit verschont, aber die Zahl der Mitarbeiter soll von 59.700 (Stand September 1992) auf 52.400 (Ende 1994) sinken" (Wolfsburger Nachrichten v. 27.10.92).

Die 1992/93 einsetzende dramatische Krise, die im Januar 1993 zu einem Rückgang der Automobilproduktion in Deutschland um 27% gegenüber dem Vorjahr führte, traf im VW-Werk - naheliegenderweise - vor allem, ja, fast ausschließlich die Arbeiter in der Produktion. Während die Zahl der Angestellten im VW-Werk in dieser Zeit nur leicht zurückging, stürzte die Anzahl der Arbeiter im Werk von 42.000 (1991) auf 30.000 (1996) ab (vgl. Abb. 3.2). Das Verhältnis von Arbeitern zu Angestellten verschob sich von 3:1 auf jetzt 2:1. Und es gab Szenarien bei VW, die von einem noch weitergehenden Abbau der Stellen im VW-Werk Wolfsburg bis herunter auf 22.000 Beschäftigte sprachen (vgl. hierzu Hartz 1994: 19).

Abb. 3.2 Arbeiter und Angestellte im VW-Werk Wolfsburg 1972-1997

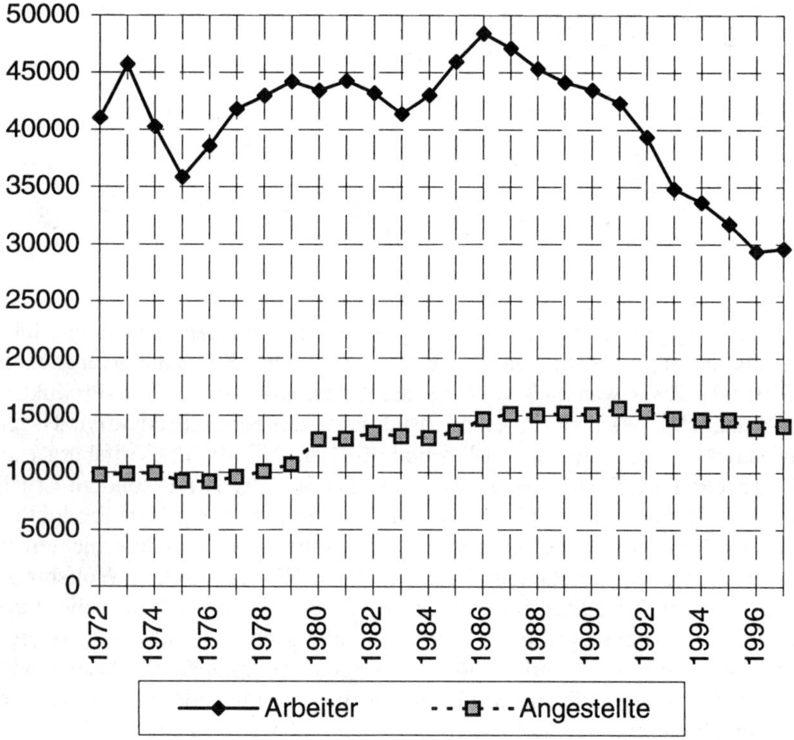

Vom Umfang des tatsächlichen Arbeitsplatzabbaus war diese VW-Krise gravierender als alle anderen vorher. In der 1974-75er, der zweitgrößten Krise, waren 'nur' 10.000 Arbeitsplätze abgebaut worden.. In den früheren VW-Krisen stiegen zudem nach 2-3 Jahren wieder die Beschäftigtenzahlen bei VW auf das jeweilige Vorkrisenniveau und z.T. darüberhinaus. Die VW-Krise in den 90er Jahren war auch schnell wieder vorbei – nur mit dem großen Unterschied, daß es nun nicht zu einer größeren Wiedereinstellungswelle bei VW kam. Ja, Experten gehen davon aus, daß sich mittelfristig die Beschäftigtenzahl im VW-Werk auf 40.000 reduzieren könnte.

Die Mehrheit der Wolfsburger Bevölkerung hielt denn auch, 1998 befragt, das Geschehen bei VW für eine "grundlegende Krise". Auf die Frage, was die Entwicklungen bei VW für sie bzw. die eigene Familie bedeutet hätte, gab erstaunlicherweise die Mehrheit von 60% der Wolfsburger Befragten jedoch an, sie wären persönlich nicht betroffen gewesen. Nur etwa jeder 4. Befragte hatte materielle Auswirkungen der Krise am eigenen Leib erfahren und weitere 15% äußerten eine psychische Betroffenheit (Angst um den Arbeitsplatz, unsicheres Gefühl). Dieses überraschende Befragungsergebnis wird verständlicher, wenn man sich veranschaulicht, was die Wolfsburger von dem folgenden, ihnen vorgelegten Statement hielten. Es lautete: "Auf die Absatz- und Beschäftigungskrise Anfang der 90er Jahre hat der VW-Konzern in vorbildlicher Weise durch sozialverträgliche Maßnahmen reagiert." Diesem Statement stimmten fast 60% der Befragten zu (vgl. Harth u.a. 2000). Tatsächlich hat es das VW-Werk durch die Einführung der sog. Vier-Tage-Woche (vgl. Kap. 7) geschafft, keinen Beschäftigten kündigen zu müssen. Der tatsächliche Abbau von 15.000 Stellen erfolgte 'freiwillig' durch Abfindungsverträge, Vorruhestandsregelungen und die normale Fluktuation im Betrieb. Deshalb ging die Mehrheit der Befragten auch weiterhin davon aus, daß 'wer bei VW arbeite, bis zur Rente ausgesorgt habe'. Offenbar glaubt man in der Bevölkerung, daß - was immer an Stellenabbau bei VW noch passieren wird - die Möglichkeiten des Werks so bleiben werden, daß man diesen Abbau sozialverträglich gestalten wird - nicht zuletzt aus dem Reservoir der alljährlichen Fluktuation in der Belegschaft.

Auch die Perspektiven der Stadt wurden in der Befragung von 1998 positiv eingeschätzt: über die Hälfte der befragten Wolfsburger erwarteten, daß sich die wirtschaftliche Lage der Stadt in den nächsten fünf Jahren eher verbessern werde, nur jeder zehnte befürchtete eher eine Verschlechterung (vgl. Harth u.a. 2000). Daß die Wolfsburger Bevölkerung Ende der 90er Jahre - trotz nach wie vor hoher Arbeitslosenquoten - so zuversichtlich in die Zukunft schaute, hing vor allem mit zwei Dingen zusammen.

Zunächst erholte sich das VW-Werk bzw. die Volkswagen AG sehr schnell aus der Krise. Schon der Bericht über das VW-Geschäftsjahr 1996 wies auf den Weg nach oben hin: "Der Jahresüberschuß wuchs von 336 auf 678 Millionen Mark. Dies entspricht einer Verdoppelung, (...) Auf dem im Jahre 1996 nur leicht erhöhten deutschen PKW-Markt erhöhte sich der Umsatz des Konzerns um 1,9 auf 36,4 Milliarden Mark." (Süddeutsche Zeitung v. 18.6.97). Im Geschäftsbericht 1998 heißt es dann mit Hinweis auf gestiegene Produktionszahlen und gewachsene Marktanteile: "Der Gewinn nach Steuern erreichte mit 2.243 Mio. DM nach 1.361 Mio. DM im Jahre 1997 einen historischen Höchstwert" (VW, Hg., Geschäftsbericht 1998: 4).

Für die Stadt bzw. die Bevölkerung in Wolfsburg war jedoch fast noch wichtiger und zukunftsweisender, daß das VW-Werk durch zwei riesige Projekte in Wolfsburg deutlich machte, daß man zu Wolfsburg steht. Zum einen baut das VW-Werk auf seinem Gelände für über 500 Mio. DM das Großprojekt 'Autostadt'[8], in dessen Mittelpunkt das sog. Kunden-Centre steht: Käufer eines Volkswagens sollen in Zukunft hier ihr Auto abholen können (man rechnet mit täglich 800 bis 2.000 abgeholten Autos). Dies war ja schon mit ein Grund für den geographisch zentralen Standort des VW-Werkes bei seiner Gründung (vgl. Kap. 1). Dieses Kunden-Centre wird ergänzt um Einrichtungen wie Piazza, KonzernForum, MarkenPavillon u.ä. Mitten im Gelände der Autostadt entsteht Deutschlands erstes Ritz-Carlton Hotel (vgl. Abb. 3.3).

Möglicherweise noch bedeutsamer ist das Konzept der 'Autovision'[9]. Anläßlich des 60. Geburtstags der Stadt Wolfsburg beschenkte die VW-AG die Stadt mit dem Versprechen, in wenigen Jahren die Arbeitslosigkeit in Wolfsburg zu halbieren. Bei (damals) ca. 8.000 Arbeitslosen (vorwiegend im ungelernten Bereich) müßten rund 12.000 neue Arbeitsplätze geschaffen werden, weil erst bei einem solchen Arbeitsplatzangebot auch die überwiegend Ungelernten unter den Arbeitslosen einen Job finden werden. Das Konzept der Autovision basiert auf vier Bausteinen:

1. *Zuliefererpark.* Hier wollen Werk und Stadt zusammen sich darum bemühen, Zuliefererfirmen nach Wolfsburg zu holen. Das wurde zwar auch früher schon versucht, aber scheiterte am Arbeitskräftemangel in der

8 Wir werden in verschiedenen Kapiteln immer wieder auf das Projekt zu sprechen kommen, weil es einerseits für die Stadt von großer Wichtigkeit ist (Kap. 3), eine neue Stufe des stadtentwicklungspolitischen Engagements des VW-Werkes signalisiert (Kap. 4) und die Entwicklung der Innenstadt nachhaltig beeinflussen wird (vgl. Kap. 8).

9 Auch für dieses Projekt gilt, was in Anmerkung 8 ausgeführt ist.

Abb. 3.3 Modell der neuen Autostadt (1998)

Wolfsburger Region und dem hohen Lohnniveau bei VW. Im Zeichen der Krise bei VW scheint sich das geändert zu haben; überdies scheint das VW-Werk über bessere Möglichkeiten zu verfügen als die konventionelle Wirtschaftsförderung, Zuliefererfirmen zum Umzug nach Wolfsburg zu 'überreden'. Erste Ansiedlungserfolge waren 1999 bereits zu verzeichnen.

2. *Innovationscampus*. 'Erfinder' aus dem Werk in Wolfsburg, aus anderen VW-Werken, aber auch wer immer möchte, kann - gefördert durch das VW-Werk - hier versuchen, die Erfindung zu einem marktfähigen Produkt bzw. einer entsprechenden Dienstleistung zu entwickeln. Die Förderung besteht in erster Linie in günstig zur Verfügung gestellten Räumlichkeiten und einem kostenlosen Service- und Beratungspaket seitens des VW-Werks.

3. *Personalserviceagentur*. Existenzgründer und Lieferanten sollen sich ihr Personal über die Personalserviceagentur beschaffen. Hier sollen 'marktfähige' Arbeitskräfte im Sinne der 'atmenden VW-Fabrik' sozusagen zwischengelagert werden. Nach der Ausbildung bei VW werden die Leute nicht mehr (automatisch) ins Werk übernommen, sondern werden zur

Hälfte des VW-Lohns in die Personalserviceagentur überstellt. Dort werden sie weiter ausgebildet, um sie gezielt befristet einzusetzen: eventuell im Werk, bei den Zulieferfirmen oder Existenzgründern.

4. *Erlebniswelt.* Durch die Einrichtung sog. Erlebniswelten (z.B. Freizeitparks, Unterhaltungszentren o.ä.) soll Wolfsburg (auch als Sitz des VW-Konzerns) gerade auch für Touristen attraktiver gemacht werden, zugleich Arbeitskräfte vor allem auch im Dienstleistungs- und Frauenbereich geschaffen werden. Die Umsetzung wird sicherlich noch dauern, Machbarkeitsstudien stehen noch aus (Stand 1999):

Seit langem ist jedem in Wolfsburg klar: es gibt keine ökonomische Zukunft der Stadt Wolfsburg außerhalb des VW-Bereichs, sondern nur in seinem Dunstkreis. Die Projekte 'Autostadt' und 'Autovision' sind hierfür paradigmatische Beispiele. Immerhin scheint dadurch erst einmal sichergestellt zu sein, daß das VW-Werk (inklusive der Sitz des Konzerns) in Wolfsburg verbleiben wird. Und ganz allgemein haben diese stadtentwicklungspolitischen Initiativen des VW-Werks zu einer gewissen Aufbruchstimmung in der Stadt geführt, zu einer Art "neuen Gründerzeit", wenn auch vielleicht (1999) noch nicht real, so doch stimmungsmäßig. Nicht zu übersehen ist aber auch eine gewisse Skepsis in der Bevölkerung (insbesondere gegenüber dem Autovisions-Modul 'Erlebniswelt'): Ob denn Wolfsburg dies alles brauche, sich denn dies alles dauerhaft tragen werde und ob denn das alles nicht eine Nummer zu groß sei für die Stadt. Auch gewisse kommunalpolitische Bedenken gibt es, worüber im nächsten Kapitel zu sprechen sein wird.

4. Kommunalpolitik und VW

Als das VW-Werk 1998 der Stadt zu ihrem 60. Geburtstag das Versprechen - als Geschenk verpackt - gab, die Arbeitslosigkeit in Wolfsburg bis zum Jahre 2003 auf die Hälfte zu reduzieren und zwar nicht durch entsprechende Einstellungen im Werk selbst, sondern außerhalb seines Bereiches, da schien eine neue Ebene des stadtentwicklungs- und kommunalpolitischen Engagements seitens des VW-Werks erreicht zu sein. Das Unternehmen übernahm damit eine Verantwortung für eine kommunale Angelegenheit, die den Konzern eigentlich nichts angehen müßte. Dieses (über das bisherige Maß hinausgehende) Engagement, das sich an den Großprojekten 'Autovision' und 'Autostadt' festmachen läßt (vgl. Kap. 3 und 8), hat denn auch die Diskussion um das kommunalpolitische Verhältnis zwischen Stadt und Werk erneut belebt. Eine entsprechende Umfrage im Rahmen der dritten Wolfsburg-Studie ergab 1998, daß fast die Hälfte der befragten Wolfsburger das ihnen vorgelegte Statement, "Der Einfluß des VW-Werks auf die Kommunalpolitik hat sich in den letzten Jahren spürbar verstärkt", mehr oder weniger eindeutig bestätigten. Nur weniger als 15% sahen das nicht so (vgl. Harth u.a. 2000).

Bevor auf dieses aktuelle Verhältnis zwischen Stadt und Werk eingegangen wird, soll der frühere Stand der Stadt-VW-Beziehungen rekapituliert werden. Die Diskussion des kommunalpolitischen Einflusses des VW-Werkes bewegt sich zwischen den Polen einer strukturellen Abhängigkeit der Stadt vom Werk einerseits und persönlicher Einflußnahme bestimmter Personen andererseits.

Die strukturelle Abhängigkeit der Stadt

Die Stadt Wolfsburg verdankt ihre Gründung im Jahre 1938 der Entscheidung der damaligen Machthaber, einen Volkswagen 'für alle Deutschen' zu bauen und diesen nicht in vorhandenen Automobilwerken herstellen zu lassen, sondern in einem eigens dafür neu gegründeten Werk (vgl. hierzu Kap. 1 und 3). Wolfsburg ist als 'Stadt des KdF-Wagens' gegründet worden, und sie ist bis heute die 'Stadt des Volkswagens' geblieben (vgl. Abb. 4.1).

Abb. 4.1 VW-Käfer vor dem (alten) Rathaus

Die strukturelle Abhängigkeit und Determiniertheit der Wolfsburger Kommunalpolitik von und durch das VW-Werk ist offenkundig; das Werk setzte von Beginn an bis heute die entscheidenden Rahmenbedingungen für die Stadtentwicklung, es produziert die zentralen Problemstellungen der Stadt, die die Kommunalpolitik aufzuarbeiten hat, es eröffnet oder schafft aber zugleich auch Problemlösungskapazitäten, deren sich die Kommunalpolitik bedienen kann (und um die andere Kommunen Wolfsburg eventuell beneiden). Dies soll an einigen ausgewählten Beispielen illustriert werden:

Wohnungsbaupolitik: Die dynamische Bevölkerungsentwicklung Wolfsburgs (vgl. Übersicht im Anhang), ist mehr oder weniger Folge der Belegschaftsentwicklung beim VW-Werk und ist damit rahmensetzend für die Wohnungsmarktentwicklung in der Stadt.. Es versteht sich, daß die Stadt dieser durch den Arbeitskräftebedarf beim VW-Werk ausgelösten Zuwanderung und Bevölkerungsentwicklung (vgl. Kap. 5) stets 'hinterherbauen' mußte. Jährliche Wachstumsraten der Bevölkerung von 5-15% in den 50er Jahren machten den Wohnungsbau zu einer dringenden Angelegenheit; jährlich wurden zwischen 500 und 1.500 Wohneinheiten fertiggestellt. Schon 1953 sah sich das VW-Werk gezwungen (entgegen der Meinung der Stadtverwaltung), eine eigene Wohnungsbaugesellschaft zu gründen, und erwarb Anfang der 60er Jahre noch Anteile an der städtischen Wohnungsbaugesellschaft. Da mehr oder weniger nur diese beiden Wohnungsbaugesellschaften Wohnungen in Wolfsburg erstellten, zudem das VW-Werk über Baudarlehen, Mietzuschüsse usf. den Wohnungsbau unterstützte und damit auch Belegungsrechte erwarb, hatte das VW-Werk vor allem bis in die 60er Jahre hinein eine zentrale Stellung im Wohnungswesen inne (Hilterscheid 1970: 199). Das VW-Werk baute bzw. förderte dort Wohnungen, wo es preislich günstig war und damit auch im damaligen Umland der Stadt - sehr zum Leidwesen der Stadt Wolfsburg, die es lieber gesehen hätte, den Wohnungsbau auf das damalige Stadtgebiet zu konzentrieren.

Haushaltspolitik: Das VW-Werk ist nicht nur die einkommensmäßige Basis für rund 50% (früher an die 70%) der Wolfsburger Erwerbstätigen, sondern es ist zugleich rahmensetzend für die finanzielle Lage der Stadt. Die Stadt Wolfsburg stand und steht hinsichtlich der Gewerbesteueraufbringungskraft je Einwohner mit an der Spitze der kreisfreien Städten in Deutschland. Wolfsburg war spätestens seit Mitte der 50er Jahre also eine reiche Stadt, wenn auch eine mit hohem Investitionsbedarf, denn es galt ja noch, die Stadt überhaupt erst auf- und auszubauen. Dennoch hat diese enorme VW-bedingte Finanzkraft die Stadt nicht nur instandgesetzt, diese Investitionsaufgaben zu erledigen, sondern darüber hinaus viele politische Probleme zu lösen (vgl. hierzu weiter unten). Zugleich aber hat diese gewerbesteuermäßige Abhängigkeit der Stadt vom VW-Werk die kommunale Haushaltslage auch immer abhängig gemacht von der Automobilkonjunktur. Das war bis in die 60er Jahre hinein jedoch kein reales Problem, insofern das VW-Werk fast ununterbrochen Wachstumsraten auswies. Erst die drei Krisen 1966/67, 1971/72 und 1974/75 machten erstmals die gesamte Tragweite der gewerbesteuermäßigen Abhängigkeit der Stadt vom VW-Werk deutlich (vgl. Kap. 3). Trotz der seinerzeit bundesweit durchgeführten Gemeindefinanzreform, die im Prinzip die Abhängigkeit der Gemeinden von der Gewerbesteuer milderte, blieb Wolfsburg den Schwankungen der Gewerbesteuer in durchaus gravierender Weise unterworfen.

Wirtschaftspolitik: So gut es sich für Wolfsburg finanziell mit dem VW-Werk leben ließ (und nach wie vor leben läßt), so einleuchtend ist andererseits, daß die gleichsam totale ökonomische Abhängigkeit der Stadt vom VW-Werk Risiken birgt. Ziel der kommunalen Wirtschaftsförderungspolitik war und ist es, die VW-bestimmte Monostruktur der Stadt zu überwinden. Ihr Problem war es zugleich von Anfang an, daß im Schatten von VW kein anderer Industriebetrieb gedeihen kann. Das Lohnniveau und die sonstigen Sozialleistungen im VW-Werk sind so überdurchschnittlich, daß kein normaler Betrieb daneben existieren kann. Selbst eine VW-bezogene Zuliefererindustrie hat sich im Wolfsburger Raum nur ansatzweise entwickelt. Dieser Rahmenbedingungen eingedenk hat sich die Wolfsburger Wirtschaftspolitik auf das Ziel konzentriert, den Dienstleistungsbereich in der Stadt auszubauen. Der Ausbau der Innenstadt, die Ansiedlung von Behörden und Ausbildungsstätten (vgl. Kap. 8 und 9) wurde immer mit großen Nachdruck, wenn auch ohne großen nachhaltigen Erfolg betrieben. Anfang der 90er Jahre belief sich in Wolfsburg der Anteil der im Dienstleistungssektor Beschäftigten noch immer auf bloß 25%! Wie dramatisch die ökonomische Abhängigkeit vom VW-Werk noch immer ist, zeigte sich abermals Mitte der 90er Jahre, als das VW-Werk in Wolfsburg innerhalb weniger Jahre rund 16.000 Arbeitsplätze abbaute - mehr als 20% aller Arbeitsplätze in Wolfsburg!

Infrastrukturpolitik: Das VW-Werk bestimmt als Industriebetrieb die Sozialstruktur der Stadt ('Arbeiterstadt' mit einem auch heute noch fast 60%igen Arbeiteranteil an den Erwerbstätigen!) und ist damit rahmensetzend für die kommunale Politik im Schul-, Kultur- und Freizeitbereich. Es galt, für die beim Werk Beschäftigten optimale Lebensbedingungen zu schaffen und ein spezifisches Kultur- und Bildungsprogramm zu entwickeln, das von breiten Schichten der Bevölkerung akzeptiert wird; zugleich war es aber auch notwendig, gerade für die höheren Angestellten des VW-Werkes, bestimmte Schul-, Kultur- und Freizeitstandards zu erfüllen, sollte es gelingen, diese Gruppe längerfristig an das Werk bzw. die Stadt zu binden und die Standortnachteile Wolfsburgs (vor der Wiedervereinigung Zonenrandlage, keine attraktive Großstadt, keine Universität etc.) etwas zu abzumildern. Das VW-

Werk hat denn auch nie einen Zweifel an der Bedeutung gelassen, die man diesem Bereich beimißt und wichtige Infrastruktureinrichtungen finanziell unterstützt, z.T. 'geschenkt' (z.B. Stadthalle, Theater, VW-Bad, Planetarium, Kulturzentrum, Kunsthalle). Älteren Wolfsburgern sind noch die vom Volkswagenwerk finanzierten Konzerte mit den Berliner Philharmonikern (Volksmund: "Karajans Wüstenritte") und die großen Kunstausstellungen in guter Erinnerung. "Sie sind", so Hilterscheid, "ein gutes Beispiel modernen industriellen Mäzenatentums" (ebenda: 190).

Verkehrspolitik: Selbstverständlich ist Wolfsburg als Stadt des Volkswagens auch vor allem 'Autostadt'. Das VW-Werk ist über den hohen Motorisierungsgrad seiner Beschäftigten und die damit verknüpfte Autofahrerideologie rahmensetzend auch für die städtische *Verkehrspolitik*, die in erster Linie auf dem Vorrang des Individualverkehrs vor dem öffentlichen Nahverkehr basiert. Ein Vergleich der interkommunalen Verkehrsstatistik von 1977 zeigt z.B., daß unter den Städten zwischen 100.000 und 200.000 Einwohnern nur Salzgitter und Lahn im Öffentlichen Nahverkehr schlechter ausgestattet waren als Wolfsburg (vgl. Stat. Jahrb. Dtsch. Gemeinden 1978: 354f.).

Die Stadt ist von Anfang an "autogerecht" angelegt worden. Nicht nur war der Vater des Konzeptes der 'autogerechten Stadt', Reichow (1959), Anfang der 50er Jahre maßgeblich an der Erarbeitung des Flächennutzungsplanes von Wolfsburg beteiligt, sondern der Stellenwert des Autos wird auch daran deutlich, daß dem Bahnhof der Stadt Wolfsburg über Jahrzehnte hinweg keine große Bedeutung für die Stadt zukam. Ja, das VW-Werk, das ursprünglich eine Lage des Bahnhofes direkt vor seinen Werkstoren befürwortete (die Stadt zog einen anderen, mehr städtischen Standort vor), gab seinen Widerstand erst auf, als erkennbar wurde (vgl. hierzu Hilterscheid 1970: 157), daß die Pendler zunehmend Fahrgemeinschaften bildeten oder einen eigenen PKW (Jahreswagen) erwarben, also nur noch ein kleiner Prozentsatz von ihnen per Bahn zur Arbeit ins VW-Werk kam.

'Außenpolitik': Eine Kommune hat zur Regelung ihrer örtlichen Angelegenheiten auch mit Nachbargemeinden, mit staatlichen Behörden, mit der Bezirks- und Landesregierung zu tun. Ob sie in diesen Kontakten und Verhandlungen ihre Interessen durchsetzen kann, hängt sehr wesentlich von ihrer bargaining-power ab. Hier nun spielte das VW-Werk direkt oder indirekt, gewollt oder ungewollt, eine bisweilen entscheidende Rolle. Als durch das VW-Werk reiche Stadt konnte sich Wolfsburg viele Dinge einfach erkaufen: z.B. die Auskreisung 1951 (vgl. Kap. 1), die sog. 'kommerziellen Umgemeindungen' Ende der 50er, Anfang der 60er Jahre, und die Zustimmung vieler Gemeinden zur großen Gebietsreform 1972 (vgl. Kap. 9). Daß die Stadt Wolfsburg schließlich oft als gebietskörperschaftliche Interessenver-

tretung des VW-Werks und seiner von ihm ausgelösten Sachzwänge in die Verhandlungen mit wem auch immer eintreten konnte, hat die Position Wolfsburgs zusätzlich gestärkt. Der Autobahnanschluß Wolfsburgs, die Aufwertung Wolfsburgs zum Intercity-Haltepunkt auf der Strecke Hannover-Berlin in den 90er und die Gründung der Fachhochschule für Fahrzeugbau und Betriebswirtschaftslehre in Wolfsburg in den 80er Jahren wären ohne (Hinweis auf) das VW-Werk wohl nicht denkbar gewesen.

Das VW-Werk ist nicht zuletzt auch *'ideologisch'* rahmensetzend für die Kommunalpolitik. Das VW-Werk ist weltweit bekannter als die Stadt Wolfsburg, die deshalb immer versucht hat, das Image einer Werkssiedlung abzulegen und städtische Identifikationspunkte außerhalb der VW-Werkes zu schaffen (City, Kulturbauten etc.). Die Befürchtung war auf Seiten der Stadt immer groß, daß sich die Wolfsburger mehr mit dem VW-Werk identifizieren, sich mehr als 'VW-ler' sehen denn als 'Wolfsburger'. Das VW-Werk ist darüberhinaus als großzügiger und perfekt organisierter Betrieb prägend für die - so ein Ratsmitglied - "enorm hohe Anspruchshaltung der Wolfsburger Bevölkerung auch gegenüber der Stadt". Das Verhältnis der Mehrheit der Wolfsburger zum Rathaus ist, ein Zitat von Habermas aufnehmend, "nicht in erster Linie politische Beteiligung, sondern eine allgemeine Forderungshaltung, die Versorgung erwartet" (1971: 250). Die Gemeinde als Dienstleistungsbetrieb (Wehling 1975: 283). Diese normativen Prägungen gehen so weit, daß das VW-Werk dem alltäglichen Leben der Bewohner in vielen Bereichen seinen Stempel aufdrückt. Man könnte sagen, das VW-Werk fungiert als die wichtigste sekundäre Sozialisationsinstanz, als mit der Arbeit jene "extrafunktionalen" bzw. "arbeitsprozeßunspezifischen" Fertigkeiten und Fähigkeiten wie Pünktlichkeit, Ordentlichkeit, Fleiß, Verantwortung etc. eingeübt werden, die in den außerbetrieblichen Lebensweisen städtischen Lebens wirksam werden (vgl. dazu Herlyn u.a. 1982: 27ff. und die Kap. 7, 10 und 11).

Mit diesen Hinweisen sollte deutlich geworden sein, daß die Frage nach dem Einfluß des VW-Werks auf die Stadtentwicklungs- und Kommunalpolitik in Wolfsburg, sofern damit nur die persönliche werksseitige Einflußnahme auf kommunale Entscheidungsprozesse gemeint ist, zu kurz greift. Tatsächlich wirkt das Werk nicht sozusagen von außen auf die Wolfsburger Kommunalpolitik ein, sondern es ist immer schon von vornherein deren integraler Bestandteil, d.h. in den sich entwickelnden materiellen und normativen Strukturen der Stadt ist das Werksinteresse immer schon enthalten und aufgehoben und braucht nur von Fall zu Fall durch direkte, persönliche Intervention in die Kommunalpolitik eingebracht werden: "Was gut ist für das Werk, ist gut für die Stadt" - das ist ganz allgemeine Auffassung in Wolfsburg.

Zur direkten Einflußnahme des VW-Werks auf die Kommunalpolitik

Selbstverständlich gab und gibt es jedoch diese persönliche, direkte Einflußnahme des VW-Werkes auf die Stadtentwicklung und Kommunalpolitik. Der zentrale Befund der auf diesen Aspekt abzielenden Studie von Hilterscheid lautete jedoch: Das Unternehmen oder seine Angestellten hat bzw. haben nur die Entscheidungen beeinflußt, an denen es als Unternehmen oder an denen Personen des Unternehmens interessiert waren. "Alle übrigen Entscheidungen der Stadt Wolfsburg - und das waren zahlenmäßig die weitaus meisten - wurden vom Volkswagenwerk nicht beeinflußt" (Hilterscheid 1970: 308). Diese Aussage war noch in den 80er Jahren, so die Ergebnisse der zweiten Wolfsburg-Studie, nach wie vor zutreffend. Aber während es in der Zeit der 50er und 60er Jahre, der sog. Nordhoff-Ära (1948-1968), doch auch noch eklatante Beispiele gab, wo sich werksseitig eingemischt wurde in Dinge, die dem Werk an sich hätten ziemlich egal sein können, so war (1980) hiervon immer weniger zu spüren. Die Bevölkerung war überwiegend deshalb auch der Auffassung, daß der Einfluß des VW-Werkes auf die Kommunalpolitik (im Vergleich zur Nordhoff-Ära) nachgelassen habe. Von über 500 Personen, die 1960 und 1980 mit derselben Frage konfrontiert wurden, nannten 1980 genau ein Viertel weniger das VW-Werk als Machtfaktor in der Kommunalpolitik (vgl. Herlyn u.a. 1982: 113). Die Abnahme des Werkseinflusses auf die Kommunalpolitik in den Augen der Wohnbevölkerung wurde sehr direkt mit dem Wechsel des Vorstandsvorsitzenden in Verbindung gebracht: Etwa 90% der sowohl 1960 wie 1980 befragten Einwohner waren der Meinung, daß Schmücker als Nachfolger Nordhoffs weniger Einfluß nahm (Herlyn u.a. 1982: 112). In der ersten Wolfsburg-Untersuchung wurde der Generaldirektor Prof. Nordhoff noch häufiger als das Werk selbst als kommunalpolitischer Machtfaktor genannt, "der für viele Befragte als 'Faktor des Guten und des Bösen' die letzte Instanz bei der politischen Willensbildung darstelllt" (Schwonke, Herlyn 1967: 45; vgl. auch Abb. 4.2).

"Nordhoff war ja der Bonze; diese Ära ist vorbei." (Rentnerin)

"Nordhoff, das war schon der 'König von Wolfsburg': er hat halt die Stadt aus dem Nichts gemacht. Er war aber auch der letzte VW-Chef, der als 'Herrscher aller Reußen' auftrat. Die Nachfolger hatten keine Resonanz in der Bevölkerung, waren Fremde und blieben der Stadt und der Politik, die dort gemacht wurde, fremd." (Amtsleiter, Gespräch v. 19.6.80)

Abb. 4.2 Generaldirektor Nordhoff und die Belegschaft des VW-Werks (1955)

Dafür, daß sich die Führungsschicht des VW-Werks in den 70er und 80er Jahren (gegenüber den 50er und frühen 60er Jahren) kommunalpolitisch weniger engagierte bzw. 'einmischte', gab es weitere Gründe: Das VW-Werk hatte sich zu einem weltweiten Konzern entwickelt (vgl. Kap. 3), seine Probleme hatten sich globalisiert mit der Folge, daß die Stadt Wolfsburg nur noch ein Standort von vielen war, die Stadt also an Relevanz für den Konzern verloren hatte. Die Manager des VW-Werks waren überdies beruflich viel eingespannter, als daß da noch viel Zeit wäre für kommunalpolitisches Engagement, geschweige denn großes Interesse aufkäme, auf diese Ebene der 'Dorfpolitik' herabzusteigen. Die Stadt Wolfsburg selbst hatte sich zudem in jener Zeit der 70er und 80er Jahre zu einer quasi vollständigen Stadt entwickelt und warf nicht mehr so viele kommunalpolitisch zu lösende Standortprobleme auf wie noch in den 50er und 60er Jahren, als Wohnungsknappheit herrschte und kultureller Notstand. Auch hatte sich, so die Argumentation in der zweiten Wolfsburg-Studie (Herlyn u.a. 1982: 113ff.), die Wolfsburger Verwaltung gegenüber den 50er Jahren professionalisiert.

Verschiedene, in die 50er, 60er Jahre zurückreichende amerikanische Studien (vgl. hierzu z.B. Warren 1963: 253) hatten feststellen können, daß die ökonomischen Eliten sich aus der Kommunalpolitik zurückziehen, wenn die Gesellschaften 'absentee-owned' oder stark in den nationalen oder gar internationalen Markt integriert sind. Das schien genau das zu sein, so die Erkenntnis der zweiten Wolfsburg-Studie, was in Wolfsburg im Zuge des Aufstiegs des VW-Werks zu einem internationalen Konzern passiert war.

Insgesamt hatten sich die Beziehungen zwischen Stadt und Werk entkrampft, versachlicht. Wenn es was zu klären gab, dann wandte sich das VW-Werk immer an die Verwaltung der Stadt. Das Werk nahm weder Einfluß auf die Kandidatenaufstellung für den Gemeinderat noch auf das Wahlverhalten seiner Beschäftigten. Dennoch war in den 50er und 60er Jahren die Mehrheit der Ratsmitglieder bei VW beschäftigt; aber das ergab sich gleichsam zwangsläufig, weil eben auch die Mehrheit in der Wolfsburger Bevölkerung bei VW beschäftigt war. Der Stadtrat war für das VW-Werk auch insofern relativ uninteressant, weil bei das VW-Werk betreffenden Angelegenheiten die VW-Ratsmitglieder ohnehin 'wegen Befangenheit' (§ 26 Nieders. Gemeindeordnung) nicht hätten mit abstimmen dürfen. In den 50er Jahren mußte sogar ein Extra-Erlaß für Wolfsburg sicherstellen, daß der Gemeinderat beschlußfähig blieb, wenn die Ratsmitglieder, die bei VW beschäftigt waren, 'wegen Befangenheit' hinausgingen. Dennoch waren früher, in den 50er und 60er Jahren, immerhin einige leitende Angestellte des VW-Werks bzw. Betriebsratsmitglieder als Fraktionschefs, als Mitglied des Verwaltungsausschusses, ja, sogar als Bürgermeister (man denke an den langjährigen Bürgermeister Hugo Bork) auch in verantwortlichen Positionen in der Wolfsburger Kommunalpolitik tätig. Das hatte sich in den 70er, 80er Jahren aber gegeben.

Die persönliche, direkte Einflußnahme des Werks auf die Kommunalpolitik reduzierte sich in dieser Zeit also auf die Angelegenheiten, die für VW direkt relevant waren. Man beschränkte sich dabei in seinen Kontakten auf die jeweils relevanten Dezernenten bzw. Abteilungsleiter in der Wolfsburger Verwaltung. Die Kontakte wurden als normal, geschäftsmäßig bezeichnet. Dabei konnte seitens des Werks von vornherein vorausgesetzt werden, daß man sich auf Seiten der Stadt um die entsprechende Erledigung der Angelegenheit kümmerte. Dennoch kam es immer mal wieder zu Spannungen, Schwierigkeiten und Verstimmungen und zwar auf beiden Seiten. Dabei ließen sich, so die Ergebnisse der zweiten Wolfsburg-Studie (Herlyn u.a. 1982: 119ff.), drei typische Konfliktarten unterscheiden:

1. Das VW-Werk verlangt etwas, was das lokale politisch-administrative System nicht schnell und reibungslos genug erfüllen kann.
2. Das VW-Werk stellt unklare, widersprüchliche oder sich kurzfristig ändernde Forderungen, die die Stadtverwaltung verunsichern.

3. Das VW-Werk verfolgt Interessen, die mit dem 'Allgemeinwohl'-Anspruch, dem Gleichbehandlungsgrundsatz, dem Legalitätsprinzip des lokalen politisch-administrativen Systems nicht (voll) kompatibel gemacht werden können.

Im Prinzip aber galt und gilt nach wie vor die Aussage eines Ratsherren aus dem Jahre 1980:

"Wenn das Werk zu einer bestimmten Meinung kommt, dann kann der Rat der Stadt letztlich nur mit dem Kopf nicken; da sollte man sich nichts vormachen. Wer das nicht akzeptiert, ist ein Illusionär oder sollte aufhören in Wolfsburg Politik zu machen."

Neue Stufe der Kooperation (Wolfsburg AG)

Eingangs wurde bereits die These aufgestellt, daß sich in den letzten Jahren eine neue Stufe des Verhältnisses zwischen Stadt und Werk herauskristallisiert habe - als Folge der VW-Krise in der ersten Hälfte der 90er Jahre. Natürlich spielen dabei die handelnden Personen auf Seiten der Stadt wie des VW-Konzerns eine große Rolle. Wer mit wem wie gut kann, ist in Wolfsburg immer eine große Frage. Auch wenn sich nach der Nordhoff-Ära kein VW-Chef mehr so stark um die Stadt gekümmert hat, so gab es doch persönliche Nuancen im Engagement. Als Piech in den 90er Jahren als Konzernchef gewählt wurde, da gab es durchaus Befürchtungen, daß gerade er vielleicht schwierig in dieser Frage sein könnte. Als er dann auch noch Braunschweig als Wohnstandort wählte, eine in Wolfsburg immer heikle Frage, da schienen sich alle Befürchtungen zu bestätigen. Aber Mitte der 90er Jahre, im Verlauf der VW-Krise, scheint man sich im VW-Werk darüber klargeworden zu sein, daß eine Konzernsitzverlagerung (etwa nach Berlin) politisch nicht durchsetzbar sein würde und ein 'global player' wie VW, ein Weltkonzern von Rang, schlecht in einer Stadt residieren könne, der Armut, Niedergang und Provinzialität sofort anzumerken wäre. Auch im Zusammenhang der im Jahr 2000 in Hannover stattfindenden Weltausstellung, an der sich das VW-Werk als ein zentraler Sponsor engagiert und in deren Rahmen sich auch das VW-Werk in Wolfsburg der Weltöffentlichkeit präsentieren möchte, schien es im Firmeninteresse sinnvoll, auch die Stadt Wolfsburg etwas aufzumöbeln, deren eigene Mittel - nicht zuletzt auf Grund der VW-Krise (Gewerbesteuer, Soziallasten) - nicht ausreichen würden, das selbst zu bewerkstelligen.

Zugleich wurde 1995 ein neuer Oberstadtdirektor gewählt: zum einen ein erfahrener Verwaltungsjurist, der auf verschiedenen staatlichen Ebenen viele Jahre gearbeitet hat, zum anderen der Besitzer einer sehr großen Speditions-

und Logistikfirma in Wolfsburg, die seit frühesten Jahren auf das Engste mit dem VW-Werk verbunden ist. Es ist nun klar, daß ein solcher gleichsam doppeltqualifizierter Mann es sehr viel leichter haben würde, mit dem VW-Werk ins Gespräch zu kommen, nicht zuletzt weil er sich als sehr erfolgreicher Firmenchef in den Augen des VW-Konzerns längst bewährt hatte. Wie hoch man auch immer die Rolle handelnder Personen in der Kommunalpolitik einordnen mag, so ist doch hilfreich, 'daß man wenigstens dieselbe Sprache spricht'. Das Verhältnis zwischen VW und Stadt stellt sich deshalb aber noch lange nicht als reibungslos dar.

Ein Beispiel für die nicht reibungslose Zusammenarbeit zwischen Stadt und Werk ist das Autostadt-/Nordkopf-Projekt (vgl. Kap. 3 und 8). An diesem vom VW-Werk angestoßenen Projekt lassen sich - wie in einem Brennglas - alle weiter oben angesprochenen Konflikte und Empfindlichkeiten noch einmal belegen. Zunächst einmal überraschte des VW-Werk die Stadt mit der Idee, auf dem Werksgelände die sog. Autostadt zu errichten (vgl. Abb. 3.3). Zugleich setzte das Werk die Stadt sowohl zeitlich wie inhaltlich unter Druck: Nicht nur wurde die Stadt zu einer Art Komplementärinvestition im Bereich des Nordkopfs (vgl. Abb. 8.3) aufgefordert, sondern dabei zugleich unter erheblichen Zeitdruck gesetzt: Fertigstellung bis zur Weltausstellung in Hannover, im Jahre 2000. Die Stadt hatte immer schon in diesem Bereich, am Bahnhof, etwas machen wollen (vgl. Kap. 8), umso mehr als der Wolfsburger Bahnhof zum ICE-Haltepunkt auf der Strecke Dortmund-Hannover-Berlin avanciert war. Zugleich begrüßte die Stadt aus ureigenstem Interesse die Autostadt-Investition des VW-Werks. Nicht das war also das Problem, sondern wieder einmal die Unvorbereitetheit der Stadt auf Investitionsentscheidungen des Werks und der zeitliche Druck, den das Werk auf die Stadt ausübte und dem - selbst beim besten Willen - nicht nachzukommen war. Das Werk war seinem Ruf als – wie es ein Experte ausdrückte - "abartiger Beschleuniger" wieder einmal gerecht geworden. Als die Stadt ihre Planungen im Nordkopf-Bereich abgeschlossen hatte mit dem Highlight eines Personentransportsystems in einer Röhre mit 16m Durchmesser, das den Übergang vom Bahnhof zum Werk (und darüberhinaus bis zum Schloß/ Eispalast) herstellen sollte, stoppte das VW-Werk, das einen Grundteil zu finanzieren versprochen hatte, dieses Projekt offiziell aus Finanzgründen, die aber aus städtischer Sicht nicht ganz nachzuvollziehen waren angesichts der Investitionssummen, die insgesamt im Raume standen. Die Stadt war gezwungen, eine kostengünstigere (nicht ganz so spektakuläre) Lösung zu entwickeln und blieb zudem auf den inzwischen angelaufenen Planungskosten sitzen, was bei den Kommunalpolitikern und der Stadtverwaltung erhebliche Verstimmung auslöste. Auch das Scheitern der ursprünglichen Idee der Stadt, am Nordkopf ein Stadtforum zu errichten (stattdessen wird nun ein sog. Science Center entstehen), wird auf einen entsprechenden werksseitigen Einfluß zurückgeführt (vgl. hierzu weiter unten). Nicht daß man über die werksseitig erfolgten Änderungen am städtischen Nordkopf-Konzept so sehr aus inhaltlichen Gründen verstimmt war (auch selbst hatte man einige Zweifel), nein, es war wieder einmal die Art und Weise, die einer Brüskierung der Stadt nahekam:

"Die von VW können ja zur Zeit (Mitte/Ende der 90er Jahre, Erg.d.Verf.) vor Kraft nicht laufen. Also wenn die was in die Hand nehmen, dann sagen sie: alles andere weg, die anderen sind zu blöd, wir machen das! Da muß man schon aufpassen" (Expertengespräch v. 2.12.98)

Dennoch überwog natürlich auf Seiten der Stadt die Freude über diese einmalige stadtenwicklungspolitische Chance den Ärger über das Verfahren und die Arroganz der VWler bei weitem.

Fügt sich das Autostadt-Projekt noch recht gut in den auch bisher schon gekannten Rahmen des Verhältnisses von Stadt und Werk, wenn auch der finanzielle Rahmen alles bisher Dagewesene sprengt, so scheint mit dem Autovisions-Konzept qualitativ eine neue Stufe des werksseitigen Engagements für die Stadt erreicht zu sein: das Versprechen der Stadt bis zum Jahre 2003 die Arbeitslosigkeit in Wolfsburg zu halbieren, rund 12.000 Arbeitsplätze außerhalb des VW-Werks zu schaffen und zwar über – wie dargestellt (vgl. Kap. 3) - eine Personalserviceagentur, einen Innovationscampus, einen Zuliefererpark und die sog. Erlebniswelt. Die ersten drei Ansatzpunkte des Autovisionskonzeptes kann man noch ziemlich gut unter dem Begriff des 'Outsourcing' fassen, also einer zunächst einmal werksseitig interessanten Strategie, bestimmte Bereiche des Produktionsprozesses (inkl. Forschung) aus dem Werk auszulagern bzw. ihm anzulagern, wenn sich hier auch ein interessanter Paradigmenwechsel innerhalb der Konzernpolitik anzudeuten scheint. Jahrzehntelang hatte das VW-Werk (vgl. Kap. 3) aufgrund seines eigenen großen Arbeitskräftebedarfs, der in der Region ohnehin schon kaum zu decken war, darauf verzichtet, Zuliefererfirmen in den Raum um Wolfsburg zu locken, um die angespannte Arbeitsmarktlage nicht noch weiter zu verschärfen. Diese Politik scheint angesichts der neuen Arbeitsmarktlage in der Region vom Tisch zu sein. Das VW-Werk bemüht sich, inzwischen erfolgreich, um die Ansiedlung von Zuliefererfirmen. Offenbar verfügt das VW-Werk über weit bessere Möglichkeiten, Zuliefererfirmen zu diesem Schritt zu bewegen, als es die konventionelle kommunale Wirtschaftsförderung es je könnte. Auch den Gewerkschaften ist klar, daß in diesen Zuliefererfirmen nicht dieselben Löhne gezahlt werden (können) wie im VW-Werk.

Das *Erlebniswelt-Konzept* (ein Langzeitprojekt bis ins Jahr 2025) könnte Arbeitsplätze, man spricht von rund 2.000, im Dienstleistungsbereich schaffen, der ja in Wolfsburg strukturell unterentwickelt ist:

"Wir haben den Leuten dreier Agenturen gesagt: hier habt ihr einen Stadtplan, macht was! Wir wollen das und das, wir möchten irgendwann 3 Millionen Besucher hier nach Wolfsburg holen, d.h. 1,4 Mio für die Autostadt und noch einmal das Doppelte für unsere Themenparks. Wie muß man Wolfsburg verändern, um dieses Ziel zu erreichen? Wir müssen mit dem Ganzen Geld verdienen. Es kann sich also nicht um eine Stadtverschönerungsmaßnahme handeln." (VW-Experte, Gespräch v. 10.3.99)

In dem hier behandelten kommunalpolitischen Kontext ist nun die Gründung der sog. *Wolfsburg AG* interessant. Sie ist eine, so meint man in Wolfsburg, "einmalige Sache in ganz Europa": Stadt und Werk bilden die Wolfsburg AG, mit 5 Mio. Eurokapitalanlage und 25 Mio. DM Anfangskosten je Stadt und Werk. Ziel: die Umsetzung des Autovisions-Konzeptes. Der Aufsichtrat ist paritätisch besetzt mit Vertretern der Stadt und des VW-Werks. Die Wolfsburg AG soll letztlich sich selbst tragen, d.h. Gewinn machen. Kommunalpolitisch ist die AG nicht ganz ohne Risiken: angesichts der Zentralität des Autovisionskonzeptes für die Stadtentwicklung Wolfsburgs könnte sich in Gestalt der Wolfsburg AG so etwas wie eine 'Nebenregierung' bilden, in der aufgrund des realen Machtverhältnisses die Vertreter des VW-Werkes u.U. das Sagen haben werden. Das Modell der Wolfsburg AG läßt sich andererseits theoretisch sicherlich als Beispiel eines heute doch weitgehend üblich gewordenen Public-Private-Partnershipmodells interpretieren, der Investitionsmaßnahmen à la Media Park in Köln oder à la Potsdamer Platz in Berlin (vgl. Selle 1992; Heinz 1998). Selle plädiert für eine differenzierte Betrachtung dieser Kooperationsformen und Partnerships, weist auf die Risiken hin (Entmachtung der offiziellen Entscheidungsträger, Entpolitisierung der Bevölkerung, Sozialisierung möglicher Folgelasten), spricht aber auch von den Chancen: solche Partnerships können zu "Innovationskoalitionen" werden: "Dort, wo sich günstige Voraussetzungen bieten, wo wesentliche Beteiligte zum Schritt nach vorn bereit sind, werden exemplarische Lösungen realisiert. Damit können die zähesten Vorbehalte der 'Routinekartelle' ('...das geht doch nicht, das rechnet sich nicht, das haben wir noch nie so gemacht') sozusagen experimentell widerlegt werden" (Selle 1992: 39)

Die Stadt Wolfsburg wird stadtentwicklungspolitisch enorm gewinnen, kann aber kommalpolitisch durchaus auch verlieren. Das lange Zeit geltende Prinzip, daß der Kanal die Trennlinie der beiden Einflußsphären von Stadt und Werk markiere (vgl. Schwonke, Herlyn 1967: 41f.), wird durch die Gründung der Wolfsburg AG nun auch formell aufgehoben. Das Werk sitzt - ganz offiziell - nun mit im Boot der kommunalpolitischen Verantwortung. Das wird von den einen in Wolfsburg als 'Rettung' der Stadt gesehen, die anderen sehen das (oft hinter vorgehaltener Hand) skeptischer. Wieder einmal soll in Wolfsburg mit Geld geklotzt werden: VW wird es schon richten! Die weiter oben angesprochene Versorgungsmentalität in der Wolfsburger Bevölkerung dürfte sich verfestigen. Der Stadt zu wünschen ist, daß das Experiment Wolfsburg AG erfolgreich sein wird. Manch einer spricht gar von einer "neuen Gründerphase", die sich im Zusammenhang der Autostadt- und Autovisons-Konzepte in Wolfsburg ausbreiten wird. Wolfsburg soll (zusammen mit VW) "eine Welthauptstadt in Sachen Automobil werden!", so umschreibt der Oberstadtdirektor seine Zukunftsvision der Stadt. In 10 Jahren wird man vielleicht weitersehen!

5. "Schmelztiegel"

Auch wenn die heutige Struktur der Wohnbevölkerung Wolfsburgs kaum noch in irgendeiner Hinsicht auffällig ist, so war das nicht von Anfang an so. Die Wahl des Titels dieses Kapitels greift daher bewußt einen Begriff auf, der in der ersten Studie verwandt wurde, um deutlich werden zu lassen, daß das Zusammenkommen sehr verschiedenartiger Personengruppen eine der großen Herausforderungen für die neue Stadt bedeutete (vgl. Schwonke, Herlyn 1967: 56). Wenn Häußermann davon spricht, daß "Städte gigantische Integrationsmaschinen waren" (1998: 20), dann trifft das auch und gerade auf Wolfsburg zu, wo es kaum alteingesessene Bürger gab. Die Bevölkerung rekrutierte sich überwiegend aus Zuwanderern aus allen Teilen des ehemaligen Deutschen Reiches einerseits und aus ausländischen Zwangsarbeitern andererseits, und sie bestand zum größten Teil aus jungen Leuten, die – wie man weiß – zu den mobilsten Personengruppen gehören.

Im folgenden werden wir uns mit der geographischen Herkunft der Wolfsburger und den sozialen Folgen befassen, fragen sodann nach ihrer Mobilität bzw. Seßhaftigkeit und beschäftigen uns mit dem Altersaufbau der Bevölkerung. Die Tatsache, daß die nach Wolfsburg einströmende Bevölkerung überwiegend im Arbeiterstatus beschäftigt war, wird im nächsten Kapitel diskutiert.

Herkunft der Wolfsburger: das "zusammengewürfelte Volk"

Bei Kriegsende waren von der Wohnbevölkerung ca. die Hälfte als Zwangsarbeiter eingesetzte Kriegsgefangene, die nach dem Krieg jedoch schnell die Stadt verließen. Prägend für die Herkunft der Wolfsburger Bevölkerung nach dem Kriege waren zunehmend die Flüchtlinge und Vertriebenen, die im VW-Werk einen sicheren Arbeitsplatz suchten. "Das Volkswagenwerk schuf die Voraussetzung für die ökonomische Integration" (Uliczka 1993: 49), und wir werden sehen, daß zu der ökonomischen im Laufe der Jahre die soziale Integration hinzutrat, so daß es – von heute aus gesehen – richtig ist zu sagen, daß die Stadt Wolfsburg somit nicht nur als Beispiel für das Wirtschaftswunder im Nachkriegsdeutschland steht (vgl. Beier 1997), sondern auch für die im großen und ganzen gelungene Integration der Heimatvertriebenen. Ja, man kann sogar sagen: "Ohne die Heimatvertriebenen wäre das Wirtschaftswunder in Deutschland kaum möglich gewesen" (Reichold 1998: 43) und das trifft mit Sicherheit auch auf den damaligen Erfolg des VW-Werkes in Wolfsburg zu.

Zur Zeit unserer ersten Untersuchung, also gut 20 Jahre nach der Stadtgründung waren höchstens nur 10% der erwachsenen Bevölkerung von Wolfsburg in der Stadt oder in der näheren Umgebung aufgewachsen, während über die Hälfte aus Gebieten stammten, die jenseits des "Eisernen Vorhangs" bzw. der Grenzen der Bundesrepublik lagen. (vgl. Schwonke, Herlyn 1967: 64). Dabei darf nicht übersehen werden, daß etwa 5 – 8% der Befragten aus dem Ausland (Österreich, Sudetenland) stammten bzw. Volksdeutsche waren. Die Zahlen der öffentlichen Statistik liegen deutlich darunter, weil dort nur Inhaber amtlicher Flüchtlingsausweise erfaßt wurden. Die Abbildung 5.1 gibt sowohl den prozentualen offiziellen Anteil von Flüchtlingen und Vertriebenen in Wolfsburg an als auch ihre bis in die 60er Jahre absolut steigende Zahl. "Der auffällig hohe Anteil der Heimatvertriebenen und Flüchtlinge an der Wolfsburger Bevölkerung ist zum einen auf die Lage der Stadt im Zonenrandgebiet zurückzuführen, zum anderen auf die Expansion des VW-Werkes und die Aussicht auf gut bezahlte Arbeitsplätze" (Reichold 1998: 44).

Die von außerhalb zuströmenden Neubürger können überwiegend als sog. "Etappenwanderer" bezeichnet werden, die sich erst in den Nachbarkreisen der Umgebung niedergelassen hatten. Unter diesen Umständen waren die Wolfsburger nicht nur für die Einheimischen in den umliegenden Gemeinden "zusammengewürfeltes Volk", sie waren sich auch gegenseitig fremd in dem Sinne, den der Topos vom "zusammengewürfelten Volk" meint (vgl. Schwonke, Herlyn 1967: 65).

Typisch für Einheimische ist die am Ort verlebte Jugend, denn dabei handelt es sich um jene Jahre, die eine Person am meisten in ihren Haltungen und Orientierungen prägt; plastisch wird dies in dem Ausdruck der "formativen Jahre". Diese aber hatte der überwiegende Teil der zuziehenden Bevölkerung in ganz verschiedenen Teilen des damaligen Deutschen Reiches verbracht und dementsprechend unterschiedlich waren auch Alltagsgebräuche (z.B. zu Pfingsten einen Kranz vor die Tür zu hängen), kulturelle Erfahrungen und sprachliche Ausdrucksformen (Dialekte) und allgemeine Lebensorientierungen. "Die Landsmannschaft der Niederschlesier bildete Anfang der fünfziger Jahre die größte Flüchtlingsgemeinschaft, vor den Ostpreußen, den Pommern und den Oberschlesiern" (Reichold 1997: 44).

Abb. 5.1 Heimatvertriebene und Flüchtlinge in Wolfsburg 1947-1968

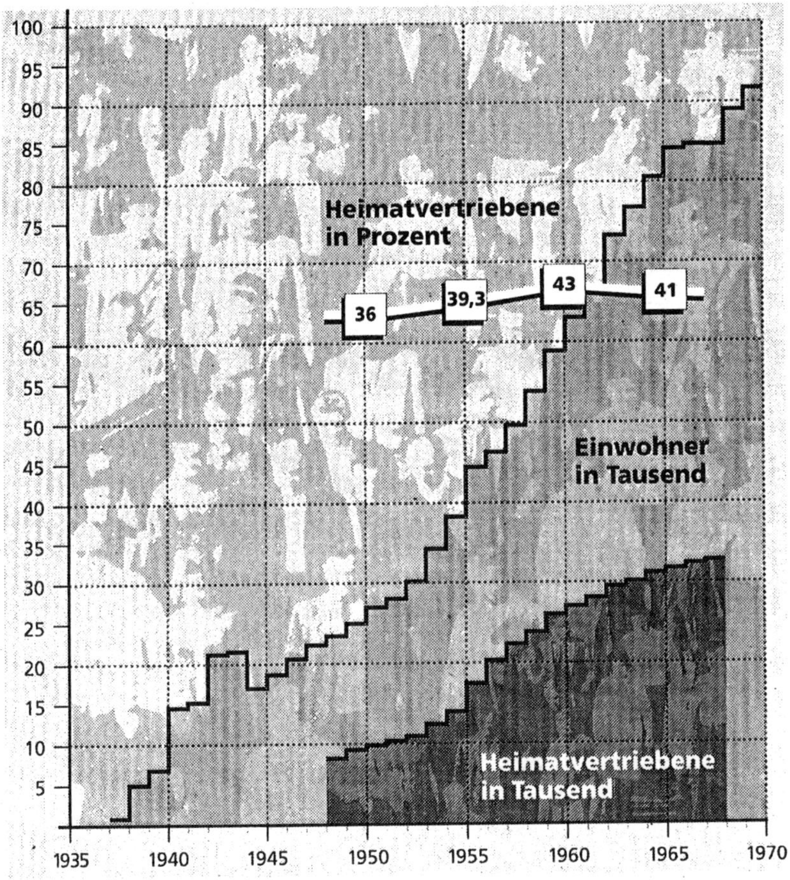

Was die politischen Aktivitäten anbelangt, so waren die Landsmannschaften das organisatorische Rückgrat von restaurativen politischen Bestrebungen. Diese bündelten sich in dem BHE (Bund der Heimatlosen und Entrechteten), der zunächst ab 1950 nur in den Ländern, später auch im Bundestag die Interessen der Vertriebenen wahrnahm. Bezeichnenderweise spielte er in den Wolfsburger Gemeindewahlen eine besondere Rolle und erhielt 1956 15%, 1959 10%, 1961 8% und sogar 1964 noch 4% (Schwonke, Herlyn 1967: 145), obwohl er schon in der Bundestagswahl von 1957 an der Fünf-Prozent-Klausel gescheitert war. "Seit Ende der vierziger Jahre hatten sich in Wolfsburg die verschiedenen Landsmannschaften je nach Herkunftsgebiet der

Vertriebenen konstituiert. Mit geselligen Aktivitäten wie zum Beispiel Weihnachtsfeiern, Faschingsveranstaltungen oder Erntedankfesten (...) versuchte man, das Brauchtum in der neuen Umgebung zu erhalten" (Vogel 1997: 336). So wichtig auch die gesellige Funktion und die praktische Lebenshilfe der Landsmannschaften in der damaligen Zeit gewesen sein mag, so bildete letztlich die "desintegrierende Programmatik der Landsmannschaften" (Siegfried 1997: 211) ein retardierendes Moment für das Zusammenwachsen der Stadtbevölkerung.

Die Rede vom zusammengewürfelten Volk verschwand im Laufe der nächsten Jahre zusehends und wurde in der zweiten Untersuchung im Jahre 1980 kaum noch erwähnt (vgl. Herlyn u.a. 1982). Die Fremdheit, mit der sich die früheren Bewohner so sehr beschäftigten und die sich in einem über lange Zeit sehr distanzierten Verhältnis zur Stadt und zu den Menschen (vgl. Kap. 10) festsetzte, verwandelte sich einmal dadurch, daß die in den 60er und 70er Jahren Zuziehenden sich kulturell nicht mehr so total fremd waren, zum anderen jedoch vor allem dadurch, daß die erste Wolfsburger Generation der hier Geborenen in den 70er Jahren zunehmend auch im öffentlichen Leben dieser Stadt in Erscheinung trat. Hinzu kam die Tatsache, daß durch die Eingemeindung von ca. 35.000 Menschen im Jahre 1972 der Anteil der in der Region Geborenen und dort Aufgewachsenen sich stark vergrößert hat. Andererseits muß auch bei dem Prozeß der Überwindung von Fremdheit in Rechnung gestellt werden, daß es nach 1960 einen neuen Schub von 5.000 bis 6.000 ausländischen Arbeitskräften, vor allem Italiener gab (vgl. Kap. 6) und später einen Schub von Aussiedlern aus dem Osten – beides neue Aufgaben für die Integrationsmaschinerie der Stadt Wolfsburg.

Besonders die konzentrierte Unterbringung von ca. 6.000 männlichen italienischen Gastarbeitern im sog. "Italiener-Dorf" am Mittellandkanal (vgl. Abb. 5.2) "erhielt durch seine Baracken, seine Umzäunung und den bewachten Eingang einen kasernenähnlichen Charakter" (von Oswald 1997: 204). Das Ghetto war vor allem das Ergebnis eines akuten Wohnungsmangels in der Stadt. Im Vergleich zu damaligen Fluktationsquoten von ausländischen Arbeitnehmern im Bundesgebiet (ca. 15% Anfang der 70er Jahre) erreichte die "Abwanderungsziffer der Italiener (in Wolfsburg; Verf.) im Zeitraum 1962-1975 von durchschnittlich 57,2 Prozent" eine Rekordhöhe (von Oswald 1997: 202). Die Autorin folgert daraus, daß "von Stabilisierungs- bzw. Eingliederungsprozessen noch keine Rede sein konnte" (ebenda: 203). Der damaligen Massenrotation unter den ausländischen Arbeitnehmern kam sowohl eine "konjunkturelle Pufferwirkung" zu insofern, als je nach Auftragslage Arbeitskräfte entlassen oder angeworben werden konnten, als auch eine "soziale Pufferfunktion", als von dieser die deutsche Belegschaft weitgehend

Abb. 5.2 Das "Italiener-Dorf" (1962)

von Kündigungen verschont bleiben konnte (vgl. ebenda: 208). Es sollte nicht in Vergessenheit geraten, daß es damals unter den ausländischen Arbeitskräften immer auch einen gewissen Anteil gab, der nur für kurze Zeit in Wolfsburg bleiben wollte.

Kommen wir nun zu der Wolfsburger Stammbevölkerung zurück: Heute können Wolfsburger, die in der Stadt geboren sind, schon 60 Jahre alt sein, und es gibt eine Reihe jüngerer Leute, die in der zweiten Generation geborene Wolfsburger sind. Insgesamt sind von der erwachsenen Bevölkerung der alten Kernstadt zum Ende dieses Jahrhunderts ca. 17% in Wolfsburg geboren. Das ist nicht allzuviel, wenn man bedenkt, daß von der erwachsenen Wohnbevölkerung der eingemeindeten Kleinstädte und Dörfer zum gleichen Zeitpunkt gut doppelt so viele, nämlich 36%, seit Geburt dort leben. Auch die durchschnittliche Wohndauer ist in den eingemeindeten Orten deutlich höher als in der Kernstadt Wolfsburg. Doch trotz dieser kürzeren Wohndauer gab es noch nie eine solch immobile Bevölkerung, und es kann angenommen werden, daß der Anteil der Wolfsburger, der schon seine Jugend hier verlebt hat, ständig steigt. Mit der Vergrößerung dieses Anteils wird auch die Distanz verschwinden, die heute noch manchmal bei einigen Bewohnern in verschiedenen Vorbehalten zum Ausdruck kommt.

Mobilität und Seßhaftigkeit

Für jede Stadt ist wichtig, daß die Menschen, die - aus welchen Gründen auch immer - in die Stadt kommen, um dort zu leben, sich dort so wohl fühlen, daß sie auch dort bleiben wollen. Der Verbleib ist vor allem für eine Neue Stadt von existentieller Bedeutung, weil sich die Integration nur auf dem Sockel einer seßhaft werdenden Einwohnerschaft entwickeln kann.

Wenn man einmal von der Zeit während des 2. Weltkrieges absieht, in der neben Arbeitskräften aus der Region zum großen Teil Fremdarbeiter im VW-Werk zwangsverpflichtet waren, so beeinträchtigte in den ersten Nachkriegsjahren eine ständige Fluktuation die "Herausbildung einer ortsverbundenen Stammbelegschaft" (Uliczka 1993: 16). "Die hohe Fluktuation bis zur Währungsreform brachte ebenso Unruhe in den Betrieb wie die enormen Neuzugänge in den folgenden Jahren. So läßt sich die Fluktuationsrate in der Tat nur aus der miserablen Versorgungslage und der Hoffnung auf Rückkehr zur eigenen Familie erklären" (ebenda 1993: 371f.). Mit der unzureichenden Versorgungslage sind vor allem die schlechten Wohnverhältnisse gemeint. Wenn auch Wohnungsneubauten geschaffen wurden, so waren doch die meisten in Baracken untergebracht. Am Ende des 2. Weltkrieges glich die Stadt des KdF-Wagens einer Barackenstadt (vgl. Abb. 1.6).

Dieses trostlos aussehende "Stadtbild" wurde ansatzweise noch während des Krieges, nachhaltig nach dem 2. Weltkrieg durch einen Wohnungsneubau ersetzt: "Der Komfort der Wohnungen selbst, Wohnlage und Umgebung waren gemessen am bisherigen Standard beispielhaft" (Recker 1981: 48). Entsprechend der Konsolidierung der Lebensverhältnisse verschwand das Stigma für die Stadt, nur Durchgangsstation für die Flüchtlinge auf dem Weg vom Osten zum Westen zu sein. "Wer nach Wolfsburg kam, wollte in der Regel für längere Zeit oder dauernd bleiben" (Schwonke, Herlyn 1967: 56).

Die Aussage der Wanderungsstatistik und das Ergebnis der repräsentativen Befragung von 1960 sind eindeutig: In den 50er Jahren lag die Fortzugsquote in Wolfsburg unter dem Durchschnitt vergleichbarer anderer Städte. In der ersten Studie wurde vor allem in dem höheren Arbeiteranteil eine Erklärung gesehen insofern, als die "Arbeiterschaft, verglichen mit Beamten und Angestellten, zu dem seßhafteren Teil der Bevölkerung gehört" (Schwonke, Herlyn, 1967: 57). Die Einwohner von Wolfsburg hatten sich in mindestens gleichem Maße auf Dauer eingerichtet wie die Menschen in anderen Städten, obgleich der Anteil der jüngeren Jahrgänge an der Bevölkerung wesentlich höher lag als in anderen Städten und obgleich der Anteil derer, die durch unbeweglichen Besitz (Haus oder Land) gebunden waren, relativ gering war. Die besonderen Bedingungen einer Stadtneugründung, die spöttisch auch "Neu-Texas" oder "Klein-Amerika" genannt wurde, haben bisher keine erkennbar höhere Mobilität der Bevölkerung zur Folge gehabt, waren also mit "amerikanischen Verhältnissen" nicht zu vergleichen (vgl. Schwonke, Herlyn 1967: 60).

Befragen wir die Bevölkerungsstatistik der letzten 50 Jahre im Rückblick, so ergibt sich ein recht aufschlußreiches Bild (vgl. Abb. 5.3). Die natürliche Bevölkerungsbewegung ist - wie auch in anderen Städten - nur zum geringen Teil am Wachstum oder an der Schrumpfung der Bevölkerung beteiligt. Wir erkennen bis Mitte der 60er Jahre einen zunehmenden Geburtenüberschuß, der dann - wie überall in der Bundesrepublik - zurückgeht und im letzten Vierteljahrhundert praktisch keine Rolle mehr spielt: Geburten und Todesfälle gleichen sich annähernd aus. In den letzten sechs Jahren werden in Wolfsburg sogar mehr Sterbefälle als Geburten registriert.

Sehr viel bedeutungsvoller ist hingegen die Wanderungsbilanz, die bis in die Mitte der 60er Jahre einen ungebrochen großen positiven Wanderungsüberschuß ausweist. In der Folgezeit wird nicht nur das positive Wanderungssaldo im Durchschnitt geringer, sondern bemerkenswert sind die nicht unerheblichen negativen Salden, die zusammenfallen mit den Absatzkrisen des VW-Werkes in den Jahren 1966/67, 1971/72 und 1974/75 (vgl. zu den Krisen: Herlyn u.a. 1982: 63f. und Kap. 3) und 1992/93. Bemerkenswert ist die Tatsache, daß es in Wolfsburg noch nie einen über sechs Jahre andauernden negativen Wanderungssaldo gab wie in den 90er Jahren. Damit ist der entscheidende Grund für die Bevölkerungsentwicklung in Wolfsburg benannt: die Beschäftigungsentwicklung im Volkswagenwerk[10].

10 Der Vollständigkeit willen sei angemerkt, daß sich die Stadt um rd. 35.000 Einwohner durch die Eingemeindung 1972 vergrößerte unabhängig von natürlicher Bevölkerungsbewegung und Wanderungssalden.

Abb. 5.3 Bevölkerungsbilanz Wolfsburgs 1947-1998

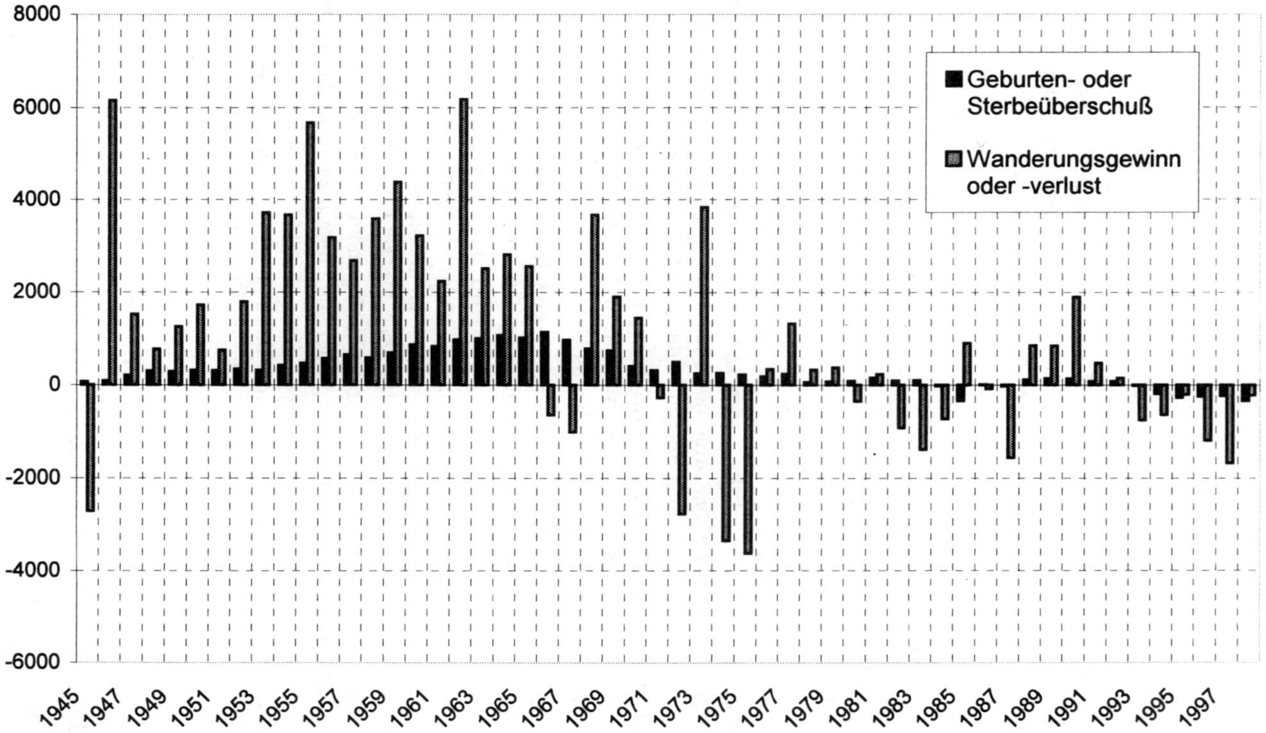

Noch 1966, kurz vor dem Veröffentlichungsdatum der ersten Untersuchung, herrschte bei der Bevölkerung ein ungebremster Optimismus: "Der rasche und moderne Aufbau der Stadt, die ständig steigende Belegschaft des Werkes und die wachsenden Produktionszahlen bieten dieser Zuversicht handfeste Grundlagen" (Schwonke; Herlyn 1967: 62). Sollte die VW-Produktion einmal zurückgehen, so erwarteten damals viele - vor allem nach der Teilprivatisierung von 1961 - ein Einspringen der Bundesregierung mit Rüstungsaufträgen. Nach den verschiedenen Krisen im VW-Werk wissen wir, wie unmittelbar sich krisenhafte Beschäftigungseinbrüche in nennenswerte Abwanderungen umsetzen (vgl. Abb. 5.4). Seit der Krise Mitte der 70er Jahre haben sich im großen und ganzen nicht nur die Wanderungssalden verstetigt, sondern auch die absolute Zahl von Zu- und Fortgezogenen hat sich gegenüber früher erheblich vermindert. Erklärungsbedürftig ist vor allem das starke Auseinanderklaffen zwischen positiver Belegschaftsentwicklung Mitte der 80er Jahre und negativer Belegschaftsentwicklung zur Zeit der letzten großen Krise in der Mitte der 90er Jahre auf der einen und gemäßigten Wanderungssalden auf der anderen Seite. Waren es Mitte der 80er Jahre vor allem Gastarbeiter, die als "fungible industrielle Reservearmee" entlassen und dann wieder vermehrt eingestellt wurden (vgl. Moorhoff 1999: 56ff.), so griffen in der Krise in den 90er Jahren relativ ausgeklügelte sozialpolitische Maßnahmen des VW-Werkes, vor allem differenzierte Arbeitszeitregelungen mit Jahreslohnminderungen und Vorruhestandsregelungen. Das Bündel dieser Maßnahmen verhinderte eine Abwanderungswelle (vgl. Kap. 10). So ist 1998 der Saldo von Zu- und Fortzügen wieder nahezu ausgeglichen.

Mit mangelnden Arbeitsmöglichkeiten im Volkswagenwerk kann man das Verlassen der Stadt erklären. Die Arbeitsmöglichkeiten bei VW alleine - auch wenn man die bisherigen Löhne und die Vielzahl von Sozialleistungen beim VW-Werk berücksichtigt - erklären aber noch nicht hinreichend das Bleiben am Ort. Hierfür war die Wohnung - vor allem zur Zeit der Wohnungsnot bis in die 60er Jahre - ein nicht zu vernachlässigender Faktor. Hier hatte Wolfsburg mit der Zeit eine Menge zu bieten insofern, als es sich überwiegend um einen neuen, zeitgemäßen, allerdings auch teureren Wohnungsbestand handelt. Den in alten gewachsenen Städten seinerzeit noch vorhandenen mietgünstigen Altwohnungsbestand gibt es ja in der Neuen Stadt Wolfsburg nicht. Diese Tatsache wie aber auch das relativ hohe Lohnniveau der bei VW Beschäftigten haben u.a. eine erhöhten Konsumnorm zur Folge, die zu der häufig geäußerten Meinung führte, die Wolfsburger lebten "über ihre Verhältnisse".

Abb. 5.4 Entwicklung der VW-Beschäftigungszahlen und der Wanderungssalden der Stadt

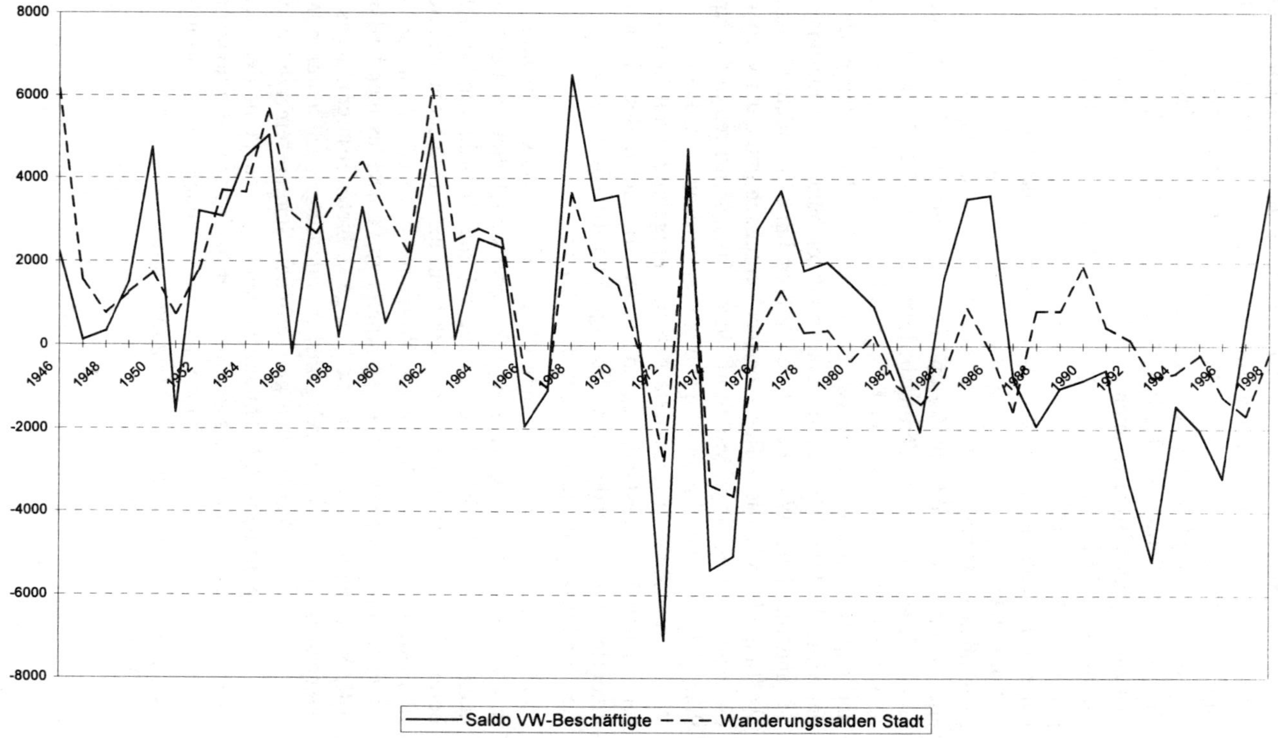

Etwas mehr Licht in das Dunkel der Fortzüge bringt auch die Unterscheidung nach ihrer Entfernung. In einer Wanderungsmotivbefragung der Stadt konnte kürzlich ermittelt werden, daß der Anteil der Nahfortzüge (Umkreis 30 km) mit über 40% aller Fortzüge während der letzten drei Jahren seit 1980 noch nie so hoch gewesen ist (Stadt Wolfsburg Hg. 1998). Die Gründe für diese Nahfortzüge waren überwiegend wohnungsbedingt, wobei der Wunsch nach der Bildung von Eigentum an der Spitze der Motive lag. Die Tatsache, daß fast zwei Drittel der gewanderten Familienverbände auch weiterhin ihren Arbeits- oder Ausbildungsplatz in Wolfsburg haben, zeigt, daß es zunehmend zu Entkoppelungen von Abwanderungen aus Wolfsburg und Arbeitsplatzverlusten bei dem VW-Werk kommt. Wie oben (vgl. Kap. 2) weiter ausgeführt, ist die Stadt Wolfsburg z.Zt. bemüht, diese wohnungsbedingte Abwanderung durch entsprechende Angebote in der Stadt zu verringern.

Zu den Faktoren, eine Bindung an die Stadt zu erreichen, gehört auch eine Differenzierung des Arbeitsplatzangebots hinsichtlich der Qualifizierung. In einer Arbeiterstadt (vgl. Kap. 6) besteht die Gefahr, daß die besser ausgebildeten Personen diese Stadt verlassen (müssen). Erfahrungen aus einer Wohnstadt bei London zeigten, daß die soziale Uniformität in einer Gemeinde die mobilen und beruflich ehrgeizigen Gruppen sowie deren Kinder zum Fortzug veranlaßte, wodurch die soziale Uniformität erhalten bzw. noch verstärkt wurde (vgl. Willmott 1963). Unter diesem Aspekt ist es aufschlußreich zu erfahren, daß die geographische Herkunft der Studierenden an der Fachhochschule in Wolfsburg sich nicht signifikant von den Erstimmatrikulierten der Universität in Hannover unterscheidet. Ungefähr vier Fünftel der Studierenden kommen in Hannover wie in Wolfsburg aus Niedersachsen; in Wolfsburg wie in Hannover kamen knapp zwei Drittel der Studierenden des Jahres 1998 aus dem jeweiligen Regierungsbezirk. Es werden also durch die Fachhochschule Studierwillige in der Stadt gehalten, aber es handelt sich eben doch nur um eine recht begrenzte Zahl.

Altersaufbau

"Im Jahre 2000 ist jeder vierte Bürger über 60 Jahre alt". Mit dieser Überschrift wurde in den Wolfsburger Nachrichten vom 20.01.1988 ein Artikel über den Alterungsprozeß der Wolfsburger Bevölkerung veröffentlicht, der zeigen soll, daß die für die Bundesrepublik erwartete Zunahme älterer Bewohner für die ehemals junge Stadt Wolfsburg eine besondere Planung erfordert. Die für verschiedene Politikbereiche folgenreiche Zunahme bedeutet nämlich in Wolfsburg in absoluten Zahlen eine Steigerung um 10.000

Abb. 5.5 Altersaufbau der Stadt Wolfsburg und der Bundesrepublik Deutschland 1959

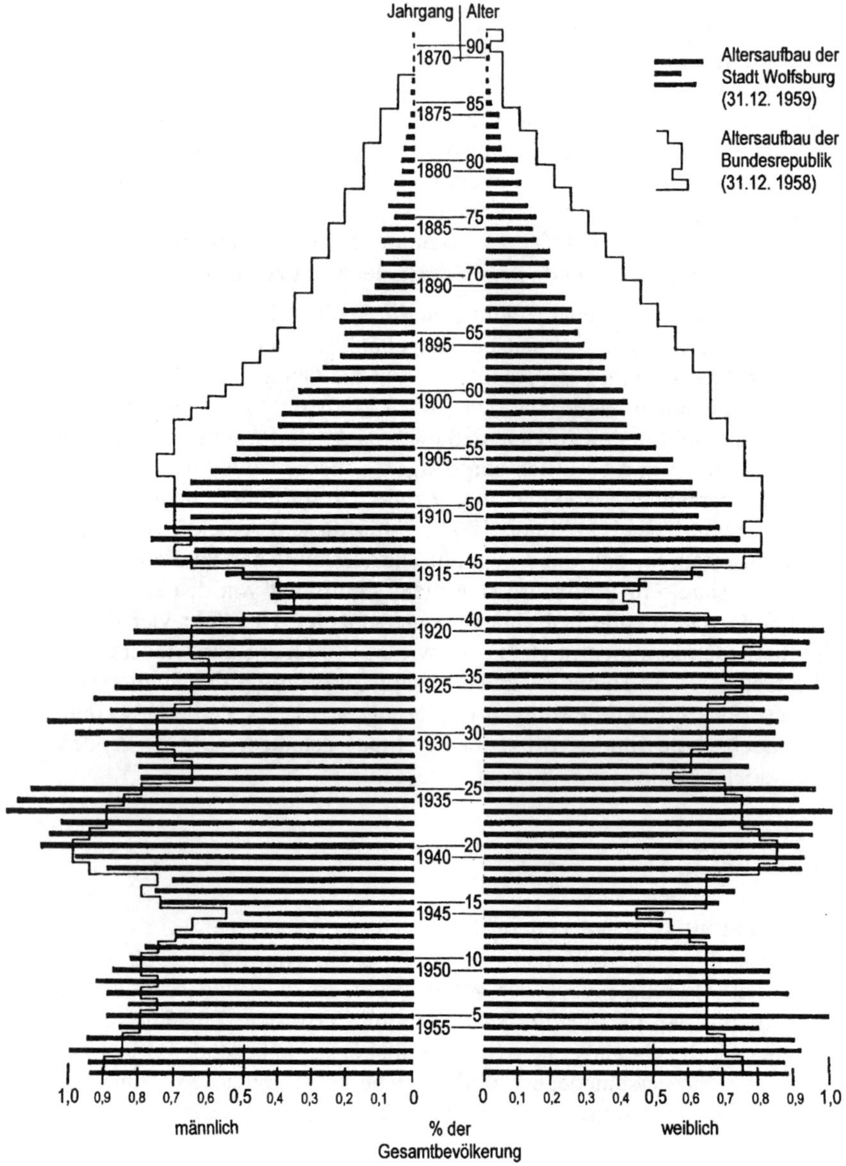

Abb. 5.6 Altersaufbau der Stadt Wolfsburg und der Bundesrepublik Deutschland 1996

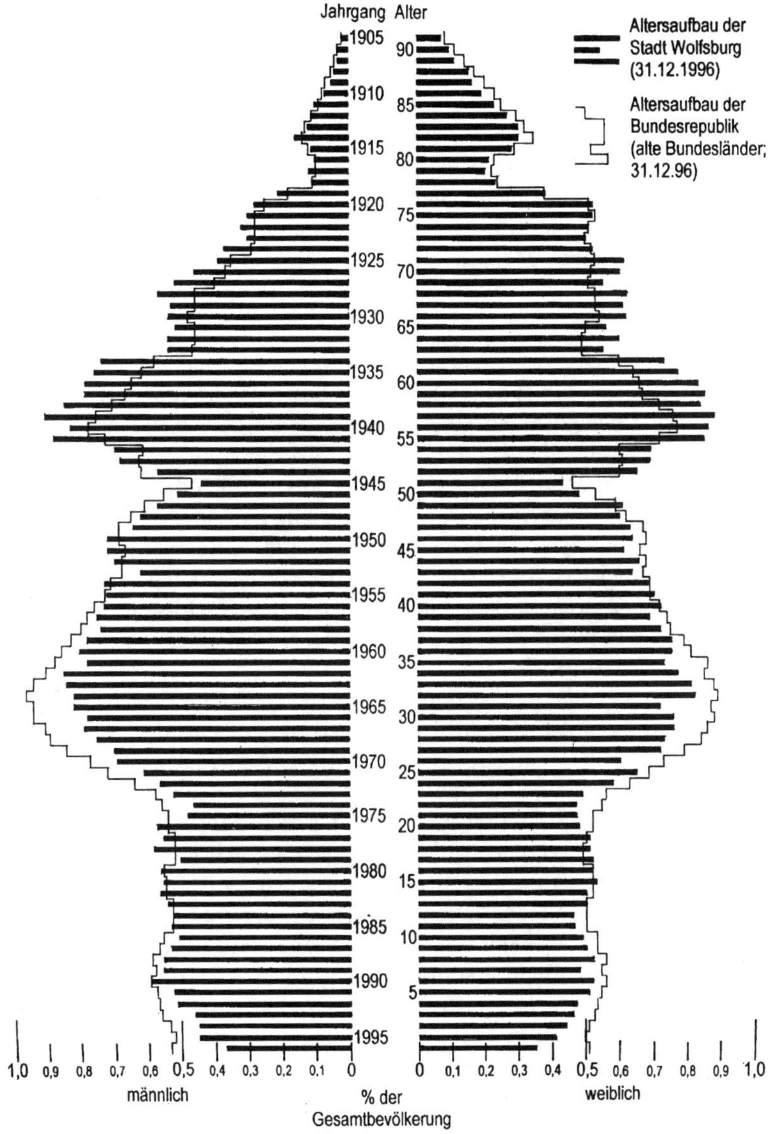

Personen über 60 Jahre (etwa die Hälfte der Zahl alter Menschen über 60 Jahre im Jahre 1988) bis zur Jahrtausendwende. Das bedeutet, daß im Jahre 2000 in der Stadt Wolfsburg prozentual in etwa so viele alte Menschen wohnen wie in der Bundesrepublik, und sich damit der Altersaufbau normalisiert hat.

Die Anomalien der Altersstruktur der Wolfsburger Bevölkerung früher und heute werden am deutlichsten, wenn sie mit dem jeweiligen Altersaufbau der Bundesrepublik verglichen werden (vgl. Abb. 5.5 und 5.6). Vor 40 Jahren zeigten sich noch mit aller Schärfe die für Neubausiedlungen klassischen Über- und Unterbesetzungen: Die jungen und mobilen Altersgruppen sind deutlich überrepräsentiert mit entsprechend vielen Kindern und einem deutlichen Defizit an älteren Menschen über 50 Jahre; die über 65jährigen waren mit 5% nur halb so stark wie im Bundesdurchschnitt mit 10,5% vertreten (Herlyn, Tessin 1988: 144).

Heute erkennen wir bei erheblich veränderter bundesrepublikanischer Altersgliederung eine weitgehende Angleichung des Wolfsburger Altersaufbaus, der immer noch einen Überhang bei den Kindern der ersten starken Zuzugskohorten, also den heute etwa 50–60jährigen aufweist. Bei den alten Menschen über 60 Jahre zeigt sich auch schon eine leicht überproportionale Besetzung der 60-75jährigen, während sich nur noch bei den Hochbetagten über 75 Jahre - bei den Frauen - ein Defizit zeigt. Bemerkenswert ist hingegen die gegenüber der Bundesrepublik geringere Besetzung der in den 60er Jahren geborenen sog. starken Jahrgänge vor dem vieldiskutierten "Pillenknick". Diese Jahrgänge waren (Ende 1986) noch deutlich stärker vertreten (vgl. Herlyn, Tessin 1988: 145). Kürzlich wurden die Abweichungen der Altersstruktur auf die einfache Formel gebracht, daß "die Altersgruppen über 40 stärker und die unter 40 schwächer vertreten (sind) als durchschnittlich in der Bundesrepublik" (Guthardt 1998: 224). Die ehemals an Bevölkerung junge Stadt steht am Beginn einer nicht zu übersehenden Überalterung. Als Begründung sind vor allem die verstärkten Abwanderungen - auch ins Umland - (vgl. Abb. 5.3) verantwortlich, bei denen es sich überwiegend um jüngere Personen handelt (vgl. Stadt Wolfsburg, Hg. 1998). In einer Modellrechnung hat Peisert einmal davon gesprochen, daß bei neuen Städten unter der Voraussetzung, daß keine Zu- und Fortzüge stattfinden, sich die Besonderheiten des Altersaufbaus erst nach einem längeren Zeitraum von etwa 100 Jahren verlieren (vgl. Peisert 1957). Die Tatsache, daß sich diese Angleichung in Wolfsburg sehr viel schneller vollzogen hat, hängt einmal davon ab, daß es - wie gesagt - erhebliche Zu- und Abwanderungen gegeben hat und zum anderen von einem seit Anfang der 70er Jahre erheblich zurückgehenden Geburtenüberschuß (vgl. Abb. 5.3). Die weitere Vermutung, daß durch den Akt der Eingemeindung von ca. 35.000 Einwohnern im Zuge der Gebietsreform 1972 die Normalisierung des atypischen Altersaufbaus in der Kernstadt Wolfsburg beschleunigt habe, hat sich nicht bestätigt. Eine Gegenüberstellung der Altersstruktur kurz vor und kurz nach der Eingemeindung erbrachte nur unwesentliche Unterschiede: Es liegt demnach nahe, daß sich 25 Jahre nach Kriegsende die Altersstruktur der eingemeindeten Randgemeinden schleichend den Altersproportionen in der Kernstadt Wolfsburg angeglichen hatte.

Altersspezifische Segregation

Diese gesamtstädtische normale Altersstruktur setzt sich zusammen aus einzelnen Stadtvierteln, die entsprechend ihrer Fertigstellung und geschlossenen Belegung in nur kurzer Zeit einen sehr stark vom städtischen Durchschnitt abweichenden Altersaufbau haben. Diese Abweichung ist sehr viel ausgeprägter als in alten, gewachsenen Städten, in denen es in der Regel nur wenige neuerbaute Stadtviertel gibt, die 'auf einen Schlag' bezogen wurden. In Wolfsburg gehören zu den im Verhältnis zum Gesamtdurchschnitt inzwischen stark überalterten Vierteln neben der Innenstadt, die bis Mitte der 50er Jahre erbauten Stadtviertel Klieversburg, Hageberg, Hohenstein, Köhlerberg und Wohltberg, während die Wohngebiete mit einer extrem jungen Bevölkerung sich in den neuen Stadtvierteln der 80er und 90er Jahre befinden: Westhagen, Hageberg, Laagberg-West Kreuzheide-Süd, Windberg und Reislingen-Südwest (vgl. Abb. 2.1). Zur Veranschaulichung der Abweichungen werden die Altersstrukturen der Stadtteile Klieversberg und Westhagen gegenübergestellt (vgl. Abb. 5.7). Man erkennt unschwer, daß in dem alten Einfamilienhausgebiet Steimkerberg ungefähr ein Drittel der Bewohnerschaft über 65 Jahre alt ist, und die Kinder und Jugendlichen deutlich unterrepräsentiert sind. Eine ganz andere Altersstruktur finden wir beispielsweise in Westhagen, wo nur 8% der Bewohnerschaft über 65 Jahre alt sind, und Kinder bzw. Jugendliche zwischen 6 und 16 Jahren deutlich überrepräsentiert sind. Die stark besetzte Gruppe der 36-46jährigen ist vor allem Ergebnis verstärkter Zuzüge aufgrund anhaltender Mobilität und evtl. handelt es sich auch z.T. um die Kinder der ersten Einzugskohorten.

Mit diesen Wohnquartieren unterschiedlichen Alters verbinden sich erhebliche Probleme hinsichtlich der für die jeweilige Bevölkerung passenden Infrastruktureinrichtungen. Die Errichtung jeweils in sich geschlossener Stadtteile und ihre Besiedlung, vor allem durch die jeweils gerade wohnungssuchenden jungen Familien, kann in der Folge Probleme der Infrastrukturausnutzung und -planbarkeit mit sich bringen, weil bei der Besiedlung zu

Abb. 5.7 Altersgliederung der Stadtteile Steimkerberg und Westhagen (1996)

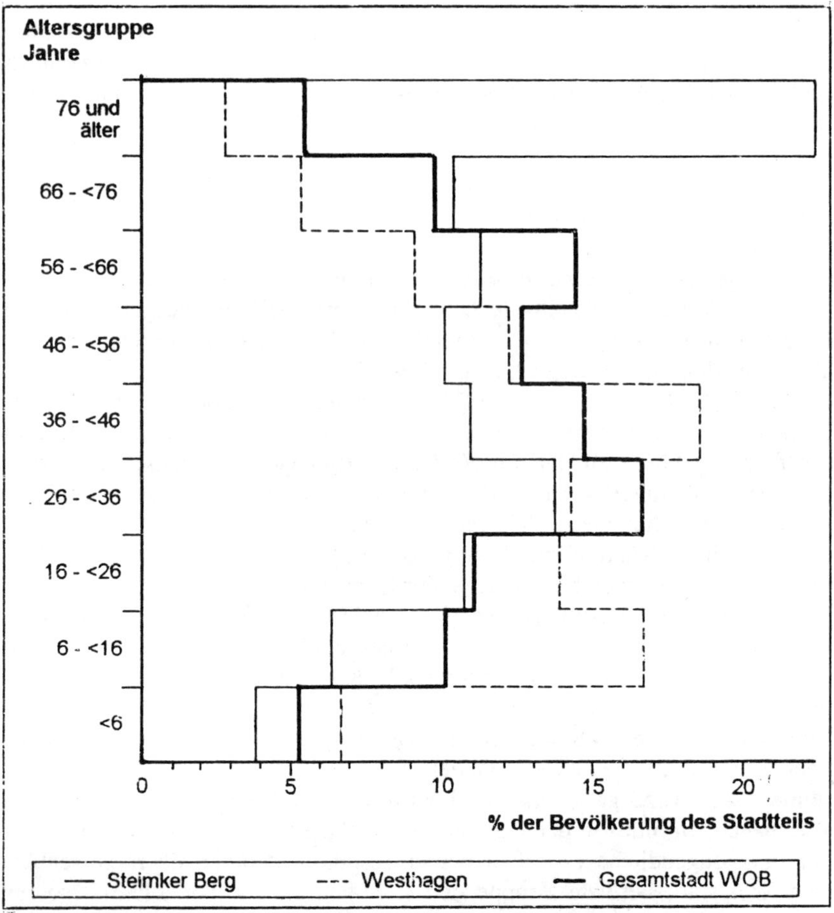

einem Zeitpunkt der Altersaufbau eines Stadtteils nicht der Gesamtbevölkerung entsprechend ausgeglichen sein wird, sondern typische Wellen oder Stufen aufweist (vgl. Peisert 1957). Entsprechend dem Zuzug von überwiegend 20-35jährigen und deren kleinen Kindern wird die Belegung von Kindergärten und Schulen kurzfristig nicht unerheblich schwanken. "Dieses relativ kurzfristige Schwanken der Schülerzahl zwischen extrem hohen und extrem niedrigen Werten"- so wurde in der ersten Studie vermutet - "stellt für das Schulbauprogramm erhebliche Probleme, die man mit beweglichen Klassen oder mit einer häufigeren Veränderung der Schulbezirke (so bisher in Wolfsburg) zu lösen versuchen kann" (Schwonke, Herlyn 1967: 73).

Nach einer Untersuchung von zwei beispielhaften Stadtteilen, dem Rabenberg und der Teichbreite zwischen 1960 und 1980 konnte ermittelt werden, daß die "Kinder- und Schülerberge" durch elastische Einzugsbereiche aufgefangen und reguliert wurden (vgl. Herlyn u.a. 1982: 164). "Mit dem Älterwerden der Bevölkerung vergrößert sich auch der Einzugsbereich einer Einrichtung" (Brief des Jugendamtes der Stadt v. 3.2.1982); damit ist gemeint, daß dann Kinder und Jugendliche weitere Wege zu den ihnen entsprechenden Einrichtungen in Kauf nehmen müssen. Werden auch Kleinbusse zum Transport von Kindern eingesetzt, wie z.B. im Stadtteil Rabenberg, so sind dies jedoch immer Notlösungen, die durch einseitige Bevölkerungsbelegungen in einzelnen Stadtteilen entstehen. Andererseits muß auch gesehen werden, daß durch Einführung von Schul- und anderen Reformen (z.B. Einführung der Orientierungsstufe, Umwandlung von Kindergartenplätzen in Kinderhortplätze etc.) die Einzugsbereiche für die einzelnen Einrichtungen sich verändern und so die Zu- bzw. Abnahme des relevanten Publikums sich nicht so drastisch auswirken. Wenn - wie seit geraumer Zeit - in den älteren Stadtvierteln deutliche Überalterungen auftreten, wird man Überlegungen hinsichtlich einer Umweltgestaltung anstellen müssen, die sowohl innerhalb der Wohnungen und Häuser, aber auch gerade im öffentlichen Bereich der Straßen und Plätze Ausrüstungen und Hilfen für ältere Menschen bereitstellt. In diesem Zusammenhang kann man auf das sog. Bauhofprojekt hinweisen. Im Januar 1998 wurde der Bauhof, ein Zentrum für aktive Gesundheitsförderung, von der VW-Betriebskrankenkasse, der Volkswagen AG und der Stadt Wolfsburg eröffnet. Er versteht sich als Kontaktstelle für Selbsthilfegruppen und soll vor allem den vielen Jungsenioren in Wolfsburg den Übergang in den Ruhestand erleichtern. Dieser Institution kommt in der - vor allem älteren - Bevölkerung Wolfsburgs ein hohes Ansehen zu (vgl. Harth u.a. 2000).

Zusammenfassend kann man 60 Jahre nach Gründung der neuen Stadt feststellen, daß sich die bevölkerungsstrukturellen Anomalien der ersten Jahre weitgehend verloren haben. Das "zusammengewürfelte Volk" nach dem Kriege ist inzwischen verstorben, fortgezogen oder alt geworden. Die Kinder und Kindeskinder haben ihre Jugend in dieser Stadt verbracht und ein Teil von ihnen hat sich darin häuslich eingerichtet. Wolfsburg spielt nicht nur als Inkarnation des Wirtschaftswunders nach dem 2. Weltkrieg eine hervorragende Rolle, sondern ist zugleich ein Beispiel für eine gelungene Integration der Flüchtlinge und Vertriebenen.

Seßhaftigkeit und Mobilität werden auch in Zukunft ein sorgfältig zu registrierendes Thema bleiben. Vor allem wird es darauf ankommen, vermehrt

Beschäftigte im Dienstleistungssektor in Wolfsburg seßhaft zu machen. Die Stadtverwaltung ist daher seit geraumer Zeit bestrebt, in Wolfsburg Arbeitsplätze im Dienstleistungsbereich zu schaffen, um auch vermehrt Frauen Gelegenheit zur Erwerbstätigkeit zu geben. Zur Zeit scheint es so auszusehen, daß die enge neuartige partnerschaftliche Kooperation zwischen Werk und Stadt auf Jahre hinaus den Arbeitsmarkt in Wolfsburg stabilisieren und damit auch die Abwanderung in das Umland vermindern könnte.

Der atypische Altersaufbau in Wolfsburg ist zwar Vergangenheit, doch einzelne Stadtteile erleben in den nächsten zwei Jahrzehnten eine Überalterung, die vor allem planerisch bewältigt werden muß. Infolge einer kurzzeitigen Belegung der Stadtteile gibt es Einseitigkeiten in der Altersstruktur der Bewohner, die sich erst nach vielen Jahrzehnten auflösen. Die Tatsache, ob jüngere oder ältere Menschen in einer Stadt überwiegen, teilt sich dem gesamten Leben der Stadt mit, bestimmt ihren Rhythmus. Alte Menschen spielen nicht nur in ökonomischer bzw. steuerlicher Hinsicht eine bestimmte Rolle, sondern „man muß sie auch als Faktoren der Integration ernstnehmen. Sie tradieren ein Stück Stadtgeschichte, sie halten an Verhaltensnormen fest und geben sie weiter, sie sind die länger Ansässigen, die ihr Interesse und ihre Energie nicht mehr dem Beruf und dem Aufstieg zuwenden. Sie haben sich in der Regel am Wohnort auf Dauer eingerichtet und repräsentieren das Dauernde. Ihre Beschaulichkeit, ihre durch lange Erinnerungen bestimmte Einstellung zu ihrem Wohnort, die sich in den immer wiederkehrenden Gesprächen über das, was früher war, ausdrückt, wirken mit an dem, was einer Stadt Atmosphäre gibt. Hierfür ist nicht nur das Alter der Gebäude, sondern auch das Alter der Bewohner wichtig. Die ältere Generation verharrt in der Regel räumlich, sozial und im Verhalten auf der Position, die sie erreicht hat. Sie wird damit zum stabilisierenden Faktor, auf den gerade eine lebendige und dynamische Stadt nicht verzichten kann“ (Schwonke, Herlyn 1967: 71). Daß jedoch die Innenstadt umzingelt ist von überalterten Wohngebieten ist andererseits für die Entwicklung einer lebendigen Atmosphäre eine Schwierigkeit. Die Altersstruktur der Bewohner des statistischen Bezirkes Innenstadt zeigt jedoch eine Zweigipfligkeit, d.h. in dem überalterten Bezirk sind inzwischen viele jüngere Personen gezogen – vermutlich vermehrt solche Gruppen, die neue Lebensstile und neue Lebensformen praktizieren oder anstreben.

6. Arbeiterstadt

Arbeiterstadt ist eine der typischen Charakterisierungen der Stadt Wolfsburg früher wie heute. Ein Blick auf die Statistik bestätigt diese Kennzeichnung: Der Arbeiteranteil an der Wolfsburger Bevölkerung beträgt 56% (1987) und liegt damit deutlich über der Arbeiterquote in anderen Städten gleicher Größenordnung und sogar anderen industriegeprägten Städten. Im VW-Werk, als dem dominierenden Betrieb, waren 1996 65,5% der Arbeitnehmer im Arbeiterstatus beschäftigt. Im Vergleich zu früher sind diese allerdings überdurchschnittlichen Arbeiteranteile relativ gering. Vor 10 Jahren betrug der Arbeiteranteil an den Beschäftigten des Werks noch 75% und ist seitdem kontinuierlich rückläufig (vgl. Abb. 3.2). Aber nicht nur statistisch ist Wolfsburg (noch) eine Arbeiterstadt, sondern auch im Bewußtsein der Bewohnerschaft trifft die Bezeichnung voll zu: Gut 80% der Einwohner halten die Bezeichnung für zutreffend (vgl. Harth u.a. 2000).

Aber was ist nun eigentlich mit "Arbeiter" gemeint? "Der Arbeiter ist ein Berufstätiger, der seine Kenntnisse und Fertigkeiten gegen Entgeld (Lohn) einem Arbeitgeber (Staat; Private etc.) zur Verfügung stellt. Gegenüber anderen Berufsgruppen in ebenfalls abhängiger Beschäftigung - den Angestellten und Beamten - ist die überwiegend körperliche Arbeit ein Merkmal dieser Berufsgruppe. Ausschlaggebend sind aber - ebenso wie bei anderen Berufsgruppen - arbeits- und sozialrechtliche Bestimmungen und Zuordnungen" (Schäfers 1998: 188). Die Arbeiterschaft, die den Typus der industriellen Gesellschaft prägende Gruppe, ist im Verhältnis zu anderen Gruppen durch niedrigere Entlohnung, mindere Qualifikationen und unsichere Arbeitsverhältnisse gekennzeichnet, die letztlich mit dafür verantwortlich waren, sich schon in der 2. Hälfte des 19. Jahrhunderts in besonderen Parteien und Gewerkschaften zu organisieren.

Wie an anderen Orten industrieller Produktion ist auch in Wolfsburg der Rückgang mit einem Wandel der Arbeiterschaft verbunden, der sich mit den drei gesamtgesellschaftlich bedingten Prozessen der Schrumpfung, der Entproletarisierung und der Ausdifferenzierung der Arbeiterschaft charakterisieren läßt.

Im Zuge zunehmender Rationalisierungsprozesse im Bereich industrieller Produktion und im Zuge des Ausbaus des Dienstleistungsbereichs ist der Anteil der Arbeiter an den Erwerbstätigen stark rückläufig: nach dem 2. Weltkrieg schrumpfte diese Berufsgruppe von gut der Hälfte auf ein Drittel in unserer Zeit. Dagegen stiegen die Angestellten zur größten Berufsgruppe auf (vgl. Geißler 1996: 140).

Gehörte traditionellerweise zum Arbeiterschicksal eine Lebensweise, die sich aufgrund niedriger Entlohnung und Unsicherheit durch Sorge und Mangel kennzeichnen ließ, so kam es in den 60er und 70er Jahren zu einem deutlichen Anstieg der Arbeiterlöhne und einer Angleichung ihrer Arbeits- und Rentenrechte an die der Angestellten und somit zu einem kollektiven Anstieg des Lebensstandards der Arbeiterschaft, der den alten Graben zwischen Bürgern und Arbeitern weitgehend verschwinden ließ. Die Arbeiter konnten so den "Status des proletarischen Habenichtses" (Beck 1986: 123) verlassen und partizipieren zunehmend am bürgerlichen Wohlstand: Häuser und Wohnungen, Autos, Urlaubsreisen, Telekommunikation u.a. mehr finden sich immer häufiger auch im Besitz von Arbeitern.

Mechanisierung und Automatisierung haben die Industriearbeit "zwischen Drehbank und Computer" (Bahrdt u.a. 1970) stark verändert. Im Zuge technischer Veränderungen hat sich die Arbeiterschicht differenziert in "die Arbeiterelite der Meister und Vorarbeiter, der Facharbeiter und die Un- und Angelernten" (Geißler 1996: 171).

Diese Ausdifferenzierung reflektieren auch die Arbeiter selbst. Früher, in den 50er Jahren, rechneten sich noch sehr viel mehr Arbeiter subjektiv der Arbeiterschicht zu als heute. Aber trotz der Entproletarisierung der Arbeiterschaft und ihrer partiellen Angleichungen an die soziale Mittelschicht ist die Arbeiterschaft eine Großgruppe geblieben, die einkommensmäßig unterhalb anderer Berufsgruppen existieren muß, die im ganzen über weniger Bildung verfügt und körperlich immer noch trotz aller Erleichterungen stärker gefordert ist.

Arbeiterschaft ohne Tradition

Die "Arbeiter der ersten Stunde" in Wolfsburg, also während des Krieges, waren überwiegend ausländische Zwangsarbeiter, die noch 1945 allein die Hälfte der Bevölkerung ausmachten (ca. 9.000 von 17.000). Diese Ausländer verließen zu großen Teilen mit Kriegsende wieder die Stadt. Aber Ausländer spielten auch später noch eine große Rolle. Nach dem Mauerbau wurden bis Mitte der 70er Jahre zu Zeiten der Vollbeschäftigung insgesamt ca. 38.000

Gastarbeiter angeworben, es waren überwiegend Italiener (vgl. von Oswald 1997). Sie blieben in der Regel jeweils nur eine relativ kurze Zeit, in den meisten Fällen nicht mal ein ganzes Jahr (vgl. Kap. 5).

Deutsche Arbeiter kamen überwiegend als Flüchtlinge nach Wolfsburg. In den letzten Kriegsjahren begann ein, zunächst nur mäßig, in der 2. Hälfte der 50er Jahre jedoch stark anschwellender Flüchtlingsstrom in die Volkswagenstadt (vgl. Kap. 5). Obwohl die Fluktuation in den ersten Jahren zu den bedeutsamen Charakteristika der Belegschaft im VW-Werk gehört, hielt sich die Abwanderung der Flüchtlinge in Grenzen.

"In der Region um Wolfsburg (blieb es) nicht bei der erzwungenen Flüchtlingszuweisung (...) vielmehr warb das Volkswagenwerk über einen langen Zeitraum in regelmäßigen Abständen neue Arbeitskräfte in großer Zahl an" (Uliczka 1993: 11). Es gehört nun zu den Wolfsburger Besonderheiten, daß der intensive Arbeiterkräftebedarf dazu führte, daß viele Arbeitssuchende berufsfremd eingesetzt wurden: Von den Lohnempfängern der Werksbelegschaft hatten 1957 56% eine abgeschlossene Lehre, aber nur 30% waren als Facharbeiter beschäftigt. In dem gleichen Jahr "waren bei den Lohnempfängern im Volkswagenwerk über 700 gelernte Bäcker beschäftigt, ferner rund 500 Schneider, ebensoviele Schuhmacher, rund 200 Friseure und über 1.000 Arbeitnehmer im Lohnverhältnis, die eine abgeschlossene kaufmännische Lehre vorweisen konnten" (Schwonke, Herlyn 1967: 49). Dabei kam es entscheidend darauf an, in welcher Phase der Belegschaftsentwicklung man in das Werk eintrat: "Vertriebene Beamte oder Angestellte, die in den vierziger Jahren als Maschinenarbeiter eingesetzt wurden, konnten in den 50er Jahren versuchen, in eine Angestelltenabteilung versetzt zu werden. Erwerbslose Kaufleute, die in den fünfziger Jahren als ungelernte Kräfte eingestellt wurden, hatten diese Chance nicht mehr" (Uliczka 1993: 368).

Diese Buntscheckigkeit der regionalen und sozialen Herkunft war charakteristisch für diese untypische Nachkriegsgeneration der Arbeiterschaft im VW-Werk. Die sonst üblichen Gemeinsamkeiten von Arbeitern ließen sie vermissen und auch die Neigung, sich im Alltag des Stadtlebens als Arbeiter darzustellen, war äußerst gering. Das mag zu der vielzitierten Aussage des Journalisten Kuby 1957 beigetragen haben: "Das heutige Wolfsburg macht einen durchaus bürgerlichen Eindruck (...). Die Menschen auf der Straße, von denen doch die Mehrheit (...) während der Schicht im blauen Overall an Pressen, Drehbänken und Fließbändern stehen, unterscheiden sich in Auftreten und Erscheinung nicht von Lehrern, Bankbeamten und Regierungsräten" (Kuby 1957: 409).

In der Tat: Die Arbeiterschaft verdiente gut. Sie lag um etliches über dem vergleichbaren Standard in anderen Arbeitsbereichen und Wirtschaftszweigen. Deutlich wird dies bei einem Vergleich des Jahresdurchschnittslohns je Lohnsteuerpflichtigen in verschiedenen Städten ähnlicher Größenordnung über mehrere Jahre. So lag Wolfsburg deutlich vor den Städten Osnabrück, Oldenburg, Delmenhorst oder Salzgitter (vgl. Kap. 3).

Wolfsburg war zwar im statistischen Sinne eine Arbeiterstadt, aber sowohl das Aussehen der Stadt Wolfsburg als auch die in ihr dominierende Arbeiterschaft waren nicht typisch für eine Arbeiterstadt im traditionellen Sinne. Zu der soeben geschilderten bürgerlichen Herkunft vieler neuer Arbeiter kommt der gemeinhin als "Verbürgerlichung der Arbeiterschaft" beschriebene Prozeß der Annäherung der Arbeiter an Verhaltensweisen und Denkformen bürgerlicher Schichten (vgl. zur folgenden Darstellung : Herlyn, Tessin 1988).

Die englischen Sozialforscher Goldthorpe und Lockwood (1970) hätten ihre Studien über den "wohlhabenden Arbeiter" sicherlich auch in Wolfsburg machen können. Kennzeichnend für die dort gefundene moderne Arbeiterschaft ist nach ihnen, daß sie in zukunftsträchtigen Branchen und dort wiederum in großen kapital- und technikintensiven Betrieben arbeitet, relativ gut verdient, ein instrumentelles Verhältnis zur Arbeit, zum Betrieb und auch zu den Gewerkschaften entwickelt und ein relativ ausgeprägtes Selbstbewußtsein über ihre betrieblichen Funktionen und Rechte hat. Außerhalb der Arbeitszeit äußert sich dieser Typus des "neuen Arbeiters" in steigenden Konsumbedürfnissen, einer wachsenden Freizeitorientierung, in der Herauslösung aus den traditionell engen Großfamilien- und Nachbarschaftsbeziehungen, in einer zunehmenden Konzentration auf die eigene Kleinfamilie. Dennoch, so die erwähnten Autoren, die sich mit der neuen Arbeiterschaft befaßt haben, unterscheidet die Arbeiter doch noch einiges vom Kleinbürgertum. Noch immer sind ihre sozialen Kontakte außerhalb von Familie, Verwandtschaft und Nachbarschaft begrenzt, noch immer ist ihre Freizeit durch spezifische Arbeitsbelastungen, Überstunden, Schichtarbeit und Mitarbeit der Frau restringiert, noch immer gehen Arbeiterkinder seltener auf weiterführende Schulen als Kinder des (Klein-)Bürgertums, noch immer wird das Leben, insbesondere aber die Verwendung des Einkommens weniger und kurzfristiger verplant, noch immer ist die Partizipation des Arbeiters am kulturellen und politischen Leben einer Stadt relativ gering (ebenda).

Diese Umschreibung der neuen, gut verdienenden Arbeiterklasse entspricht ziemlich genau dem, was man in Wolfsburg sieht, so ein Ergebnis der zweiten Wolfsburg-Studie. Auch der gut verdienende VW-Arbeiter geht seltener ins Theater, ist seltener im Verein organisiert, interessiert sich weniger für die Lokalpolitik. Die Arbeiterschaft, insbesondere die an- und ungelernten Arbeiter, liest nicht nur signifikant weniger die Lokalpresse, sie war auch in geringerem Maße über die kommunalpolitische Vertretung informiert, lebt stadtteilbezogener, ist hinsichtlich der Ausbildung ihrer Kinder weniger aufstiegs- und bildungsorientiert als Angestellte oder Beamte. Obwohl diese Unterschiede beobachtbar sind, so hat sich in der Stadt aber eben auch nicht die traditionelle Arbeiterkultur[11] entwickelt. Zwar war die SPD als klassische Arbeiterpartei bis zur Gebietsreform 1972 fast immer stärkste Partei bei Kommunalwahlen, aber in den Wahlergebnissen war sie, abgesehen von 1946, nie über 50% der Stimmen hinausgekommen. Nach der Eingemeindung gewann zunächst die CDU die Oberhand bis sich in den 90er Jahren wieder eine SPD-Mehrheit im Stadtrat ergab.

Diese mangelnde Orientierung der Wolfsburger (VW-)Arbeiter an der traditionellen Arbeiterkultur und der politischen Arbeiterbewegung hängt nicht nur mit ihrer besonderen sozialen Herkunft und mit den spezifischen modernen Arbeitsbedingungen im VW-Werk zusammen (hohes Lohn- und Sozialleistungsniveau, Mitbestimmung, zukunftsträchtige Branche, Sozialpartnerschaftsideologie[12] etc.), sondern auch damit, daß es in Wolfsburg als neuer Stadt keine Traditionsbestände einer alten Arbeiterkultur gab und gibt (Herlyn, Tessin 1988: 140).

Die Stadt als Ganze und der Wohnungsbau in ihr boten kaum Anknüpfungspunkte für das Entstehen von Arbeitermilieus, wenn man einmal absieht von den Barackenlagern vor dem Beginn eines umfangreichen sozialen Wohnungsbaus. Die Prototypen des traditionellen Arbeiterwohnungsbaus, die Mietskaserne bzw. die Arbeitersiedlung, kamen in Wolfsburg bereits nicht mehr zur Anwendung. Die VW-Arbeiter leben überwiegend in modernen, gut ausgestatteten Wohnungen, in durchgrünten, infrastrukturell ausreichend erschlossenen Siedlungen. Nichts erinnert an das Wohnungselend der alten Arbeiterklasse.

---

11 Unter diesem Begriff würden z.B. Verhaltensweisen fallen wie geringe Teilnahme am öffentlichen (kulturellen wie politischen) Leben, Konzentration der sozialen Beziehungen auf die Familie bzw. Verwandtschaft, z.T. das Stadtviertel, nachbarschaftliche Solidarität, Wertschätzung körperlicher Arbeit (auch in der Freizeit, z.B. im Garten, dichotomisches Weltbild, Interesse für Mannschafts- und/ oder Kraftsportarten (Fußball, Boxen), Trennung der weiblichen und männlichen Lebenswelten

12 Erich Kuby beschreibt eine Vollversammlung der Belegschaft aus dem Jahre 1948 folgendermaßen: Versetzen wir uns im Jahre 1948 in eine riesige zementgegossene Halle, ausgeräumt, mit Kalk geweißt, kahl und öde. Darin stehen zehntausend Menschen oder mehr. Vor ihnen, in einigem Abstand zu ihren ersten Reihen, erhebt sich aus dem Zementboden ein Rednerpult mit Mikrophon. Kabel laufen über die leere Fläche. In der Halle sind Lautsprecher aufgehängt. Hinter dem Rednerpult steht der Generaldirektor. Er hat vierteljährliche "Vollversammlungen" der Belegschaft eingerichtet; der Betriebsrat lädt dazu ein, nicht die Geschäftsleitung. Der Vorsitzende des Betriebsrates erteilt dem Generaldirektor das Wort. Und er beginnt: Meine lieben Arbeitskameraden (1957: 420).

Entsprechend war das Mietniveau in Wolfsburg im Vergleich zu älteren, gewachsenen Städten sehr hoch. Die Hälfte der Wolfsburger Bevölkerung mußte mehr als 20% des Einkommens für Miete und Heizung bezahlen. Die Wohnungsausstattung und -einrichtung der in der ersten Untersuchung 1960 befragten Wolfsburger lag ebenfalls deutlich über dem Niveau der befragten Pendler aus kleineren Umlandgemeinden. Schon damals wurde vermutet, daß die in Wolfsburg durchweg gut ausgestatteten Neubauwohnungen, die Qualität der neuen Häuser und Stadtviertel generell den Lebensstil der Wolfsburger maßgeblich beeinflußten (vgl. Schwonke, Herlyn 1967), denn auch die Konsumnorm der Wolfburger lag relativ hoch. Das ist sicherlich nicht von der Hand zu weisen, denn viele Wolfsburger wollten – wie sie selbst über sich sagten – "mehr scheinen als sein". Eine weitere Begründung könnte auch darin liegen, daß die relative Gleichförmigkeit im Arbeitsbereich soziale Differenzierungen im außerbetrieblichen Lebensbereich fördert. In unseren damaligen Befragungen gab es immer wieder Hinweise darauf, daß die Ähnlichkeit der Arbeitsverhältnisse die Betroffenen dazu veranlaßte, im außerbetrieblichen Bereich die Individualität auch und gerade gegenüber den Mitbewohnern im gleichen Haus bzw. Quartier zum Ausdruck zu bringen und sei es auch nur durch eine Oberflächendifferenzierung, indem man am Auto oder im Bereich der Wohnung bestimmte Accessoires bevorzugte.

Doch trotz des nicht arbeitertypischen Lebensstils der Arbeiter konnte sich in der Stadt kein bürgerliches Gepräge herausbilden. Auch die bürgerlichen Gruppen waren in den früheren Einwicklungsetappen der neuen Stadt dazu nicht in der Lage. Das ist einmal sicherlich eine Frage ihrer Quantität, wenn man bedenkt, daß es nur halb so viel Selbständige gab wie in anderen Gemeinden (Stat. Jahrbuch dtsch. Gem. 1972: 411) und auch andere bürgerliche Berufsgruppen unterbesetzt waren. Dementsprechend gab es auch ein deutliches Defizit an spezifischen Einrichtungen und Orten der Hochkultur; z.B. wurde erst 1973 das Theater eröffnet, erst 1994 ein Kunstmuseum eingerichtet.

Die Stadtverwaltung hat bewußt der VW-geprägten Sozialstruktur entgegenzuwirken versucht. Schon in den 5Oer Jahren galt es, durch Schaffung und Ansiedlung von Arbeitsplätzen im tertiären Bereich, die Sozialstruktur der Stadt abzurunden und aufzuwerten. Den Ausbau der zentralörtlichen Infrastruktur (Schulwesen, Krankenhaus, Behörden) bzw. des privaten Handels- und Dienstleistungsbereichs verfolgte man nicht nur aus ökonomischen Gründen, sondern ganz bewußt auch mit Blick auf eine nivelliertere Sozialstruktur: "Und seien es nur ein paar hundert Beschäftigte im Tertiärbereich. Wir wollten das Milieu der Stadt aufwerten. Sind da aber von allen Seiten ziemlich im Stich gelassen worden. Selbst als die VW-Stiftung gegründet wurde, entschied man sich gegen die Stadt: Die Stiftung kam nach Hannover.

Das war eine große Enttäuschung" (Gespräch v. 24.11.1984 mit dem ehemaligen Oberstadtdirektor Dr. Hesse zit. in: Herlyn, Tessin 1988). Auch in jüngster Zeit wird wieder mit Nachdruck an einer Differenzierung der Wolfsburger Sozialstruktur gearbeitet, indem auf dem Umweg über ein modernes Entwicklungsprojekt, der sog. "Autovision" (vgl. Kap. 3 u. 4) eine nennenswerte Anzahl von Arbeitsplätzen im Dienstleistungsbereich neu geschaffen werden soll.

Verbreitung neuer Lebensstile

Im Zuge sozialstruktureller Veränderungen haben sich in der deutschen Gesellschaft im Verlaufe der letzten 30 Jahre Prozesse von Individualisierung und Pluralisierung der Lebensstile ereignet, mit denen sich die Mentalitäten quer zu Schichten und Klassen ausdifferenziert haben (vgl. stellvertretend Beck 1986). Diese Pluralisierung von Lebensstilen hat nun auch vor Teilen der Arbeiterschaft nicht halt gemacht, wie wir vor einigen Jahren in einer empirischen Untersuchung in den beiden Industriestädten Wolfsburg und Hamm ermitteln konnten (vgl. zum folgenden Herlyn u.a. 1994: 237f.).

Auch Arbeiter und Arbeiterinnen wurden von der "alltagskulturellen Umbruchphase" (Brock 1993: 182) erfaßt, doch bisher meistens partiell nur in einem oder zwei Lebensbereichen und hier wiederum nur in bestimmten Lebensstildimensionen. Man lebt beispielsweise bewußt in einer nichtehelichen Lebensgemeinschaft, bleibt aber im Freizeit- und Konsumbereich althergebrachten Routinen und Erwartungen verpflichtet. Facetten neuer Lebensstile in Teilbereichen werden immer noch bei den meisten Arbeitern in ein relativ konventionelles Leben integriert. Für zunehmend mehr Arbeiter und Arbeiterinnen hat somit ihr ehemals weitgehend geschlossener Lebenszusammenhang seine Einheitlichkeit verloren. Zu dieser Erosion haben neben den Faktoren Verbesserung des materiellen Lebensstandards, Bildungs- und Erwerbsbeteiligung der Frauen, Ausbau des Wohlfahrtsstaates, Vermehrung freier Zeit und Rückgang familiengebundenen Lebens sicherlich nicht zuletzt eine zunehmende berufsstrukturelle Heterogenität im engsten Kreis von Familie und Partnerschaft beigetragen. Von den erwerbstätigen Lebenspartnern der von uns befragten Arbeiter in Hamm und Wolfsburg war fast die Hälfte nicht im Arbeiterstatus beschäftigt (vgl. Herlyn u.a. 1994: 238). Wenn man zusätzlich bedenkt, daß berufshomogene Wohnmilieus zurückgehen, und die Kinder nicht selten Bildungsvoraussetzungen erwerben, die sie aus der Arbeiterschaft hinausführen, dann wird die alltagskulturelle Durchdringung (auch über das Fernsehen!) mit anderen Milieus nur allzu offensichtlich. Eine Vielzahl von Gruppenzugehörigkeiten bestimmt heutzutage den gesellschaftlichen Standort. "Für die Mitglieder fortgeschrittener Industriegesellschaften hat die Zugehörigkeit zu kleineren Gruppierungen, z.B. zu Freundeskreisen, regionalen Milieus oder großstädtischen Lebensstilen, oft ähnlich große Bedeutung wie die Zugehörigkeit zur Kultur und Lebensweise von Großgruppen, wie der Arbeiterschaft, der 'Mittelschicht' oder dem 'konservativen Milieu'" (Hradil 1992: 162).

Zur Frage, inwieweit Modernität in der Arbeiterschaft von Wolfsburg ein in den verschiedenen Lebensbereichen vorherrschendes Lebensmuster darstellt, konnten wir aufgrund unserer Forschungen zu differenzierten Ergebnissen kommen (vgl. Herlyn u.a. 1994: 228). Etwa ein Drittel der Arbeiterschaft lebt noch ganz nach traditionellen Mustern in den verschiedenen Bereichen des Lebens sowohl was das aktuelle Verhalten als auch was die Einstellungen anbelangt, während sich bei zwei Dritteln doch traditionale mit modernen Lebensentwürfen mehr oder weniger vermischen. Wir selbst interpretieren diese Befunde dahingehend, daß der Individualisierungsprozeß auch die Arbeiterschaft erfaßt hat, aber dort (noch) nicht zu einem oder mehreren neuen Lebensstilen geführt hat. Anders ausgedrückt: Es lassen sich in der Arbeiterschaft vielfältige neue Lebensstilelemente erkennen, aber - so unser Eindruck - sie fügen sich noch nicht zu einem neuen Lebensstil, verstanden als ein in sich relativ geschlossenes, stimmiges Lebensmodell mit kohärenten Ausdrucksformen und Orientierungsmustern. Damit soll nicht die bisweilen zu hörende These bekräftigt werden, die Arbeiter seien aufgrund ihrer Lebenlage dazu nicht fähig, ein kohärentes Arrangement von modernen Lebensäußerungen zu entwickeln und darzustellen, sondern es soll nur gesagt werden, daß derzeit von einem oder mehreren modernen Lebensstil/en in der Arbeiterschaft nicht die Rede sein kann. Kennzeichnend ist vielmehr - in der Gruppe der nicht mehr traditionellen Arbeiter - ein Neben-, um nicht zu sagen Durcheinander von unterschiedlichsten Lebensstilelementen, von Normen, Werten, Einstellungen und faktischen Verhaltensweisen. Und es hat u.E. einiges für sich, dieses Durch- und Nebeneinander von Lebensstilelementen nicht als Übergangsphänomen zu interpretieren, sondern als den modernen Lebensstil schlechthin. Der Individualisierungsprozeß führt weniger zu einer Ersetzung des traditionellen Lebenstils durch einen anderen, modernen, sondern zu einer z.T. widersprüchlichen Integration moderner, gleichsam individualisierter Lebensstilelemente in das alte, konventionelle Lebensmodell.

Zur Verdeutlichung von Modernisierungstendenzen in der Arbeiterschaft gerade auch in Wolfsburg, sollen im folgenden zu ausgewählten Dimensionen der Lebensführung einige persönliche Äußerungen der Betroffenen vorgestellt werden. Dabei beziehen wir uns auf Aussagen von Wolfsburger Arbeitern und Arbeiterinnen aus dem Jahre 1992. Im Mittelpunkt der Diskussion stand hier die Frage, ob und inwieweit neue Lebensformen an die Stelle der traditionellen Ehe und Familie getreten sind. Allein zwei Drittel der Verheirateten können sich vorstellen, auch unverheiratet zusammen zu leben. Die Abkehr ist besonders groß bei den Personen, die eine Heirat hinter sich haben:

"Also ich find`s gut, wenn man zusammenlebt. Das ist nicht so alltäglich: Du bist mit mir verheiratet, du mußt das machen, du mußt meine Schuhe putzen oder so. Außerdem: Wenn man heiratet, dann läßt man sich eventuell wieder scheiden. Ohne Ehe kann ich aber einfach sagen: Hier, pack Deine Koffer, bis dann und dann geb` ich Dir Zeit, dann biste weg. Wenn man verheiratet ist, kann ich das nicht. Das ist dann wieder ein Teil Freiheit, der mir fehlt. Und ob ich das so ohne weiteres aufgeben würde" (Angelernte Arbeiterin, 39 Jahre., geschieden, nicht-eheliche Lebensgemeinschaft).

"Für mich ist das so, daß ich einfach mein Leben jetzt so einrichte, wie ich es gut finde. Daß ich jetzt bewußt an mich denke. Nicht mehr nur für die Familie da sein oder als Oma oder so. (...) Ich kann mir mein Leben jetzt so einrichten, wie ich es für mich gut finde. Ich kann alles frei für mich entscheiden, was ich möchte oder nicht möchte (...). Früher war ich einfach immer für die Familie da. Wenn die mich brauchten, dann bin ich gesprungen. Egal, was das war oder wer das war in der Familie. Also ich habe mich so richtig aufgeopfert. Und das mache ich jetzt nicht mehr" (Angelernte Arbeiterin, 51 Jahre, geschieden, alleinlebend, 3 Kinder).

Entsprechend diesem Lebensmodell begegnet man heute häufiger als früher bei männlichen und weiblichen Arbeitern den Wunsch nach einem Rückzugsraum in der Wohnung, wenn nicht schon ein Individualraum vorhanden ist.

Im Arbeitsbereich lassen sich traditionelle und moderne Einstellungen an der Auffassung zur Arbeitssolidarität unterscheiden. Gegenüber einer traditionalen klassenkämpferischen Bedeutung von Solidarität läßt sich ein starker entpolitisiertes, individualistisches Solidaritätsverständnis erkennen; in dessen Zentrum "stehen nicht mehr die kollektiven Interessen der Arbeiterschaft, sondern verschiedene Einzelinteressen. Solidarität gilt hier als Synonym für Hilfsbereitschaft und Kollegialität" (Herlyn u.a. 1994: 55).

"Ja, es kann ja mal Tage geben, wo es mir dreckig geht und ich muß dann eine Arbeit machen, die mir wirklich keinen Spaß macht, dann haue ich eben meine Kollegen an, die tauschen dann mit mir, und eine andere Zeit gibt es dann wieder mal, wo einer sagt: Ich habe gestern gesoffen, kannste heute nicht mal meine Arbeit machen, ich schaffe das heute nicht. Dann tauschen wir beide, dann macht er meine und ich mache dann seine Arbeit" (Angelernte Arbeiterin bei VW, 39 Jahre).

"Solidarität bedeutet für mich, daß man auch mal für andere da ist, daß man andere in Schutz nimmt, ohne daß für einen selber etwas dabei herauskommt" (Angelernte Arbeiterin bei VW, 28 Jahre).

Im Freizeitbereich dominiert zwar auch heute noch die früher stärker verbreitete regenerativ-passive Freizeitverbringung, aber bei vielen greift der Wunsch nach Selbstverwirklichung um sich: Freizeit soll auch eine Erlebnisfunktion haben, wo man etwas Neues kennenlernen kann. Man weiß schon seit geraumer Zeit, daß die innere Stadt auch als "Bühne von Selbstdarstellung und demonstrativen Konsum" (Häußermann, Siebel 1987: 17) genutzt wird. In Wolfsburg ist mit der Kaufhof-Passage - vgl. Abb. 6.1 - eine Straße mit Kneipen, Cafes und Restaurants im Zentrum - ein besonderer Ort der Selbstdarstellung für den modernen Arbeitertypus bezeichnet.

Abb. 6.1 Die Kaufhofpassage in Wolfsburg

"Am Wochenende ist`s halt so, daß man dann abends mal in die Stadt geht, guckt oder so in den Kaufhof geht, um sich mit Leuten zu treffen. Der Kaufhof ist so der zentrale Anlaufpunkt. Ich gehe nicht allzuoft dahin. Eigentlich sind es immer nur 1-2 Läden, wo ich hingehe, wo wir uns dann treffen, ein paar Bierchen trinken, bißchen quatschen, im Sommer draußen sitzen, dann setzen wir uns einfach irgendwo hin" (Facharbeiter, 28 Jahre, verheiratet).

"Wie macht man das? Also in Wolfsburg wird das so gemacht, es gibt eine Kneipenstraße, und im Sommer sitzen die Leute alle draußen, und dann geht man dadurch und jeder ist der Beste dann, der Stärkste und so. Und so läuft das hier" (Facharbeiter, 26 Jahre, ledig, alleinlebend).

"Für gewisse Leute, sag` ich zum Beispiel mal, weil ja nun auch diese Bodybuilding-Studios hier sprießen, die schön braungebrannt aus dem Urlaub kommen, die Kräftigen, die müssen sich natürlich immer da in der Kaufhof-Passage zeigen. Die müssen dann immer mit ihren teuren Autos hoch- und runterfahren" (Facharbeiter, 28 Jahre, verheiratet).

Einmal kann man davon ausgehen, daß gerade die unqualifizierten VW-Arbeiter und Arbeiterinnen versuchen, die Dequalifikationen im Erwerbssektor und die abnehmende erwerbsspezifische Identitätsdefinition durch ein ausgeprägtes Inszenierungsverhalten in der Freizeit zu kompensieren. Wegen der Statusinkonsistenzen (hohes Einkommen, geringer gesellschaftlicher Status) könnte aber auch gerade bei den ökonomisch bessergestellten Gruppen der Arbeiterschaft das Bedürfnis zur Kompensation des niedrigen sozialen Status groß sein.

Weitere Gründe für ein derartiges Präsentationsverhalten können aber auch in der relativ uniformen Baugestalt der Stadt liegen, die als Stadt aus der Retorte keine historischen Traditionsbestände aufweist, und der es auch an einem differenzierten Konsumangebot mangelt. Dies äußert sich u.a. im Defizit an ambitionierten Programmkinos, gehobenen Restaurants, Feinschmekkerlokalen, Antiquitätengeschäften oder Kunstgalerien (Herlyn, Tessin 1988: 141). Vor dem Hintergrund einer solchen uniformen Stadtstruktur wird verständlich, daß die Kaufhof-Passsage mit ihrem vielfältigen Angebot an Restaurants und Kneipen eine große Attraktivität auch als Erlebnisbühne besitzt (vgl. Herlyn, Tessin 1988: 219f.).

Zusammenfassend läßt sich sagen, daß zwar die Bezeichnung 'Arbeiterstadt' auch heute noch zutrifft, aber viel von ihrer Brisanz verloren hat. Mit der Angleichung der Lebensstile treten die früheren deutlichen Trennungen zwischen Arbeitern und Nicht-Arbeitern zunehmend zurück, und damit verblaßt auch die Prägnanz der Bezeichnung Arbeiterstadt. Fast jeder dritte Arbeiter in Wolfsburg sieht heute keinen Unterschied mehr zwischen den Lebensweisen von Arbeitern und Angestellten. Von denen, die heute noch Unterschiede sehen, wiesen die meisten auf die immer noch bestehenden finanziellen und ökonomischen Vorteile der Angestellten hin. Sehr viel weniger werden Charaktereigenschaften als Grund für schichtspezifische Lebensstildifferenzen genannt (vgl. Herlyn u.a. 1994: 235 f.). Das heißt, daß die überwiegende Gruppe der Arbeiter in Wolfsburg nicht nur objektiv näher an die Lebenswelt der Angestellten herangerückt ist, sondern sich auch bewußtseinsmäßig zu großen Teilen nicht mehr als andersartig empfindet. Allerdings darf nicht übersehen werden, daß es trotz aller Ähnlichkeit der Lebensstile kleinere, aber nichts desto trotz nachhaltige Differenzierungen gibt, die nicht übergangen werden sollten.

Zwar schrieb Kuby vor gut 40 Jahren: "Man geht durch Wolfsburg und sieht Bürger, Bürger, nichts als Bürger" (1957: 428), und fuhr fort über den neuen Typus des Arbeiters festzustellen: "Ein Bürger ist er jedenfalls nicht, denn er hat keinen festen gesellschaftlichen Ort. Er ist auf der Suche nach einem Ort, aber er hat ihn noch nicht gefunden" (ebenda: 431). So wie gesamtgesellschaftlich heute der Konflikt zwischen Bürgern und Arbeitern weitgehend der Vergangenheit angehört, so scheint auch für Wolfsburg die Charakterisierung als Arbeiterstadt zwar noch richtig, aber nicht mehr die Relevanz früherer Zeiten zu haben. Ob Arbeiterstatus oder nicht, entscheidend scheint vielmehr heute die Eigenschaft "fortschrittlich" für die Stadt zu sein (Funke 1996: 34), und das kann man als Arbeiter oder aber auch aus einer anderen beruflichen Position sein. Nicht übersehen werden sollte schließlich die Tatsache, daß es nicht nur heute immer mehr Einwohner aus anderen Berufsstellungsgruppen gibt, sondern daß sich auch die Arbeiterschaft selbst stark ausdifferenziert hat und daß sich damit nicht zuletzt die Ansprüche an die Infrastruktur stark ausdifferenziert haben. Die Kommunalpolitik wird in Zukunft verstärkt die verschiedenen Gruppen in der Stadt mit ihren sehr unterschiedlichen Lebenslagen und Lebenszielen spezifisch zu berücksichtigen haben, um ihnen die nötigen Verhaltensspielräume zu eröffnen.

7. Freizeit

Schenkt man den neuesten Befragungsbefunden zu diesem Bereich Vertrauen, so handelt es sich um einen relativ problemlosen Bereich, denn drei Viertel der Wolfsburger sind mit dem Freizeitangebot in Wolfsburg zufrieden. Lediglich bei den jüngeren Befragten unter 40 Jahren sacken die Zufriedenheitswerte deutlich ab (vgl. Funke 1996: 7f.). So befriedigend das Ergebnis auch im ganzen ist, so sind doch die Möglichkeiten der Freizeitverbringung in Wolfsburg spezifisch geprägt und z.T. auch eingeschränkt. Die Wolfsburger haben sich - so unsere These - mit ihren spezifischen Freizeitbedingungen arrangiert.

Im Kontrast zur Arbeit steht der Freizeitbereich, "in dem individuelle Wahlmöglichkeiten aufgrund der weitgehenden Freiheit von Fremdbestimmungen und Rollenzwängen noch am ehesten ausgestaltet werden können" (Gluchowski 1988: 19). Es ist unbestritten, daß die Freizeit - gerade von Industriearbeitern - in hohem Maße von der Struktur der Arbeit, d.h. ihrem zeitlichen Umfang, ihrer zeitlichen Lagerung und ihrer physischen und psychischen Beanspruchungen bestimmt wird (vgl. Habermas 1958). Trotzdem - und das ist das Ergebnis der Wandlungen im Arbeitsprozeß - haben sich Arbeit und Freizeit tendentiell entkoppelt, so daß der außerbetriebliche Lebensbereich einen eigenständigen Wert im gesamten Lebenszusammenhang erlangt hat. Es ist nun keine Frage, daß die Chancen und Partizipationen im Freizeitbereich für eine Arbeiterstadt wichtig sind, denn in der Arbeiterschaft dominierte seit alters her ein "regenerativ-passives Freizeitverbringungsmuster" (vgl. Maase 1989).

Wenn im folgenden der Frage nachgegangen wird, wie die Wolfsburger ihre Freizeit verbringen, dann ist vorauszuschicken, daß hier nur jener Freizeitausschnitt untersucht werden soll, der sich außerhalb der Privatwohnungen, aber innerhalb der Stadt Wolfsburg abspielt. Es werden von vornherein sowohl alle häuslichen Freizeitbeschäftigungen (Fernsehen, Lesen, Gärtnern etc.) als auch alle touristischen Unternehmungen ausgeklammert. Uns geht es hier um Freizeitaktivitäten, die in Zusammenhang mit der vorhandenen Freizeitinfrastruktur, z.B. Jugend-, Bildungs-, Kultur- und Sporteinrichtungen bzw. durch Cafes, Kinos und Lokale, den örtlichen Vereinen und 'last not least' der Atmosphäre der Stadt stehen. Dabei ist von vornherein klar, daß mit diesem "öffentlichen" Freizeitbereich nur der für die Bevölkerung quantitativ gesehen eher weniger bedeutsame Aspekt der Freizeitverbringung ins Blickfeld kommt, denn bekanntlich ist die Wohnung der Ort, an dem der allergrößte Teil der Freizeit verbracht wird. Folgerichtig steht auch für den Wolfsburger ein "gemütlicher Abend zu Hause" ganz oben auf einer Aktivitätenliste, die wir den Befragten vorgelegt haben (vgl. Harth u.a. 2000).

Zunächst sollen die spezifischen Bedingungen für die Freizeitverwendung im Wandel der Zeit skizziert werden. Dabei verfolgen wir zwei Aspekte: zum einen fragen wir nach den Arbeitsbedingungen früher und heute und zum anderen soll die Freizeitinfrastruktur in Wolfsburg beschrieben werden. In einem zweiten Abschnitt wird das Freizeitverhalten bis zu den 70er Jahren skizziert, um im dritten Abschnitt die heute typische Verbringung der Freizeit zu diskutieren; abschließend wird zum "Freizeitwert" der Stadt Wolfsburg Stellung genommen.

Voraussetzungen für die Freizeitverbringung

Zunächst ist die Frage zu beantworten, mit welchen Zeitressourcen die Wolfsburger Arbeitnehmer aus der Arbeit entlassen werden. Da in den 50er Jahren ca. zwei Drittel und bis heute zwar abnehmend, aber immer noch ca. die Hälfte aller Erwerbstätigen im VW-Werk arbeiten, läßt sich der Rahmen für die Freizeit ganz gut mit den Arbeitsbedingungen im VW-Werk charakterisieren.

Zunächst einmal dominierte in früherer Zeit die Schichtarbeit; so arbeiteten 1980 ca. vier Fünftel im Wechselschicht- und Dreischichtbetrieb und der Umfang der Schichtarbeit hat sich über die Zeit (z.B. von 1960–1980) kaum verändert (vgl. Herlyn u.a. 1982: 139). "Die Schichtarbeit ist als ein Hauptbelastungsmoment der Arbeit bei VW anzusehen, deren Auswirkungen (...) zur Beeinträchtigung aller anderen Lebensbereiche führt" (Herlyn u.a. 1982: 140). Insbesondere im Freizeitbereich befördert die Schichtarbeit die soziale Ausgliederung, wenn man nur an die Schwierigkeiten denkt, über längere Zeit an regelmäßigen Veranstaltungen teilnehmen zu können. Im Zusammenhang mit der Beschäftigungssicherung wurde am 1.1.1994 in allen Werken die sog. 28,8 Stunden-Woche in den VW-Werken eingeführt, die eine kollektive Arbeitszeitverkürzung um 7,2 Stunden vorsah. Auch wenn eine tatsächliche Verkürzung der individuellen Arbeitszeiten - besonders im Werk in Wolfsburg - wegen einer Konjunkturbelebung kaum stattgefunden hat (vgl. Jürgens, Reinecke 1998: 68), so waren damit doch jetzt Möglichkeiten zur Arbeitszeitflexibilisierung geschaffen. Diese Flexibilisierung führte zu ca. 150 Arbeitszeitmodellen, die z.T. den gewohnten Rhythmus sowohl im Werk als auch in der Stadt veränderten. Die seit 1995 geltenden Regelungen (vgl. Hartz 1994) sind inzwischen wieder als Folge einer breiten öffentlichen Kritik (vgl. Kleine-Brokhoff 1998) wieder zurückgenommen, so daß wieder der klassische Drei-Schicht-Betrieb, allerdings mit verkürzter Wochenarbeitszeit vorherrscht (vgl. zu den Folgen veränderter Arbeitszeitregelungen Harth u.a. 2000: Kap. III, 2.3; Hielscher, Hildebrandt 1999).

Neben den Zeitrhythmen sind es die spezifischen Belastungen der Industriearbeit die - in den Anfängen noch mehr als heute - insgesamt die Bereitschaft mindern, nach Arbeitsende sich noch intensiv anderen Beschäftigungen zu widmen. "Die Arbeitsbelastungen im Automobilbau (...) sind gekennzeichnet durch hohe körperliche Belastungen, ungünstige Umgebungseinflüsse, strenge Taktbindung, monotone Tätigkeiten und Schichtarbeit" (Herlyn u.a. 1982: 141). Angesichts des technischen Fortschritts wird immer wieder die tatsächlich stattgefundene Reduzierung von körperlich schwerer Arbeit beschworen, doch "hat sich an der traditionell bestehenden Realität von Produktionsarbeit in der Automobilindustrie bislang noch nicht viel geändert" (Schumann u.a. 1993: 73). Ganz überwiegend wird noch manuell gearbeitet und "manuelle, produktionsbezogene Arbeiten werden auch in Zukunft die Realität der Automobilarbeit bestimmen" (ebenda: 70). Trotzdem sind insgesamt durch Rationalisierungen die Arbeitsbelastungen zurückgegangen.

Zu den spezifisch durch das VW-Werk geprägten Freizeitbedingungen gehört auch das traditionell hohe Lohnniveau: "Tatsächlich galt das VW-Werk bis Mitte der 70er Jahre als Lohnspitzenreiter in der metallverarbeitenden Industrie; die gezahlten Durchschnittslöhne lagen 10–20% über denen vergleichbarer Industriezweige (Herlyn u.a. 1982: 147). Von hier aus gesehen eröffnen sich unbestreitbar spezifische Chancen zur Verbringung der Freizeit, z.B. zur Benutzung der lokalen Infrastruktur, aber auch zum repräsentierenden Verhalten, wie wir es in Kap. 6 angedeutet haben.

Zu den großen Freizeiteinrichtungen, die in Wolfsburg geschaffen wurden und stadtweit von Bedeutung und über die Stadt hinaus bekannt sind, gehört zum einen das Kulturzentrum neben dem Rathaus, das 1962 eingeweiht wurde. Es enthält einmal die städtische Volkshochschule, weiter die Stadtbücherei und die Institution der Gastarbeiter-Betreuung. Zum anderen entstand 1973 das damals langersehnte Theater; es ist als Gastspieltheater organisiert mit Vorstellungen, die hauptsächlich von Staatstheater Hannover, Braunschweig und Hildesheim beschickt werden. Dazu kommen in jeder Spielzeit eine Reihe von Tourneegastspielen. Das Theater bietet die ganze Palette künstlerischer Darstellungen mit dem Schwerpunkt Schauspiel, dann aber auch mit Oper und Musical, mit Konzerten bis hin zu Ballett- und Pantomimenvorführungen. Als drittes großes Projekt wurde 1977 das kürzlich abgebrannte Freizeitbad 'Badeland' am neugeschaffenen Allersee dem Publikum übergeben; es bot neben Möglichkeiten für Segler und Surfer ein Strandbad, ein Hallenbad, u.a. mit Wellenbecken, Massagebecken, Außenbecken, Sauna, Solarium, Restaurant, Tischtennis, Billiard und weitere Freizeitspiele. In der Nähe des Theaters entstand das Planetarium (1983). Als vorläufig letzte große Infrastruktureinrichtung wurde 1994 das Kunstmuseum eröffnet.

Im Vergleich zu anderen Städten ähnlicher Größenordnung im norddeutschen Raum hat Wolfsburg eine relativ gute Infrastrukturausstattung; besonders im Bereich der Sporteinrichtungen. Aber auch im Bildungsbereich ergeben sich günstige Werte. Hier ist interessant, daß sich die VHS-Kurse (auf 1.000 EW) seit 1976 sogar verdoppelt bis verdreifacht haben. Wie schon in den 70er Jahren ergibt sich jedoch eine vergleichsweise defizitäre Ausstattung bei Einrichtungen, die kommerziell bzw. privatwirtschaftlich betrieben werden wie z.B. Restaurants oder auch Tennishallen.

Freizeitverhalten bis zu den 70er Jahren

Über die Anfänge der Freizeitverbringung in Wolfsburg liegt wenig Material vor. Das kommt nicht von ungefähr, weil die nach dem Krieg nach Wolfsburg einströmende Bevölkerung zum einen sehr stark durch die relativ ungewohnte und körperlich anstrengende Arbeit stark belastet und zum anderen mit der Absicherung der täglichen Daseinsfürsorge beschäftigt war. Es blieb einfach nicht allzu viel sog. disponible Zeit übrig, in der man tun und lassen konnte, was man wollte. "Die Erzählungen der Frauen über ihr Leben in den Gründerjahren der Stadt ergeben, daß sowohl für die Familienmütter als auch für die berufstätigen Frauen die Jahre äußerst schwer und angespannt waren" (Künne 1998: 43). Damals waren die Arbeitszeiten länger und es wurde mehr Zeit mit Einkaufen und Versorgen der Familie verbracht. Die Nachkriegsfreizeit war - wie Maase ausführt - ganz der "Rekonstruktion des Alltags" im Rahmen der Familie und dem "privatistischen Konsum" gewidmet (1989: 346).

Auf der anderen, der Angebotsseite, fehlte es zunächst fast flächendekkend an irgendwelchen Infrastruktureinrichtungen. Sicherlich, schon Ende der 40er Jahre wurde ein großes Kino - das Delphinkino - gebaut, aber erst Ende der 50er Jahre entwickelte das Zentrum der Porschestraße mit einer Reihe von auch in der Freizeit zu nutzenden Einrichtungen eine gewisse Attraktivität (vgl. Kap. 8). Daher war es auch nicht abwegig, daß in unserer ersten Wolfsburg-Untersuchung nur am Rande auf den Freizeitbereich eingegangen wurde. Während Grünanlagen bzw. Spielplätze damals - 1960 - von fast jedem dritten Befragten als Vorteile der Stadt genannt wurden, wurde das Fehlen weiterer Infrastrukturen von den Bewohnern kritisiert. Damals wurde vor allem das fehlende Theater, der Mangel an Lokalen, Gaststätten usw., die fehlende Geselligkeit und der Mangel an Urbanität und Atmosphäre bemängelt (vgl. Schwonke, Herlyn 1967: 160ff.).

20 Jahre später - 1980 - hatte sich das Bild durch eine Reihe großer Infrastruktureinrichtungen erheblich gewandelt. Daher wurde in der zweiten Untersuchung als Indikatoren für die Teilnahme am gemeindlichen Leben der Besuch öffentlicher Veranstaltungen und die Teilnahme am Vereinsleben berücksichtigt. Bei unserer Befragung im Jahre 1980 dominierte unter den Veranstaltungen ganz deutlich der Besuch des Theaters, das - naheliegenderweise - sehr viel häufiger von Angehörigen der Mittelschicht als von der Arbeiterschicht besucht wird (vgl. Herlyn u.a. 1982: 194). Seitdem betrug die mittlere Auslastung der Sitzplätze über 80% (Stat. Jahrbuch der Stadt Wolfsburg). Eine hohe Anziehungskraft haben auch die Veranstaltungen in der Stadthalle, vor allem für die jüngeren Einwohner. Hingegen spielte der Kinobesuch nach Spitzenwerten unmittelbar nach dem Kriege eine zunehmend geringere Rolle. Dieser Rückgang steht nicht zuletzt im Zusammenhang mit der zügigen Verbreitung des Fernsehens und spiegelt die Verhältnisse in der Bundesrepublik ziemlich genau (vgl. Maase 1989). So hat sich zwischen 1964 und 1974 in der Bundesrepublik der Anteil der Haushalte mit Fernsehapparaten in etwa verdoppelt (von 48% auf 93%), während im selben Zeitraum der Kinokartenverkauf um gut die Hälfte sank.

In der damaligen Zeit begannen die Stadtfeste eine große Rolle zu spielen und so wurde nicht selten auf große Festveranstaltungen wie Cityfest, Rummel, Schützenfest, Stadtteilfest u.a. mehr hingewiesen. Ähnlicher Beliebtheit erfreuten sich Sportveranstaltungen. "Neben dem in unserer Gesellschaft als 'Massenereignis' verbreiteten Fußballspiel zeichnet sich die Wolfsburger Sportszene auch durch ausgefallene Sportarten aus wie Judo, Badminton, Gewichtheben, Leichathletik, die im Bundesleistungszentrum des Sportvereins VfL zielstrebig betrieben und von VW, Stadt und Stadtsportbund tatkräftig unterstützt werden" (Herlyn u.a. 1982: 195). Relativ geringen Zuspruch erfuhr damals die Volkshochschule und es schien, daß die Wechselschichtarbeit am ehesten diese Art der eine regelmäßiges Erscheinen erfordernde Teilnahme beeinträchtigte. Der Kulturbetrieb war in den 60er Jahren im sog. "Kulturring" organisiert, an dessen Veranstaltungen erwartungsgemäß sich die Mittelschicht stärker beteiligte als die Arbeiterschaft.

Wenn im folgenden auf das Vereinsleben eingegangen werden soll, so deshalb, weil Vereine - insbesondere Sportvereine - durch die Gelegenheit zur Kommunikation die Chance zur Förderung der sozialen Integration bieten, was vor allem in einer jungen Stadt wie Wolfsburg mit vielen Neubürgern nicht unwichtig ist. Der Verein stellt eine klassische Brücke zwischen dem Individuum und der Gemeinde dar. In Vereinen kann sich jenseits von Familien und beruflichen Gruppierungen eine kollektive Subjektivität entfalten, die u.U. kommunalpolitisches Gewicht bekommen kann. So hat die Stadt Wolfsburg auch die Vereinsförderung - besonders aber die Sportvereine - als ihr Aufgabenfeld angesehen: Bei der Vielzahl neuzugezogener Bürger "stellt sich für jeden Neubürger das Problem des Einlebens in die ihm neue Umgebung und Nachbarschaft. In dieser Situation bietet das Vereinsleben der Stadt dem Zugezogenen eine willkommene Möglichkeit, auch gesellschaftlich Fuß zu fassen. (...) Den Schwerpunkt des Einsatzes städtischer Mittel sah die Stadt bisher in der Unterstützung des Sports. An dieser Stelle sei auf die Schaffung von sechs Mehrzweckhallen in den ehemaligen Umlandgemeinden sowie die Bezuschussung der Vereinsheime der Wolfsburger Großsportvereine besonders hingewiesen" (Stadt Wolfsburg Hg. 1976: 102).

Ist die "Vereinsmeierei" der Deutschen schon geradezu sprichwörtlich, so wiesen doch die Einwohner Wolfsburgs Ende der 50er Jahre jedoch nur eine relativ geringe Vereinsbindung auf. Dies hat sich seitdem grundlegend geändert: Anfang der 80er Jahre war etwa die Hälfte der Wolfsburger in mindestens einem Verein involviert, und damit war eine Vereinsbindung erreicht, die in etwa dem Bundesdurchschnitt entsprach. "Die Mitgliedschaft in kommunal geförderten Vereinen hat sich in der Kernstadt, also ohne Berücksichtigung der 1972 eingemeindeten Ortschaften, gegenüber 1958 mehr als vervierfacht, was (selbst wenn man Doppelmitgliedschaften im Auge behält) über dem bundesweiten Trend liegt" (Herlyn u.a. 1982: 199). Wie nicht anders zu erwarten, waren es vor allem Sportvereine, die das Gros der Bevölkerung an sich gebunden hatten.

Insgesamt wurden damals im Jahre 1980 von den in der zweiten Untersuchung befragten Wolfsburgern die Möglichkeiten zu körperlich-aktiver Erholung in der Stadt, angefangen von der frischen Luft über das Spazierengehen und Wandern bis hin zum Sport positiv hervorgehoben. Ganz ausdrücklich wird die "freizeitinfrastrukturelle Auf- und Ausbauleistung der Kommune ohne Einschränkung gewürdigt" (Herlyn u.a. 1982: 207). So sagte uns ein leitender Angestellter bei VW im Jahre 1980: "Da sind Riesenfortschritte gemacht worden. Es war ja früher so, daß sich die Kultur woanders abgespielt hat. Wer also Wert auf Kultur legte, der mußte eben nach Braunschweig oder Hannover fahren. Jetzt haben wir ein Theater, die Stadthalle usw.; es ist schon ganz erstaunlich, was da geschaffen wurde."

Neben den unmittelbaren Kultureinrichtungen mangelte es – wie schon 1960 - vielen Bürgern, besonders Jugendlichen und bildungsbürgerlichen Gruppen aber weiterhin an "lebenskulturellen Momenten" in der Stadt. Sie beklagten das Fehlen von Treffmöglichkeiten in Lokalen und Restaurants, was dann häufig in der Feststellung endete, in Wolfsburg gäbe es keine Atmosphäre, die man eher in Braunschweig, Lüneburg und Celle zu finden glaubt.

Typische Freizeitverbringung heute

Wie vorne erwähnt, sind in den letzten 20 Jahren - also nach 1980 - noch einige große freizeitrelevante Einrichtungen erstellt worden bzw. haben Ereignisse stattgefunden, die nicht ohne Auswirkungen auf das Freizeitverhalten geblieben sind. Ganz oben auf der Liste der bedeutsamen Ereignisse stehen für die Befragten der inzwischen fertiggestellte ICE-Anschluß, die neuere Entwicklung der Innenstadt und das geplante VW-Projekt 'Neue Autostadt' (vgl. Kap. 3), gefolgt von dem Aufstieg des VfL in die 1. Bundesliga und großen Konzertereignissen.

Zu den großen, nur mit besonderer Unterstützung des Volkswagenwerkes errichteten Infrastrukturen der letzten Zeit gehört einmal das Planetarium und zum anderen das Kunstmuseum. Wenn auch die Besucherzahlen des Planetariums nach 1985 rückläufig sind, so ist doch zu beachten, daß allein im letzten Jahr noch 50.000 Besucher an den dortigen Veranstaltungen teilgenommen haben. Was das überregional stark beachtete Kunstmuseum anbelangt, so hält knapp die Hälfte der von uns befragten Wolfsburger es für nicht so wichtig in der Stadt (vgl. Harth u.a. 2000); mit 17% steht es an der Spitze der kommunalen Einrichtungen, auf die nach Meinung der Wolfsburger verzichtet werden kann, wenn gespart werden müßte (Funke 1996: 95). Insbesondere Arbeiter haben doch eine gehörige Distanz zu diesem Gebäude, das als Symbol der Hochkultur wohl eher dem Anspruch auf kulturelle Selbstdarstellung und Differenzierung der Mittelschichten entspricht, als daß es den Bedürfnissen der Arbeiterschaft entgegenkommt (vgl. Abb. 7.1). Hingegen betonen die Experten gerade die integrative Funktion des Kunstmuseums: Sie "besteht ihrer Meinung nach darin, daß damit endlich ein Treffpunkt für diejenigen Milieus geschaffen wurde, die sich bisher vorwiegend nach außen orientiert hätten: das alternative, das kunstinteressierte und das sog. Hochkulturmilieu" (Harth u.a. 2000).

Abb. 7.1 Das Kunstmuseum

Eine Reihe von Wolfsburgern kann vor allem mit der modernen Kunst wenig anfangen:

"Ich sehe mir lieber 'alte Schinken' an (...). Das Kunstmuseum hier ist ein bißchen deplaziert. Ich denke, da muß man auch ein bißchen Kunstverständnis haben. Und wenn man den ganzen Tag am Band steht, hat man das nicht unbedingt. Vielleicht in irgendeiner Studentenstadt, da würde es passen" (Krankenpflegerin, 25 Jahre).

"Man hat hier den Eindruck, daß von Seiten der Stadt Prestigebauten erstellt werden, die immer nur für eine bestimmte Schicht sind, und die übrige Bevölkerung hat gar nichts davon. Es geht z.B. kein Arbeiter in`s Kunstmuseum. Die Stadt plant meiner Meinung nach am Willen der Bevölkerung vorbei. Und wenn dann schon Ausstellungen sind, dann muß man auch den kleinen Mann ansprechen und nicht nur bestimmte Leute" (Rentner, 55 Jahre).

Fragt man Wolfsburger Frauen und Männer, wie sie die verschiedenen Wolfsburger Kultur- und Freizeitangebote (z.B. Konzerte, Schwimmbäder, Volkshochschule und Kino) nutzen, so sagen 40% von ihnen, daß sie die Angebote intensiv nutzen, ein Drittel wählt die Anwortvorgabe 'teils-teils' und jeder 4. ist der Meinung, daß es eher nicht zutrifft (vgl. Harth u.a. 2000). Vor allem nutzen zwei Altersgruppen die Angebote vermehrt: einmal die jungen Wolfsburger unter 24 Jahren, die erfahrungsgemäß ihre Freizeit stärker außerhalb des Privatraumes der Wohnung verbringen (vgl. Vester 1988) und zum anderen die Vorruheständler, die nach der aktiven Familienphase wieder über mehr Zeit für ihre außerhäusliche Interessenentfaltung verfügen. Daneben zeigt sich eine Steigerung der Nutzungsintensität bei Befragten mit höherem Berufsstatus, womit sich die häufig belegte These bestätigt, daß die Teilnahme an kulturellen Angeboten mit der Schichtzugehörigkeit korreliert.

Überblickt man die Häufigkeit, mit der sich die Befragten den in einer Liste abgefragten Aktivitäten in der Freizeit zuwenden, so ergibt sich im ganzen ein unspektakuläres Bild. Von den aushäusigen Freizeitbeschäftigungen zählt das abendliche Ausgehen zu den beliebtesten Aktivitäten der Wolfsburger: Immerhin ein Drittel der Befragten geht regelmäßig aus. Insgesamt werden Sportveranstaltungen (z.B. VfL), Kino, Tanzveranstaltungen und Discotheken, aber auch Fest- und Vereinsveranstaltungen von jeweils fast 30% besucht. Zur starken Beachtung von Sportveranstaltungen trägt vor allem der bekannteste Sportverein der Stadt, der VfL Wolfsburg, bei. Vor zwei Jahren ist der VfL in die 1. Bundesliga aufgestiegen. 57% der Wolfsburger Bevölkerung halten den Aufstieg in die 1. Bundesliga für wichtig, sei es für den eigenen rezeptiven Sportgenuß, sei es wegen der damit verknüpften dynamisch-positiven Imagewerbung für die Stadt.

Gegenüber der Nutzung der genannten Veranstaltungen fällt die Teilnahme an Kultur- und Bildungsangeboten ab. Nur ein Viertel der Wolfsburger partizipiert regelmäßig, d.h. mindestens 2x im Monat an kulturellen Ereignissen oder nutzt Bildungsangebote, d.h. sucht Vorträge auf, geht zur Volkshochschule oder zur Stadtbücherei, die meisten jedoch seltener oder nie. "Zwar sind bei der VHS sowohl die Kursstunden wie auch die Dozentenzahlen im Zeitverlauf rückläufig; gleiches gilt auch für die absoluten Besucherzahlen. Bezieht man aber die Zahl der Besucher auf die Einwohnerzahl, so zeigen sich im Zeitverlauf kaum Veränderungen. Besuchten von 100 Einwohnern im Jahre 1982 16 einen VHS-Kurs, so hat sich daran bis heute kaum etwas geändert. Auch wenn die Bildungsträger aufgrund des absoluten Teilnehmerrückgangs (und damit verbundenen geringeren Zuschüsse) Anzeichen für eine Krise sehen, so ist doch das Interesse der WolfsburgerInnen an Bildungsangeboten nach wie vor konstant. Dies ist umso bemerkenswerter, als in den letzten Jahren nicht nur die Kursgebühren gestiegen sind, sondern auch erhebliche Konkurrenz auf dem Weiterbildungsmarkt in Wolfsburg entstanden ist. Das Bildungsangebot der VHS zeigt sich also konkurrenzfähig, indem man z.B. auf die veränderten Schichtrhythmen Rücksicht nimmt oder sich für neue Klientel (besonders Jugendliche, Vorruheständler) verstärkt öffnet" (Harth u.a. 2000).

Was nun eine Spezifizierung der Nutzergruppen anbelangt, zeigt sich auch hier, daß die jungen Befragten und solche mit höherem Sozialstatus zu denjenigen Personen gehören, die die verschiedenen Gelegenheiten häufiger in ihrer Freizeit nutzen. Zu gleicher Zeit sind es exakt diese Personengruppen, die mit dem vorhandenen Infrastrukturangebot eher unzufrieden sind. D.h. gerade jene Personengruppen, die das vorhandene Angebot auch nutzen, möchten, daß es noch reichhaltiger wird. Wie schon in früherer Zeit (vgl. Schwonke, Herlyn 1967: 48) versuchen sie z.T. ihre Interessen auch außerhalb der Stadt zu befriedigen: Beispielhaft für diese Haltung mag das folgende Zitat stehen: "Die höhere Ebene der Angestellten weicht ohnehin in kulturellen Dingen irgendwo in andere Städte aus. Die fahren einfach weg (z.B. nach Braunschweig) und dann sind sie nicht da. Die untere Ebene sitzt eher vor dem Fernseher und trinkt Bier, dann ist der Abend gelaufen." Oder: "Das habe ich schon seit dreißig Jahren gemerkt, daß die höheren Angestellten am Wochenende oder abends weg sind. Wenn die ausgehen, dann fahren sie nach Hannover oder Braunschweig oder sonst wo hin, aber bleiben nicht hier."

Ein Erklärungsgrund für diese Abstinenz der Führungsschichten bei VW, an dem öffentlichen Leben der Stadt Wolfsburg teilzunehmen, liegt in der Unausweichlichkeit der sozialen Kontrolle, der man infolge der monoindustriellen Stadtstruktur unweigerlich ausgesetzt ist. So resümiert eine Expertin aus dem Rat der Stadt im Jahre 1999: "Wenn man 12 Stunden bei VW arbeitet, dann will man am Abend die restlichen Stunden nicht noch mal VW-Leute sehen. Und sie treffen dann halt VW-Leute, wenn sie hier irgendwo hingehen. Also ist es nicht zu vermeiden (...) Leitende Angestellte wollen nicht in den wenigen Angeboten ihren Mitarbeitern bzw. Mitarbeiterinnen begegnen. Es ist in Wolfsburg zu eng, zu klein."

Obwohl die Angebote vorhanden und auch von vielen geschätzt werden, bleibt die Teilnahme doch eher verhalten. Dieses Ergebnis ist nun nicht erstaunlich angesichts einen Klientels, das überwiegend der Arbeiterschaft zugehört, für die eine "regenerativ-passive Freizeitverbringung" (Maase 1989) noch typisch ist, auch wenn Individualisierungen aus traditionellen Bindungen hinausführen (vgl. Kap. 6). Auch wenn aktuellen Trends folgend ein noch differenziertes Freizeit- und Erlebnisangebot entwickelt wurde, muß man sich darauf einstellen, daß eine überwiegend körperlich arbeitende Bevölkerung nicht die Kraft und nicht das Interesse hat, das von einem eher bildungsbürgerlichen Klientel erwartet werden kann.

Es muß noch einmal daran erinnert werden, daß die Freizeitdiskussion hier sich auf die Inanspruchnahme der öffentlichen Nutzungsangebote bezieht. Wir wissen (vgl. Kap. 10), daß die meisten Wolfsburger einen relativ intensiven Besuchsverkehr mit Freunden und Verwandten pflegen. Darüber hinaus stehen die außerhalb Wolfsburgs verbrachten Urlaubstage nicht hinter dem Bundesdurchschnitt zurück (vgl. Herlyn u.a. 1994: 186f.). Ein hoher Stellenwert wird auch den Kurzreisen am Wochenende zugestanden. Ein gutes Drittel der befragten Wolfsburger war im Jahre 1991 mindestens viermal innerhalb des letzten Jahres für drei oder vier Tage über das Wochenende weggefahren (ebenda: 188).

Zum Freizeitwert

Wenn wir an dieser Stelle versuchen, den Freizeitwert einzuschätzen, so erscheint die Stadt Wolfsburg zumindest zwei Gesichter zu haben. Das eine ist eine differenziert ausgebaute Freizeitinfrastruktur, d.h. es sind sowohl in den dezentral angelegten Wohnquartieren jene Einrichtungen in ausreichendem Maße und Qualität vorhanden, die gemeinhin als Wohnfolgeeinrichtungen benannt werden: kinderbezogene Einrichtungen, Spielplätze, Schulen und Bildungseinrichtungen bis hin zu altersspezifischen Einrichtungen und zum anderen jene wohnquartiersübergreifenden, großen Infrastrukturen im Freizeitbereich besonderer Zentralität wie z.B. Theater, Planetarium, Kunstmuseum, Badeland, Stadtbücherei, Sportstadion etc..

Vor nun 20 Jahren kam diese überdurchschnittliche Ausstattung deutlich in einem 67 deutsche Großstädte vergleichenden Städtetest zum Ausdruck (vgl. Friedrichs 1980). Die Stadt Wolfsburg erreichte hinsichtlich des (freizeit-)kulturellen Angebots bessere Werte als der Durchschnitt aller anderen untersuchten Städte. Recht positiv wurden auch viele freizeitspezifische Einrichtungen in der repräsentativen Umfrage (Funke 1996: 36) beurteilt. Im ganzen sind sich die Wolfsburger bewußt, daß ihre Stadt heute ein breitgefächertes und im Vergleich zu anderen Städten ein unverhältnismäßig qualitativ entwickeltes Infrastrukturangebot bereithält, das gute Voraussetzungen bietet, die Freizeit außerhalb der Wohnung zu verbringen.

Nur - damit kommen wir zu dem zweitem Aspekt - dieses Angebot wird im ganzen unterdurchschnittlich angenommen, d.h. es gibt eine nicht zu leugnende Diskrepanz zwischen dem überdurchschnittlichen Angebot und der zögerlichen Inanspruchnahme durch die Einwohner. Vor fast 20 Jahren sagte ein Ratsherr: "Es wurde viel Freizeitinfrastruktur hingebaut; das war gut. Vergessen wurde bisweilen dabei, die Leute zur Benutzung anzuregen. Dort liegt ein Schwerpunkt künftiger Freizeitpolitik." Es ist u.E. eine Mischung aus aktueller Arbeitsbeanspruchung und einer mangelnden Bildungsvoraussetzung bei vielen Arbeitnehmern, die einer Nutzung vieler Freizeitinfrastrukturen entgegenstehen. Immer wieder wird die Schichtarbeit bei VW als unüberwindbare Barriere für Beteiligung angeführt. Die sozialisationsbedingte Freizeitapathie der an- und ungelernten Arbeiter findet in der Schichtarbeit u.E. zugleich eine reale Verstärkung wie auch eine subjektive (ideologische) Rechtfertigung" (Herlyn u.a.1982: 205).

Über diese strukturellen Hindernisse der Freizeitnutzung hinaus ist jedoch eine ungenügend ausgebildete Urbanität in dieser monoindustriellen Stadt festzustellen. Es ist dieser 'Mangel an Leben', der insbesondere von Teilen der Jugendlichen und des Bildungsbürgertums bisweilen als Defizit an 'lebenskulturellen Momenten' beklagt wird, das sich z.B. festmacht am Fehlen informeller Treffmöglichkeiten für verschiedene Bevölkerungsgruppen, z.B. in Cafés und Lokalen und an der mangelden Atmosphäre der Stadt insgesamt. Was den beklagten Mangel an Cafés, Lokalen und Restaurants in Wolfsburg anbetrifft, so ist er (und die Klage darüber) so alt wie die Stadt (vgl. Schwonke, Herlyn 1967: 162f.). Erst ganz allmählich scheint sich parallel zu einer sozialstrukturellen Differenzierung auch hier ein Wandel zu vollziehen. Von den Experten wurde neuerdings doch verstärkt auf verschiedene Orte verwiesen, wo sich bestimmte Gruppen der Bevölkerung selbst darstellen und damit milieubildend wirken: sportbegeisterte Gruppen im VfL-Stadion, jüngere aufstiegsorientierte Gruppen in den Cafés der Kaufhofpassage, führende Angestelltenkreise in ital. Cafés, bildungsbürgerliche Kunstinteressierte im Kunstmuseum etc..

Wenn also im neuen Leitbild der Stadt u.a. der "Aufbau einer Freizeitwirtschaft auf der Basis des vorhandenen Angebots vor dem Hintergrund von vermehrter Freizeit und freier Zeit" als Ziel angesprochen wird, dann bleibt fraglich, ob damit die auffällige Diskrepanz zwischen Angebot und Nachfragequalität nachhaltig abgebaut werden kann.

8. Innenstadt

In der ersten Wolfsburg-Studie wurde das Innenstadt-Problem Wolfsburgs mit Blick auf die möglichen Funktionen eines Stadtzentrums wie folgt umrissen: "Für jede Stadt (..), besonders für eine neue und so weiträumig angelegte wie Wolfsburg, ist ein Zentrum mit einem unverwechselbaren Gesicht für das 'Gemeindebewußtsein' seiner Bewohner von entscheidender Bedeutung. Das Zentrum ist der Stadtteil, den alle Bürger in gleicher Weise kennen. (...) Erst wenn dieses Zentrum intakt ist, haben die Einwohner einer Stadt für alltägliche Besorgungen ein gemeinsames Ziel, einen gemeinsamen Interaktionsbereich. (...) Das Stadtzentrum ist jedoch nicht nur eine Zusammenfassung von attraktiven Funktionen, welche die Bewohner zum häufigen Besuch anlockt. Das Zentrum soll auch Orientierungspunkt des Stadtbildes sein und die Individualität der Gemeinde bildhaft repräsentieren. Es muß ein ins Auge fallendes und unverwechselbares Gesicht haben" (Schwonke, Herlyn 1967: 34f.).

Es gehört nun zu den ungelösten Problemen der Wolfsburger Stadtentwicklung, daß das Zentrum dieser Stadt diesen Anforderungen zunächst gar nicht entsprach. Und auch noch mehr als 60 Jahre nach der Stadtgründung ist die Stadtmitte nicht das, was sie eigentlich sein könnte und sollte. Allein 40% der 1998 befragten Wolfsburger waren der Ansicht, daß die Stadt keine lebendige und städtische Atmosphäre habe, und 43% beurteilten die Innenstadt mit ihren Einkaufsmöglichkeiten negativ, obgleich beides für das Wohlbefinden in einer Stadt von fast allen hoch eingeschätzt wird (vgl. Harth u.a. 2000).

In der verbreiteten Kritik an der Wolfsburger Innenstadt kommen im wesentlichen drei (miteinander verknüpfte) Aspekte zusammen: erstens die Unzufriedenheit mit den Einkaufsmöglichkeiten, zweitens mit der Gestaltung der Hauptgeschäftsstraße als Fußgängerzone, und drittens die Unzufriedenheit mit der Atmosphäre, dem Ambiente, der mangelnden 'Urbanität' (Behn u.a. 1989).

Um diese so offenkundig gravierende Kritik an der Wolfsburger Innenstadt richtig verstehen und einordnen zu können, ist es notwendig, in die Geschichte der Innenstadtentwicklung zurückzugehen.

Der 'Geburtsfehler' der Stadtgründung

Überlegungen zu einem kommerziellen Stadtzentrum, einer City spielten bei der Stadtgründung kaum eine Rolle; der Stadtgrundriß Kollers weist keinen derartigen Ort aus. Bezeichnend sind die Überlegungen Ueblers, einem Mitarbeiter Kollers aus jener Zeit der Stadtgründung, zur Verteilung der Läden (sic!) in der Stadt. Zunächst einmal spricht er nur von Apotheken, Friseur, Schreibwarengeschäften, Banken, Blumenläden, Pelzgeschäften, Buchgeschäften, Antiquitätenhändlern - Kaufhäuser, Restaurants kommen bei ihm bezeichnenderweise gar nicht vor. Hinsichtlich der räumlichen Anordnung der Geschäfte des nicht alltäglichen Bedarfes, die er unterteilt in die Gruppe der Läden, die jeder Mensch nicht jeden Tag braucht (Gruppe 2) und Läden, die nicht jeder Mensch nicht jeden Tag braucht (Gruppe 3) schreibt er: "Die Einrichtungen der Gruppe 2 werden an den Hauptstraßen liegen, vor allem auf den Straßen, die aus den Wohnblocks zum Werke führen, so daß der Werktätige auf dem Heimwege ohne viel Umwege dort seine Einkäufe tätigen kann. Die Institutionen der Gruppe 3 hingegen werden vorwiegend an den markanten Punkten der Stadt liegen, an den bevorzugten Plätzen und an den breiten Hauptachsen. Diese breiten Straßen bedürfen zur Verstärkung ihrer städtebaulichen Wirkung großer Bauten und schöner Läden. (...) Diese breiten Straßen müssen durch ihre Läden der Anziehungspunkt der Stadt werden" (Uebler 1940, wiederabgedruckt in: Recker 1981: 123). Also keine Rede von einem irgendwie gearteten Geschäftszentrum oder Citybereich. Auch ein zentraler Marktplatz, der doch für alle historischen Städte das Stadtzentrum symbolisiert, fehlt auffälligerweise in den Kollerschen Plänen (vgl. Kautt 1983: 81) - ein eigenartiger 'Geburtsfehler' der Stadtgründung.

Entsprechend entwickelte sich zunächst einmal der Schachtweg (vgl. Abb. 8.1) zur Hauptgeschäftsstraße, wenn dort auch nur Verkaufsbaracken entstanden; es war die Straße, die von der Stadt direkt ins Werk führte.

In den 50er Jahre vollzog sich allmählich eine Verlagerung zentraler Funktionen, insbesondere des Geschäftsbereiches der Stadt, in die Porschestraße, die 1955 in einem Gutachten über den Stadtkern von Wolfsburg sozusagen offiziell als zukünftige Hauptgeschäftsstraße auserkoren wurde. Bei der Präsentation ihres Gutachtens vor dem Bauausschuß des Rates führten die Experten damals aus, " daß 'eben dieser Stadt noch das, was sozusagen eigentlich das Herz einer Stadt ausmacht' fehle, und daß es darauf ankomme, 'das Leben in diesem Herz der Stadt so zu fördern und stark zu machen, d.h. hier alles zu konzentrieren (...)" (Kautt 1983: 340).

Abb: 8.1 Der Schachtweg als provisorische Ladenzeile

Wolfsburg bekommt eine 'Innenstadt'

Entsprechend wurde in der Folgezeit verfahren. Schwonke, Herlyn berichten in der ersten Wolfsburg-Studie: "Für Wolfsburg bildet das Jahr 1958 den ungefähren Zeitpunkt, an dem die Porschestraße diese Funktion zu erfüllen begann. 1959 (...) entwickelt die Hauptstraße mit dem Rathaus, der Polizei, der Post, dem Amtsgericht, einem Kaufhaus, drei Kinos und zahlreichen anderen leistungsfähigen Einkaufsstätten schon eine beträchtliche Anziehungskraft. In den folgenden Jahren kamen noch zwei Kaufhäuser hinzu, und die Umbauung des Marktplatzes (vor dem Rathaus gelegen, Erg.d.Verf.) fand mit der Eröffnung des von dem finnischen Architekten Aalto errichteten 'Kulturzentrums' ihren Abschluß" (Schwonke, Herlyn 1967: 35).

Zu jener Zeit, 1960/61, war die Bedeutung Wolfsburgs als Einkaufsstätte aber immer noch weit unterdurchschnittlich. Mit seinen 562 Arbeitsstätten im Handel und 3.606 Arbeitsplätzen und seinen Umsätzen im Handel lag die Stadt Wolfsburg damals noch weiter unter dem Niveau von niedersächsischen Städten derselben Größenordnung: In allen drei Kategorien zeigt sich ein fast schon grotesk kleiner Handelsbesatz Wolfsburgs; der steuerbare Umsatz im Groß- und Einzelhandel Wolfsburgs betrug z.B. nur die Hälfte desjenigen von Celle, einer Stadt, die bevölkerungsmäßig noch kleiner als Wolfsburg war (vgl. hierzu Tessin 1986: 75).

Zwar kamen in den Befragungen Anfang der 60er Jahre die als mangelhaft empfundenen Einkaufsmöglichkeiten zur Sprache, aber es überwog in der damaligen Interpretation die stadtstrukurelle Bedeutung des Zentrums, durch die "das Eigengewicht der Gemeinde gegenüber dem Werk zur Gestaltung gebracht" wurde (Schwonke, Herlyn 1967: 38). Allerdings hatte die Linienführung der Porschstraße (vgl. Abb. 8.2) den nicht unbeträchtlichen Nachteil, daß "der weiträumige Durchblick nach beiden Seiten (auf das Schloß und den bewaldeten Klieversberg – Erg.d.Verf.) den Eindruck erweckt, als ob die Stadt am Straßenende bereits aufhöre" (ebenda: 34).

Mit Blick auf diese dennoch nicht zufriedenstellende Situation wurden Mitte der 60er Jahre die Innenstadtplanungen intensiviert, wobei naturgemäß seitens der Stadt ökonomisch-fiskalische Überlegungen im Vordergrund standen. Da alle Versuche der Stadt, im industriellen Bereich neben dem VW-Werk weitere Betriebe anzusiedeln, gescheitert waren (vgl. Kap. 3), blieb nur noch der Handels- und Dienstleistungsbereich, um die Wirtschaftsstruktur der Stadt zu verbreitern und um insbesondere auch Arbeitsplätze für Frauen zu schaffen. Zugleich spielten aber auch, es war die Zeit der heftigen Urbanitätsdiskussion im Städtebau, repräsentative, symbolische Aspekte eine nicht unerhebliche Rolle: Die City als Rahmen einer urbanen Identifikation bzw. zur Bindung der Bevölkerung an ihre Stadt, die City aber auch als Selbstdarstellung der Stadt gegenüber dem VW-Werk: es galt, den VW-Werkssiedlungscharakter der Stadt abzustreifen. Schließlich wurde der Ausbau der Innenstadt aber auch mit Blick auf das Umland betrieben: "Der forcierte Bau von Wohnungen im Stadtgebiet, im nahen Umland oder in Nachbargemeinden mit sich daraus ergebenden hohen Einwohnerzahlen gibt heute erhöhten Anreiz zum verstärkten Ausbau der Stadtmitte in wirtschaftlicher Sicht und zwingt zur Anreicherung mit neuen zentralen Funktionen kultureller und kommerzieller Art" (Stadt Wolfsburg, Hg., Wolfsburg Zentrum 67, o.J.: o.S.). Die wissenschaftliche Legitimierung dieser Ziele lieferte ein 1969 vorgelegtes INGESTA-Gutachten: 1968 flossen nur rund 75 Mio. DM an Kaufkraft aus dem Umland nach Wolfsburg, während immerhin rund

Abb. 8.2 Porschestraße - Blick nach Süden (1960)

50 Mio. DM an Wolfsburger Kaufkraft nach außerhalb, vor allem nach Braunschweig, abflossen. Eine intensivere Abschöpfung der Umland-Kaufkraft einerseits und eine Verringerung des Wolfsburger Kaufkraftabflusses nach Braunschweig andererseits war allerdings nur dann zu erwarten, wenn das verfügbare Angebot in Wolfsburg aufgewertet wurde. Allein für die Wolfsburger City errechnete man ein Erweiterungspotential für Ge-

schäftsflächen bis 1980 von 40.000-73.000 qm; im einzelnen wurde vorgeschlagen: die Ansiedlung eines weiteren Kaufhauses, die Umwandlung der Hauptgeschäftsstraße in eine Fußgängerzone, die Verbesserung der Verkehrsbeziehungen aus dem nördlichen und östlichen Käufereinzugsbereich durch den Ausbau der dorthin führenden Straßen, Eisenbahn- und Omnibuslinien.

Dieses Konzept, das sich in der Folgezeit als erhoffter Initialzündung auf ein Einkaufs- und Bürozentrum am sog. Südkopf konzentrierte (vgl. hierzu Abb. 8.3), geplant war ein z.T. 18-geschossiger Hochhauskomplex, ließ sich jedoch nicht so ohne weiteres realisieren, weil einerseits der ins Auge gefaßte Kaufhausmagnet KARSTADT die Stadt warten ließ, andererseits eine derartige Umgestaltung der Wolfsburger Innenstadt eine grundsätzliche Neuorganisation des innerstädtischen Verkehrs voraussetzte.

Als sich in den Jahren 1973/74 endgültig abzeichnete, daß Karstadt nicht nach Wolfsburg kommen würde, wobei sicherlich auch die bundesweit stagnierende Entwicklung der realen Umsätze im Einzelhandel generell und speziell bei den Käufhäusern (vgl. Kolck 1977: 132) eine Rolle gespielt haben dürfte (ganz zu schweigen von den VW-Rezessionen 1966/67 und 1971/72), konzentrierten sich die städtischen Planungen nunmehr auf die sog. Kleine Lösung. Auch deren Umsetzung erwies sich noch als sehr konfliktträchtig, weil einerseits die Umwandlung der Hauptverkehrs- und Hauptgeschäftsstraße der Stadt in eine Fußgängerzone auf Widerstand stieß, andererseits Teile der Wolfsburger Geschäftswelt investitionsmäßig sich abwartend verhielten; ein Wolfsburger Experte (1979 rückblickend) hierzu:

"Die Geschäftsleute waren dort ausgesprochen kleinkariert: Kleinbürger, die zu Geld gekommen sind, aber nicht Schritt gehalten haben mit der Entwicklung der Stadt. Ihre Situation war die der 'Made im Speck', ohne Risiko. Denen waren die Innenstadtplanungen alle eine Nummer zu groß."

Rechte Seite: Abb. 8.3 Lageplan der Innenstadt

Legende: 1 VW-Werk; 2 Autostadt (im Bau); 3 Bahnhof; 4 Schachtweg; 5 Fachhochschule; 6 Nordkopfcenter; 7 Kaufhofpassage; 8 Fußgängerzone; 9 Kulturzentrum; 10 Rathaus; 11 Kunstmuseum; 12 Südkopfcenter; 13 Planetarium; 14 Theater

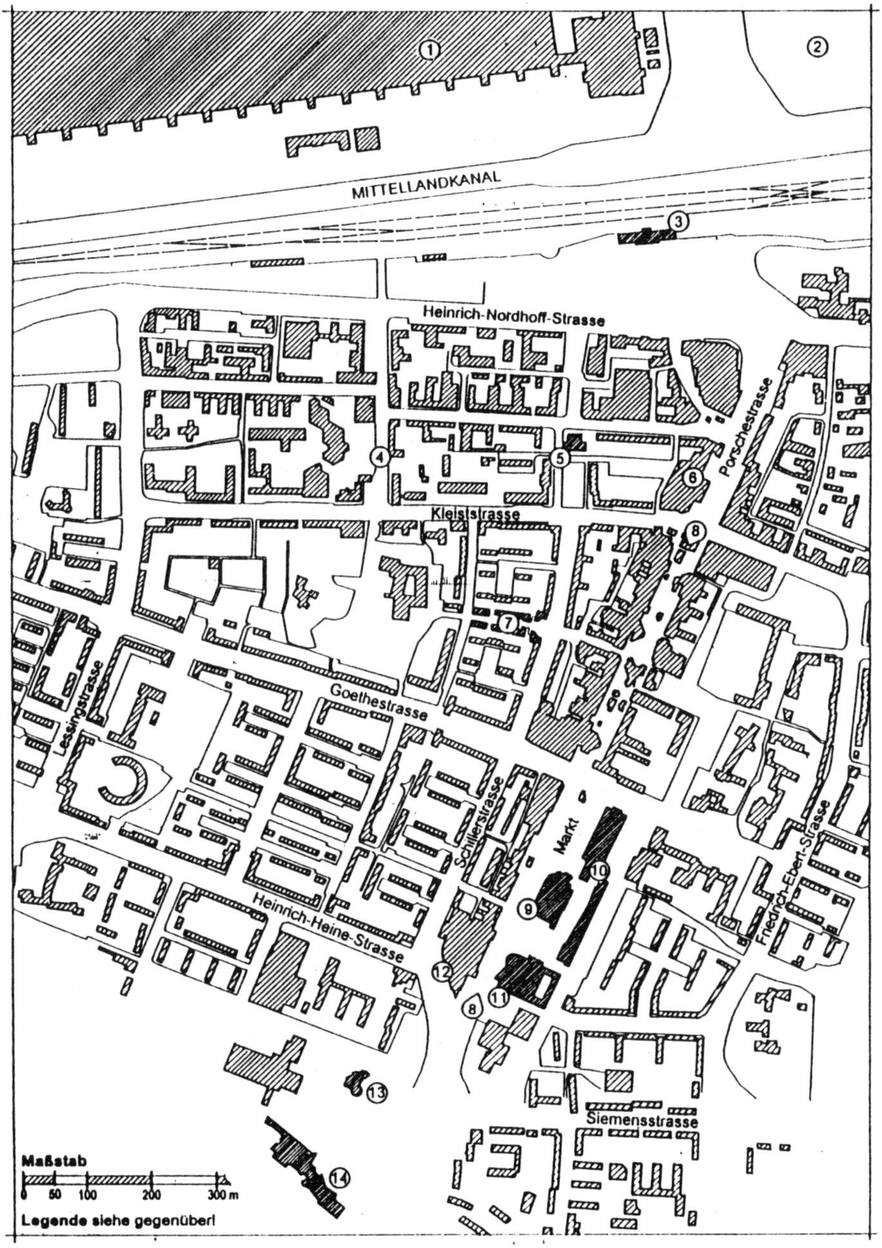
MITTELLANDKANAL
Heinrich-Nordhoff-Strasse
Porschestrasse
Kleiststrasse
Goethestrasse
Lessingstrasse
Schillerstrasse
Markt
Friedrich-Ebert-Strasse
Heinrich-Heine-Strasse
Siemensstrasse
Maßstab
0 50 100 200 300 m
Legende siehe gegenüber!

Ähnliche Klagen konnte man übrigens auch noch Ende der 90er Jahre in Wolfsburg hören. In der Porschestraße wurden seinerzeit (70er Jahre) zunächst nur 10.000 qm neuer Geschäftsflächen und nur einige 100 neue Arbeitsplätze geschaffen. Als die Fußgängerzone im Juni 1980 als Kernstück des Innenstadtausbau eingeweiht wurde, machte man die folgende Zwischenbilanz auf: "Es entstanden in der Zwischenzeit 20 neue Geschäfte. Ferner wurden 21 Läden erweitert. Die Stadt investierte insgesamt 30 Millionen Mark; der Privat- bzw. Geschäftsbereich sogar rund 100 Millionen Mark" (Wolfsburger Allgemeine Zeitung v. 7.4.80).

Trotz der Bedeutsamkeit, die man der Umwandlung der Porschestraße in eine Fußgängerzone und dem Ausbau der Innenstadt einräumte, war doch eine eigenartige Gespaltenheit in der Beurteilung dieser Maßnahmen erkennbar: nur rund die Hälfte der Befragten meinte, daß sie eindeutig positiv zu bewerten wären - für die Stadt wie für sich selbst. Die andere Hälfte der Befragten war sich da nicht so sicher. 20-30% von ihnen beurteilten sogar die neue Fußgängerzone als negativ für sich bzw. auch für die Stadt (vgl. Herlyn u.a. 1982: 248). Gespalten war man insbesondere über das ästhetische Erscheinungsbild. Positive Stellungnahmen zum Erscheinungsbild lauteten etwa:

"Es ist nicht mehr alles so eckig in Wolfsburg. Es ist in der Innenstadt wärmer geworden." (Kraftfahrer bei VW, 45 Jahre)

"Ich finde die Fußgängerzone prima. Es ist ganz herrlich, mal einen Moment zu verweilen. Ich komme mir vor, als wenn ich in einem Kurort bin." (Arbeiter, 55 Jahre)

Negativ wurde angemerkt:

"Ich finde das nicht schön. Das ist kein Mittelpunkt der Stadt, das ist, wie gesagt, ein Jahrmarkt mit vielen Buden in der Stadt." (Hausfrau, neuzugezogen)

"Es wirkt alles sehr steril. Es gibt einfach keine Atmosphäre dort. Viel Hektik!" (Krankenschwester, neuzugezogen)

Die Ambivalenz der Beurteilung ist verständlich. Die Umwandlung einer Hauptgeschäftsstraße (in Wolfsburg gleichsam ein Autoboulevard noch mit dem Namen "Porschestraße") in eine Fußgängerzone ist seinerzeit in jeder Stadt kontrovers diskutiert worden (vgl. hierzu z.B. Heinz u.a. 1977). In Wolfsburg hatte sich sogar - mit großem Erfolg - eine Unabhängige Wählergemeinschaft (UWG) gegen die Umwandlung der Porschestraße in eine Fußgängerzone gebildet. Aber neben dieser allgemeinen Problematik spielt in Wolfsburg das besondere Erscheinungsbild dieser Fußgängerzone eine Rolle: die Randbebauung besteht überwiegend nicht aus repräsentativen oder gar imposanten, sondern aus höchst unscheinbaren, schlichten, eher niedriggeschossigen Gebäuden im Stil der 50er Jahre, und die Umbaumaßnahmen haben daran nicht viel geändert. Zugleich war die Porschestraße mit rund 40 Metern Breite so etwas wie ein Autoboulevard (vgl. Abb. 8.2). Umgewandelt in eine Fußgängerzone (mit wenig attraktiver Randbebauung und wenig attraktiven Geschäften) wären sich die Leute wahrscheinlich verloren vorgekommen, und zugig wäre es wahrscheinlich auch gewesen. Deshalb (aber auch um externen Investoren Platz für ihre Investitionen zu schaffen) wurden in den Straßenraum eine Reihe von Kiosken und Pavillons eingebaut (vgl. Abb. 8.4), dazu Skulpturen aufgestellt und eine Art Wasser- und Brunnenlandschaft angelegt, sodaß die Fußgängerzone heute manchem eher als überladen und zu voll vorkommt, zudem als provisorisch und billig, ein Eindruck, der durch die vielen Schnellimbißlokale und Billigkaufhäuser noch verstärkt wird.

Mitte der 90er Jahre umfaßte das Marktgebiet der Stadt Wolfsburg rund 350.000-370.000 Einwohner (GWH 1995: 14f.) zum Teil auch in Sachsen-Anhalt. Diese Vergrößerung des Marktgebietes wurde durch die Wiedervereinigung möglich, denn früher endete das Käufereinzugsgebiet Wolfsburgs ja an der Grenze zur DDR. 1989/90 strömten dann zunächst viele Ostdeutsche nach Wolfsburg: "Eine neue Aufbruchstimmung war in der Stadt zu spüren, als die City-Parkplätze voller Trabbis standen, die neuen Nachbarn aus Oebisfelde, Gardelegen und Klötze sich an den Wühltischen der Kaufhäuser drängten und volle Kassen in den Geschäften klingelten. (...) Zwei Jahre später war die Situation ganz anders. Die Anfangseuphorie der Deutschen Wiedervereinigung war verklungen, die zugewonnene Kaufkraft verebbte" (Krämer 1996: BN 10). Ein Einzelhandelsgutachten faßte 1995 die Situation wie folgt zusammen: "Die Zukunft des Wolfsburger Marktgebietes wird entscheidend davon abhängen, inwiefern es der Stadt gelingt, den aufgrund von derzeitigen Versorgungsdefiziten neu gewonnenen sachsen-anhaltinischen Teil nachhaltig zu binden. Hierbei ist zum einen zu berücksichtigen, daß die ostdeutschen zentralen Orte wie Magdeburg, aber auch Haldensleben in ihrer Attraktivität nachziehen werden. Zum anderen könnten Mentalitätsunterschiede die über Bundesländergrenzen hinweg aufzubauende Einkaufsorientierung erschweren. Eine Zunahme des westlichen Marktraumes erscheint aufgrund der Magnetwirkung Braunschweigs dagegen nicht möglich" (GWH 1995: 16).

Ein Experte sagte hierzu: "Die Wiedervereinigung war eigentlich enttäuschend für uns. Es gab ein Strohfeuer, einen kurzen Kaufkraftschub. Wolfsburg hatte sich mal zum Ziel gesetzt, das 'Tor zur Altmark' zu werden. Das hat sich aber nach kurzer Zeit in Wohlgefallen aufgelöst. 2% der Passanten in der Innenstadt kommen aus dem Osten. Daß wir nun wieder in der Mitte Deutschlands liegen, davon hat der Einzelhandel konkret wenig profitiert."

Abb. 8.4 Fußgängerzone in der Porschestraße

Eine City ohne Urbanität?

Es dürfte insgesamt schon deutlich geworden sein, daß man in Wolfsburg bei allem Fortschritt in der Innenstadtfrage nicht recht zufrieden ist mit dem heutigen Zustand seines Zentrums. Neben dem rein ökonomischen Aspekt der Kaufkraftabschöpfung und des Kaufkraftabflusses spielt dabei der stadtkulturelle Aspekt fehlender Urbanität eine zentrale Rolle. Wolfsburg sei insgesamt, aber auch gerade in seiner City, keine 'urbane' Stadt. Dieses Defizit hat zum einen mit der Innenstadt selbst zu tun, zum anderen aber mit der Stadt Wolfsburg insgesamt.

Urbanität ist ein sehr schillernder Begriff. Häußermann, Siebel schreiben: "Urbanität verbinden wir (...) mit Größe, Dichte und Vielfalt, aber auch mit einer bestimmten Gestalt der Stadt. Dieses Bild enthält drei formale Elemente: Zentralität, also ein bauliches und funktionales Gefälle von Zentrum zur Peripherie; Gegensatz zum Land, also ein klar ausgeprägtes Gegenüber von Stadt und Land; funktionale und soziale Mischung, also ein Nebeneinander von Wohnungen, Geschäften, Betrieben, Cafés, Vergnügungsstätten, Armen und Reichen, Jungen und Alten auf engem Raum" (Häußermann, Siebel 1998: 8). Zugleich verbindet sich mit urbanem Verhalten eine bestimmte Lebensart (vgl. hierzu Bahrdt 1961). Urban ist jemand, der sich gern und frei im öffentlichen Bereich der Stadt bewegt, der sich interessiert für das, was dort vor sich geht, der sich selbst in diese Situation einbringt (und sei es in der Rolle des blasierten Zuschauers, des Bettlers, des Flaneurs etc.), der sich mit einem gewissen Maß an Muße an den entsprechenden Orten aufhält, ja, dort verweilt, und nicht einfach durchhetzt in Erledigung eines bestimmten (Einkaufs-)Zweckes.

Läßt man einmal die Frage auf sich beruhen, wo und in welchem Umfang in den modernen Großstädten heute überhaupt noch Urbanität in dem beschriebenen Sinne stattfindet, so ist doch klar, daß es solche Orte noch gibt, wo zumindest etwas Derartiges anklingt: auf Märkten, an manchen Bahnhöfen, in den Fußgängerzonen, an historischen Plätzen usf.; wenn Wolfsburger daraufhin angesprochen werden, dann verweisen sie gern auf Braunschweig, ja selbst Fallersleben und Gifhorn wirken ihnen noch (wenn auch kleinstädtischer) so doch urbaner. Es ist dort interessanter, man verweilt dort lieber, man fühlt sich wohler. Das liegt zum einen an den baulich-gestalterischen Gegebenheiten: Fachwerkhäuser, Gründerzeitbauten, Kirchen, aber auch moderne Bauten können bisweilen attraktiv sein und Interesse wecken; in der Wolfsburger Fußgängerzone gibt es kein derartiges Gebäude mit Ausnahme vielleicht des neugeschaffenen Kunstmuseums, auf das noch zurückzukommen sein wird. Viele Wolfsburger Experten meinen auch, die Fußgängerzone sei mit über einem Kilometer Länge 'zu lang': das potentiell urbane Leben würde dadurch zu sehr gestreckt und ausgedünnt, das für Urbanität wichtige Dichtemoment ginge dadurch verloren. Mangelnde Multifunktionalität, ein häufig genannter Grund für fehlende Urbanität, läßt sich der Wolfsburger Fußgängerzone dagegen nur bedingt vorwerfen. Zwar dominieren Einzelhandelsgeschäfte, aber es gibt auch Restaurants, Aufenthaltsmöglichkeiten im Freien, auch öffentliche Einrichtungen wie Rathaus, Post und Kunstmuseum; schließlich findet ein Wochenmarkt auf dem Rathausvorplatz als einem Teil der Fußgängerzone statt.

Will man die mangelnde Urbanität der Wolfsburger Innenstadt aber wirklich verstehen, dann reicht es nicht, sich nur die Gestaltung und Funktionsmischung der Fußgängerzone anzuschauen, sondern man muß sich die Stadt ingesamt vergegenwärtigen.

Wolfsburg ist in seiner gesamtstädtischen Struktur im Stil des landschaftlichen Städtebaus (vgl. Kap. 2), dezentral angelegt worden, d.h. als eine lockere, gleichsam in die Landschaft verstreute Ansammlung von Wohnsiedlungen, Kleinstädten und Dörfern. Das, was Häußermann, Siebel (s.o.) als konstitutiv ansehen für Urbanität, der ausgeprägte Gegensatz von Stadt und Land, ist im Falle Wolfsburgs also gerade nicht gegeben.

Urbanität ist zudem wesentlich eine Eigenschaft der historischen Stadt, der Stadt des 19. Jahrhunderts und der Zeit davor und reicht eigentlich mehr nur noch als historisches Überbleibsel in die heutige Zeit hinein. Diese Traditionsbestände und historischen Anknüpfungspunkte gibt es freilich nur in jenen Städten, die diese stadtgeschichtliche Phase miterlebt haben. Wolfsburg als neue Stadt verfügt über diese urbanen Traditionsreste nicht, umso schwerer hat sie es, eine solche auszubilden.

Auch aus der Sozialstruktur der Stadt Wolfsburg als einer Arbeiterstadt (vgl. hierzu Kap. 6) erwächst der Stadt nicht gerade ein Urbanitätspotential. Für Arbeiter war bis in die 50er und 60er Jahre typisch, sich lieber im Stadtteil, in der Nachbarschaft, im Verein aufzuhalten, wo man sich wechselseitig kannte. Dort fühlte man sich - sozusagen unter Seinesgleichen - wohler als in der anonymen Öffentlichkeit, wo man schnell spürte und man es einen merken ließ, daß man nicht dazugehörte, weil man nicht genügend Geld, keinen Stil, nicht genügend Mußefähigkeit, kein sicheres Auftreten aufzuweisen hatte. Auch wenn heute diese schichtspezifischen Unterschiede längst nicht mehr so eindeutig und ausgeprägt sind, und Wolfsburg selbst längst nicht mehr so eindeutig und ausschließlich Arbeiterstadt ist, so wirkt die sozialstrukturelle und soziokulturelle Basis der Stadt doch noch stark (und sei es auf der Vorurteilsebene):

"Also Braunschweig hat für mich zum Beispiel ganz andere Menschen. Also man kann wirklich schon 'n paar Kilometer von Wolfsburg wegfahren, und es sind schon ganz andere Menschen, nicht so dieses eingefahrene, diese Menschen mit Scheuklappen. Also ich finde, Wolfsburg ist 'ne furchtbare Stadt. Das hat auch mit den Menschen zu tun." (Angelernte Arbeiterin, 33 Jahre).

Damit ist zugleich ein weiterer Aspekt angesprochen, der verständlich macht, warum sich Wolfsburg in seiner Innenstadt schwer tut, eine urbane Atmosphäre auszubilden. In der Sphäre der Öffentlichkeit, wo - im Prinzip keiner keinen kennt - gibt es unbegrenzte Möglichkeiten zur (harmlosen) Täuschung, zum Spiel der Selbstinszenierung und Fremdinterpretation, was den eigenartigen Reiz von Urbanität ausmacht. In Wolfsburg wird dieses Spiel der Selbstdarstellung zwar auch gespielt (vgl. hierzu Herlyn u.a. 1994: 216ff.), aber es ist von vornherein reizlos, nicht weil jeder jeden persönlich kennen würde, wohl aber jeder den anderen mit großer Sicherheit kategorial richtig einstufen kann, nämlich als VW-Beschäftigten:

"Die Menschen, die sich dort aufhalten, sind also hauptsächlich - man sieht es - die Leute arbeiten bei VW, man kann es förmlich sehen" (angelernte Arbeiterin, 32 Jahre).

"Also diese Wolfsburger, die denken, die haben 'n dickes Portemonnaie und sind was Bessres oder so, dabei sind sie alle genauso arme Willis" (Facharbeiter, 28 Jahre)

Für die höheren Angestellten bei VW stellt sich das Problem ihres Verhaltens in der Öffentlichkeit noch etwas anders dar, weil es für sie - ab einer bestimmten Stufe der Betriebshierarchie keine Anonymität in Wolfsburg gibt. Sie sind der Mehrheit der Anwesenden nicht nur kategorial als Werksangehöriger, sondern oft genug namentlich bekannt - in der Regel kein Grund für sie, sich gern in der Wolfsburger Innenstadt aufzuhalten.

Urbanität lebt von der Überraschung, dem Unvorhergesehenen, dem Fremden. Fremde kamen freilich lange Zeit nicht nach Wolfsburg und wenn, dann meist aus beruflichen Gründen. Von einem (Stadt)Tourismus konnte lange Zeit überhaupt keine Rede sein. Gerade er spielt aber im Zusammenhang von Urbanität eine große Rolle: urbane Orte werden gern von Touristen aufgesucht, zugleich tragen die Touristen durch ihren Aufenthalt wesentlich zum Erhalt der Urbanität bei, nicht nur zu deren ökonomischer Basis, sondern auch kulturell, nicht nur weil sie das Fremde symbolisieren, sondern sie auch ein bißchen Müßigang in das geschäftige Treiben einer Innenstadt bringen. Die Rolle des bislang in Wolfsburg unterentwickelten Tourismus könnte sich allerdings in Zukunft drastisch ändern.

Neue Entwicklungsperspektiven

Mitte der 90er Jahre überraschte der VW-Konzern die Stadt mit der Mitteilung, man wolle, nördlich der Kernstadt von Wolfsburg, in gerader Verlängerung der Porschestraße, nicht weit vom Bahnhof, jenseits des Mittellandkanals und direkt neben dem Werk, also auf dem Werksgelände, eine sog. 'Autostadt' bauen. Wenn hier das Autostadt-Projekt noch einmal wieder aufgegriffen wird (vgl. hierzu schon Kap. 3 und 4), so mit Blick auf seine urbanitätsrelevante Bedeutung. Ausgangspunkt war die Marketing-Überlegung des VW-Werks, den Käufern ihrer Autos die Möglichkeit zu bieten, ihr Auto selbst aus Wolfsburg abzuholen und dabei auch den Konzern richtig kennenzulernen. Man rechnet mit über einer Million Besuchern pro Jahr, täglich mit mehreren tausend Besuchern. Es war klar, daß diese Investitionsmaßnahme jenseits des Kanals, eine entsprechende Reaktion auf städtischer Seite diesseits des Kanals zur Konsequenz haben mußte, war doch der sog. Nordkopf (vgl. Abb. 8.3), also der nördliche Bereich der Porschestraße und die Gegend um den Bahnhof schon seit jeher ein städtebaulich ungeklärter Bereich. Der Druck, hier etwas zu machen, ergab sich zusätzlich aus der Tatsache, daß der Bahnhof Wolfsburg im Zuge des Ausbau der ICE-Strecke Hannover-Berlin seitens der Bundesbahn zu einem ICE-Haltepunkt erklärt worden war und damit der Bahnhof und Bahnhofsvorplatz nun erstmals in seiner Funktion aufgewertet und zu so etwas wie einer Eingangssituation und Visitenkarte der Stadt wurde. Handlungsbedarf ergab sich - nicht zuletzt auch mit Blick auf das Autovisions-Projekt (vgl. Kap. 3) und seinem Baustein 'Erlebniswelt', in Wolfsburg Freizeit- und Unterhaltungsparks einzurichten (teils um Arbeitsplätze zu schaffen, teils um die Attraktivität der Stadt zu erhöhen). Als möglicher Standort für eine solche 'Erlebniswelt' tauchte naheliegenderweise auch der Nordkopf und der Bahnhofsvorplatz auf: "Der Nordkopf als Tor zu Erlebniswelt" titelte die Lokalzeitung (Wolfsburger Allgemeine Zeitung v. 17.10.98) euphorisch. Neben einem Multiplexkino und sonstigen Einrichtungen mit hohem Unterhaltungswert steht im Mittelpunkt dieser geplanten Nordkopf-Erlebniswelt das sog. Science Center, in dem versucht werden soll, Naturwissenschaft und Technik publikumsnah zu präsentieren.

Es ist klar, daß von diesen Investitionen positive Impulse ausgehen werden auf die Wolfsburger Innenstadt und die Urbanität Wolfsburgs z.B. wenn täglich mehrere tausend Personen anläßlich der Abholung ihres Autos in der 'neuen Autostadt' auch in die Innenstadt kommen, sei es, um dort anschließend etwas zu kaufen, um zu essen, eine Museumsausstellung zu besuchen oder aber auch 'nur' zu flanieren. Allerdings werden auch Bedenken laut, daß sich der urbane Schwerpunkt der Porschestraße in Richtung Nordkopf verlagern könnte, viele Touristen bzw. Autoabholer gar nicht mehr in die Stadt gehen werden und daß insgesamt die Strecke nun zwischen Bahnhof und Südkopf zu lang sein wird, um unter Wolfsburger Rahmenbedingungen hinreichend belebt sein zu können. Dem wird aber entgegengehalten, daß auch die eigentliche Innenstadt aufgewertet werden würde durch den Bau des sog. ECE-Einkaufs- und Dienstleistungszentrums in der Porschestraße, auf dem Postparkplatz. Auf einer (geplanten) Verkaufsfläche von 20.000 qm soll ein 'bunter Branchen- und Mietermix' entstehen. Es ist ein Investitionsvolumen von weit über 200 Mio. DM veranschlagt, 600 dauerhafte Arbeitsplätze sollen entstehen. Entsprechend der Erlebniswelt-Euphorie in Wolfsburg heißt es denn auch programmatisch in bezug auf dieses ECE-Projekt: "Erlebniswelt statt Altstadt" (Wolfsburger Nachrichten v. 17.12.98). Der Investor verspricht, "der Urbanität deutliche Impulse zu geben" (zit. ebenda).

Nicht zuletzt wird aber auch gegenüber diesen Erlebniswelt-Planungen dahingegehend Kritik geäußert, daß Wolfsburg immer wieder versuche, Urbanität durch städtebauliche und kulturelle Highlights zu erzeugen (Kunstmuseum, Science Center, Planetarium etc.), die noch dazu nicht unbedingt zur Stadt passen würden. Schon in früheren Untersuchungen war eine gewisse Reserviertheit gegenüber diesen Großprojekten zu spüren gewesen:

"Mein Gott, also es wird ja immer wieder versucht, dem Volk hier in Wolfsburg doch irgendetwas Neues zu bringen" (zit. in Herlyn u.a. 1982: 207).

Und ein Ratsherr sagte damals:

"Ich frage mich: muß man den Menschen alles bieten? Wird dadurch nicht die Eigeninitiative, die Selbstbetätigung unterminiert? Fördert man nicht damit die ohnehin schon für Wolfsburg typische Konsumentenhaltung?" (zit. ebenda)

Dieselben Vorbehalte waren auch in bezug auf die Erlebniswelt-Projekte Ende der 90er Jahre in Wolfsburg zu hören. Dazu noch einmal Häußermann, Siebel: "Ebensowenig, wie mit der gebauten Form der politische und kulturelle Gehalt der urbanen Stadt wiederbelebt werden kann, ebensowenig kann es gelingen, Urbanität zu planen, also durch absichtsvolles Handeln herzustellen. Gerade weil es geplante Strukturen und inszenierte Bilder sind, fehlt ihnen das, was die Qualität von Urbanität ausmacht: die Überraschung, das Unvorhergesehene, das Fremde. Daß Stadt gezielt inszeniert wird, hat seinen Grund in der Art und Weise, wie Städte heute produziert werden: durch die Kommune und/oder private Investoren, in jedem Fall durch ein planendes Subjekt, das Stadt bewußt herzustellen sucht" (Häußermann, Siebel 1998: 13). Wolfsburg ist hierfür paradigmatisch wie zugleich idealtypisch.

9. Stadt-Umland

Die Ausgangsbedingungen der Stadt Wolfsburg, das eigene Bevölkerungs- und Wirtschaftswachstum auf das Stadtgebiet zu beschränken, waren an sich ausgesprochen gut; denn es war die Idee schon bei der Stadtgründung im Jahre 1938, die gesamte einmal im VW-Werk arbeitende Belegschaft mit ihren Familien in der Stadt unterzubringen. "Das Fassungsvermögen der damals geplanten Baugebiete betrug 90.000 Einwohner und war so auf die geplante Werksgröße abgestellt, daß alle Werksangehörigen einschließlich der notwendigen Folgeberufe in Wolfsburg hätten ein Unterkommen finden können" (Koller 1958: 2). Es bestand ganz offensichtlich die (freilich illusionäre) Vorstellung, man könne eine Stadt von 90.000 Einwohnern bauen, ohne das Umland in irgendeiner Weise beanspruchen zu müssen. Aber schon bald nach dem 2. Weltkrieg zeigte sich, daß die Gegend, in die hinein Wolfsburg gleichsam wie ein Meteorit einschlug, sich verändern und sich allmählich auf die Stadt hin ausrichteten würde.

Entwicklung der Pendlerbeziehungen

Wolfsburg wurde für das Umland - naheliegenderweise - zunächst relevant als Arbeitsort. Der enormen Produktionsausweitung entsprechend stieg die Zahl der VW-Belegschaft von rund 9.000 (Ende 1946) auf knapp 60.000 Werks-angehörige gegen Ende der 80er Jahre, um dann allerdings, Mitte der 90er Jahre, auf rund 40.000 wieder abzusacken. Es ist schwer vorstellbar, wie das VW-Werk seinen zunächst enormen Arbeitskräftebedarf aus der 'Urbevölkerung' im Raum heraus hätte decken können, wenn nicht der verlorene 2. Weltkrieg riesige Menschenmengen aus dem Osten zur Flucht nach Westdeutschland gezwungen hätte (vgl. hierzu Kap. 5). Der Raum Wolfsburg war durch die Teilung Deutschlands zu einem Grenzgebiet und zugleich Durchgangslager für Millionen von Vertriebenen und Flüchtlingen geworden. Diese seltsame Lagegunst führte dazu, daß sich nach 1945 die Bevölkerungszahl in der Gegend gegenüber 1939 mehr als verdoppelt hatte. Und ein Großteil der Betroffenen blieb dort hängen, weil hier durch das VW-Werk auch Aussicht auf Arbeit bestand.

Schon unmittelbar nach dem Krieg wurde ein Großteil der VW-Belegschaft aus dem Umland rekrutiert (Meibeyer 1972: 245); das waren zum überwiegenden Teil zunächst einmal die dort untergekommenen Flüchtlinge und Vertriebenen, zunächst einmal noch nicht die in der Landwirtschaft Beschäftigten. Die Zahl der Berufspendler nach Wolfsburg erhöhte sich schnell von rund 7.000 (1950) über 24.000 (1961) auf rund 35.000 (1970). Stets waren über 40% aller Arbeitsplätze in Wolfsburg durch Pendler besetzt; im VW-Werk selbst betrug der Pendleranteil rund 50%. Der Einzugsbereich des VW-Werks und damit der Stadt Wolfsburg reichte schnell weit über 30 bis 50 km in das Umland hinaus (vgl. in Kap. 1, Abb. 1.2). In den nähergelegenen Ortschaften betrug der Auspendleranteil an der gemeindlichen Erwerbsbevölkerung über 50%, und das ist heute nicht anders, ja, die Quoten haben sich eher noch verstärkt. Der Auspendleranteil von Städten wie Gifhorn beträgt inzwischen 30%, von Helmstedt immerhin 17%, Wittingen 23%. Der Anteil steigt in ländlichen Gemeinden drastisch an: Barwedel 82%, Calberlah 73%, Lehre 54%, Tappenbeck 91%! Legt man eine Auspendlerquote von 25% der ortsansässigen Erwerbspersonen zugrunde, so reicht heute das Einpendlereinzugsgebiet Wolfsburgs von Süpplinburg im Süden, über Königslutter, Meine, Meinersen, Wesendorf, Wahrenholz bis nach Wittingen im Norden (vgl. Abb. 9.1). Es wird interessant zu beobachten sein, wie sich der Einpendlerradius nach der Wiedervereinigung auch ins östliche Umland Wolfsburgs verschieben wird. Statistische Angaben liegen hierzu noch nicht vor.

In der ersten Wolfsburg-Untersuchung wurden 1959 an unterschiedlichen Orten diese Pendler nach ihrer Bereitschaft bzw. ihrem Wunsch befragt, nach Wolfsburg umzuziehen. Der Anteil der Interessierten hielt sich mit rund 10% in Grenzen: "Die Mehrheit der Pendler scheint sich jedenfalls in ihrer Wohngemeinde als Dauerwohnsitz eingerichtet und das tägliche Pendeln nicht als eine unerträgliche Belastung empfunden zu haben" (Schwonke, Herlyn 1967: 83). Auch wenn man relativ weit von Wolfsburg entfernt wohnte, wollte man dort wohnen bleiben. Häufig besaß man ein Eigenheim oder lebte noch auf einem Bauernhof. Das scheint aber nicht wolfsburgspezifisch gewesen zu sein, denn Schwonke, Herlyn (ebenda: 83) zitieren entsprechende Untersuchungen aus anderen Stadtregionen, wo die Quote der Umzugswilligen ähnlich gering war. Hinsichtlich der Frage der Zentralörtlichkeit Wolfsburgs zu jener Zeit wurden die Pendler überdies gefragt, aus welchen Gründen sie außer zur Arbeit nach Wolfsburg fahren würden. Zwar gab es seinerzeit eine doch beachtliche Quote von über 30% der Einpendler, die Wolfsburg nur wegen ihres dortigen Arbeitsplatzes aufsuchten, aber aus den dörflichen Umlandgemeinden waren es doch immerhin 30-40%, die schon damals auch

Abb. 9.1 Einpendlereinzugsgebiet 1987

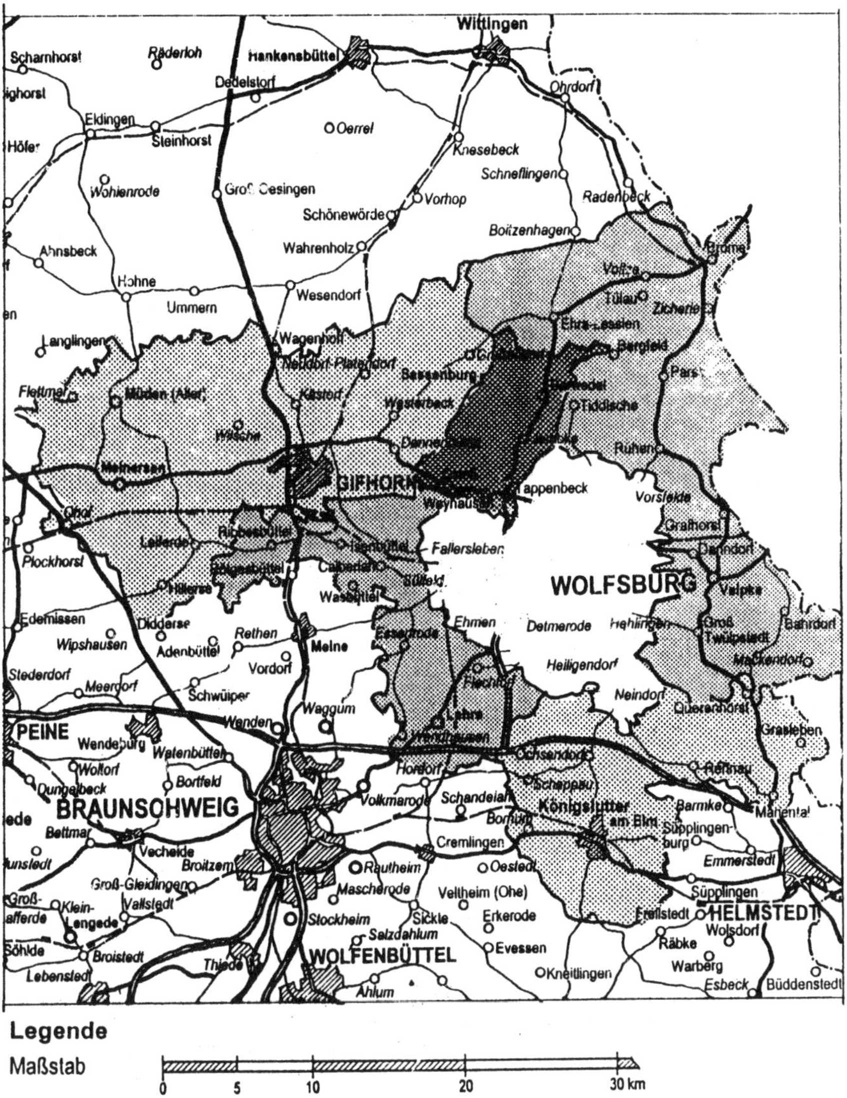

Von den Erwerbstätigen des Ortes pendelten 1987 zur Arbeit nach Wolfsburg ein:

☐ < 25% ▒ 25% bis unter 50% ▒ 50% bis unter 75% ▓ ≥ 75%

nach Wolfsburg fuhren, um Veranstaltungen zu besuchen (33%), einzukaufen (23%), um Bekannte zu besuchen (16%) oder auch um einen Arzt aufzusuchen (ebenda: 94). Für sie besaß Wolfsburg also schon damals eine gewisse zentralörtliche Funktion. Pendler aus eher städtisch geprägten Umlandgemeinden (Helmstedt, Gifhorn, Wittingen) hatten seinerzeit aber Wolfsburg noch so gut wie gar nicht als 'ihren' zentralen Ort entdeckt. Das hing - neben traditionellen Bindungen an ihre bisherigen Einkaufsorte - damit zusammen, daß Wolfsburg zu jener Zeit überhaupt erst begann, als Einkaufsort interessant zu werden (vgl. Kap. 8). Eine fast jahrzehntelange (im nachhinein schwer verständliche) Unsicherheit über die wirtschaftliche Entwicklung und letztendliche Größe der Stadt hat lange Zeit größere, überlokale Handels- und Kaufhäuser daran gehindert, sich in Wolfsburg anzusiedeln, zumal man im nur 30 km entfernt liegenden Oberzentrum Braunschweig bereits präsent war und bei der sprichwörtlich hohen Mobilität der Wolfsburger davon ausgehen konnte, deren Kaufkraft in Braunschweig abzuschöpfen. Seit Anfang der 60er Jahre intensivierte die Stadt im Rahmen ihrer Innenstadtplanungen (vgl. Kap. 8) die Bemühungen um Ansiedlung von Kaufhäusern u.ä., allerdings zunächst mit nur mäßigem Erfolg. Immerhin ist es ihr bis in die 80er Jahre hinein dann doch gelungen, fast 80% des Marktvolumens im gesamten Wolfsburger Einzugsgebiet auszuschöpfen (PRISMA 1983: 109). Wolfsburg ist also inzwischen auch Einkaufsort für das Umland geworden.

Man hätte nun erwarten können, daß das VW-Werk nicht nur für Arbeitskräfte im Umland attraktiv war, sondern eventuell auch für eine auf das VW-Werk bezogene Zuliefererindustrie. Tatsächlich ist aber das Gegenteil der Fall gewesen. Statt daß es im Umland eine Zunahme an Arbeitsstätten und Arbeitsplätzen im produzierenden Gewerbe gab, ging dort die Zahl der Arbeitsstätten zwischen 1950 und 1970 deutlich zurück, und auch die Zahl der Arbeitsplätze blieb weit hinter der Entwicklung in Wolfsburg zurück (vgl. Tessin 1986: 73). Die Gründe hierfür liegen auf der Hand: Das VW-Werk schöpfte das gesamte regionale Arbeitskräftereservoir aus und 'verdarb' mit seinem hohen Lohn- und Sozialleistungsniveau die Arbeitsmarktbedingungen für weniger florierende Branchen mit der Folge, daß selbst vorhandene Betriebe in der Stadt und im Umland unter einer permanenten Abwanderung von Arbeitskräften in das VW-Werk zu leiden hatten. Aufgrund der spezifischen Erbnachfolge in der Landwirtschaft (fehlende Realteilung, d.h. der Grundbesitz wurde im Erbfall nicht geteilt, sondern 'ganz' einem Erben vermacht) hatte sich im Raum Wolfsburg keine Kleinindustrie wie etwa im Schwäbischen herausgebildet. Als das VW-Werk gegründet wurde, konnte es daher nicht auf eine (klein-)gewerbliche Struktur zurückgreifen, die sich zu einer Zuliefererindustrie hätte entwickeln lassen, sondern es mußte seinen Zuliefererbedarf von woanders her, oft von weit her, decken. Insofern muß man konstatieren, daß sich zwar die im Umland wohnenden Menschen auf die Stadt Wolfsburg als Arbeitsort konzentrierten, daß sich aber die Wirtschaftsstruktur des Umlands kaum auf die Stadt bzw. das VW-Werk ausrichtete.

Ausbau der zentralörtlichen Funktionen

Auch die Ansiedlung staatlicher Behörden und Institutionen in der Stadt Wolfsburg erfolgte nur schleppend und insgesamt etwas unbefriedigend. Immerhin: als Amtsgerichts-, Post-, Kataster-, Zoll- und Polizeibezirk, auch als Arbeitsamtsbezirk, im Lehrerausbildungs- und Sportwesen (Leistungszentrum) hat Wolfsburg schon in den 60er und 70er Jahren eine gewisse regionale Bedeutung erlangt, wenn es sich auch beim Arbeitsamt z.B. nur um eine Nebenstelle des Arbeitsamtes Helmstedt handelt und der langgehegte Wunsch nach einem eigenen Finanzamt sich zerschlug. Zwar hatte schon in den 50er Jahren das Finanzamt Gifhorn in Wolfsburg Sprechstunden eingerichtet, die sogar Ende der 50er Jahre erweitert werden mußten, aber als die Stadt vor diesem Hintergrund beim Präsidenten der Oberfinanzdirektion Hannover vorstellig wurde, waren die Auskünfte negativ: Eine Umsetzung des Finanzamtes Gifhorn nach Wolfsburg sei von vornherein "undurchführbar" und die Einrichtung einer Zweigstelle sei aus "organisatorischen Gründen" abzulehnen. Ebenso ließ sich lange Zeit der Wunsch, Standort einer (Fach-) Hochschule zu werden, nicht verwirklichen bis endlich im Jahre 1988/89 das Institut für Fahrzeugbau der FH Braunschweig/ Wolfenbüttel in Wolfsburg den Lehrbetrieb aufnahm, freilich nur deshalb, weil sich die Stadt und das VW-Werk massiv an der Finanzierung beteiligten. Studierten im WS 1988/89 nur 89 junge Leute in Wolfsburg, so waren es im WS 1996/97 immerhin schon fast 700 Studenten. Systematisch wurde das Studienangebot erweitert: heute kann man an der FH Wolfsburg neben Fahrzeugbau u.a. Technische Betriebswirtschaftslehre und Betriebswirtschaftslehre für das Banken- und Versicherungswesen studieren; weitere Studiengänge sind geplant.

Fragt man sich, warum Wolfsburg in bezug auf die Ansiedlung staatlicher Behörden und Einrichtungen vergleichsweise wenig erfolgreich war (die Ansiedlung der Fachhochschule und die Einrichtung des ICE-Haltepunktes in Wolfsburg 1998 sind zwei große Ausnahmen), noch immer kämpft die Stadt Wolfsburg um Anerkennung als sog. Oberzentrum (Wolfsburger Nachrichten v. 29.4.99), so schälen sich im Grunde drei zentrale Argumente heraus:

- Die Stadt Wolfsburg wurde in ein bestehendes und teilweise lang tradiertes Netz von Zentren staatlicher Einrichtungen hineingesetzt (Braunschweig, Celle, Lüneburg, Gifhorn, Helmstedt). Eine Umsiedlung der dort ansässigen Behörden nach Wolfsburg hätte also in fest gefügte Besitzstände von anderen (Behörden-)Städten eingegriffen, was politisch immer schwieriger zu machen ist als die Umverteilung von Zuwächsen bzw. Neugründungen.
- Die Stadt Wolfsburg als Arbeiter- und nicht besonders attraktive Stadt war, zumal in den 50er und 60er Jahren, für die Angestellten- und Beamtenschaft des öffentlichen Dienstes kein attraktiver Standort. Versetzungen nach Wolfsburg wären nahezu als 'Strafversetzungen' empfunden worden. Noch heute neigen Lehrer, Sozialarbeiter usf., die in Wolfsburg beschäftigt sind, dazu, woanders (in Gifhorn, Braunschweig oder auf dem Lande) wohnen zu wollen.
- Die Bundes- und Landesregierung bzw. die staatlichen Behörden haben darüberhinaus bei der Allokation ihrer Dienststellen gewisse Standortkriterien zu berücksichtigen, einmal strukturpolitische Überlegungen und zum anderen Bündelungseffekte und sog. Fühlungsvorteile. Wolfsburg als VW-Stadt ist zwar monostrukturiert, aber nicht strukturschwach, deshalb rein ökonomisch auch nicht angewiesen auf staatliche Arbeitsplätze. Zum anderen ist es sinnvoll, sowohl aus Sicht der Behörden selbst wie auch mit Blick auf die Bevölkerung, Behörden an wenigen Orten (Zentrale-Orte-Prinzip) zu konzentrieren, um die zwischenbehördliche Kommunikation und den Publikumsverkehr zu rationalisieren. Jede nach Wolfsburg ausgelagerte Behörde hätte so gesehen eine isolierte Existenz führen müssen. Nicht zuletzt aus diesen Gründen wurde selbst die VW-Stiftung nach Hannover vergeben, obwohl es (aus Sicht der Stadt) doch gerade in diesem Fall hätte machbar sein können, sie in Wolfsburg anzusiedeln.

Im Bereich der kommunalen Infrastruktur mit zentralörtlicher Bedeutung war die Stadt Wolfsburg dagegen sehr viel erfolgreicher. Sozusagen von Beginn an nahm Wolfsburg im Schulwesen eine zentralörtliche Funktion war. Die Anteile auswärtiger Schüler an den Wolfsburger Schulen stieg von 1951 bis 1971 im Realschulbereich von 10 auf 20%, im Oberschulbereich stagnierte er bei knapp 40% und im Berufs- und Fachschulenbereich stieg er von 24 auf 44%. Im Krankenhauswesen schwankte der Anteil auswärtiger Patienten zwischen 40 und 50%. Zentralörtliche Bedeutung erlangten auch schnell die 1958 gebaute *Stadthalle* und das 1962 vom finnischen Architekten Aalto entworfene *Kulturzentrum*[13]. Das *Wolfsburger Schloß* wurde gekauft und nach aufwendigen Sanierungs- und Restaurierungsarbeiten zu einem Zentrum der Kunst entwickelt (mit Kunstgalerie und Ateliers für Künstler). 1967 wurde die *städtische Musikschule* eröffnet, 1973 das von Scharoun entworfene *Theater*. Als nächste kommunale Infrastruktureinrichtung mit zentralörtlicher Bedeutung folgte der Ausbau des *Allerparks* und des Allersees zu einem Freizeitzentrum, das Mitte der 70er Jahre 'gekrönt' wurde mit dem *Spaß- und Erlebnisbad Badeland* (1999 abgebrannt). 1983 folgte das *Planetarium*. 1994 wurde das *Kunstmuseum* eröffnet, das sich ganz der modernen Kunst widmet. Beschlossene Sache ist schließlich das sog. *Science Center*, das in Verbindung mit den Autostadt (vgl. hierzu Kap. 3 und 8) sicherlich eine weitere zentralörtliche Attraktivität Wolfsburgs darstellen wird.

Die Stadt hat den Ausbau ihrer Zentralörtlichkeit auch unter ökonomischen Gesichtspunkten betrieben (vgl. Kap. 4): Da im industriell-gewerblichen Bereich ohnehin schon der wirtschaftliche Schwerpunkt der Stadt lag und dort auch nichts mehr im Schatten des VW-Werks zu machen war, galt es, im tertiären Bereich Arbeitsplätze zu schaffen und die 'arbeiterlastige' Sozialstruktur durch Beamte und Angestellte abzurunden. Zugleich galt es, eine 'richtige' Stadt zu werden, d. h. den Werkssiedlungscharakter der Stadt buchstäblich abzubauen und urbane Lebensbedingungen für die VW-Belegschaft zu schaffen nicht zuletzt mit Blick auf die leitenden Angestellten dort. Das Umland war in diese Politik gleichsam nur als Mittel zum Zweck einbezogen, um die zentralörtlichen Einrichtungen auszulasten bzw. privatwirtschaftlich rentabel zu machen (Theater, Stadthalle, Kaufhäuser, staatliche Behörden usf.). Aber im Verlaufe dieses Prozesses wurde der Fremdkörper Wolfsburg in seinem Umland verankert. Die Stadt erfüllt heute in vielen Bereichen für das Umland eine zentralörtliche Bedeutung.

Die Gebiets- und Verwaltungsreform

Seit Mitte des 19. Jahrhunderts gehört die Eingemeindung von Teilen des Umlands in die Stadt zu einer universellen Erscheinung im Prozeß der Großstadtbildung (vgl. hierzu u.a. Matzerath 1978; Krabbe 1980). Die Ausgangsbedingungen der Stadt Wolfsburg, das eigene Bevölkerungs- und Wirtschaftswachstum auf das Stadtgebiet zu beschränken, waren - wie angedeutet - an sich ausgesprochen gut; denn es war die Idee schon bei der Stadtgründung im Jahre 1938, die gesamte einmal im VW-Werk arbeitende Beleg-

13 vgl. hierzu W.Wang 1998: Alvar Aaltos Entwurf des Wolfsburger Kulturzentrums, in: R. Reichold (Hg.): ...erleben wie eine Stadt entsteht.

schaft mit ihren Familien in der Stadt unterzubringen - und das waren rund 90.000 Einwohner. Mit Blick auf diese Zielvorstellung wurden die Gemeindegrenzen der Stadt relativ großzügig gezogen. Mit knapp 30 qkm hatte Wolfsburg von Anfang an gegenüber den 'alten' Großstädten sehr viel bessere Startchancen, die Anfang des 19. Jahrhunderts mit oft weniger als 15 qkm Gemarkungsfläche sozusagen ins 'Industrialisierungs- und Verstädterungsrennen' gehen mußten. Ein weiteres begünstigendes Moment war, daß die Stadt seit 1955, nach der Regelung der sog. Erstausstattung (vgl. hierzu Kap. 1), praktisch das gesamte Bauland in der Stadt bzw. rund 50% der Stadtgebietsfläche besaß (der Rest gehörte besitzrechtlich dem VW-Werk und dem Land Niedersachsen). Dadurch war eine geordnete, langfristig orientierte und flächensparende Stadtentwicklung auch bodenrechtlich möglich. Dennoch zeichnete sich bereits Mitte der 50er Jahre ab, daß es illusorisch war anzunehmen, das Wachstum der Stadt Wolfsburg auf einer Fläche von unter 30 qkm organisieren zu können.

In Wolfsburg beginnt die 'Eingemeindungspolitik' gegen Ende der 50er Jahre, ausgelöst durch eine Ratsentscheidung, die riesige Waldfläche auf dem Wolfsburger Stadtgebiet nicht weiteren Siedlungsmaßnahmen zu opfern (vgl. Kap. 2). Damit war mit einem Schlag das Baulandpotential der Stadt mehr oder weniger zur Gänze 'aus dem Verkehr' gezogen. Angesichts weiter steigender Zuzugszahlen, nach wie vor vorhandener Wohnungsnot in der Stadt, begann deshalb die Verwaltung Ende der 50er Jahre mit einer umfänglichen Bodenvorratspolitik im Umland, die auch in den 60er Jahren verstärkt fortgesetzt wurde. Bis zur Gebietsreform im Land Niedersachsen in den frühen 70er Jahren hatte Wolfsburg insgesamt rund 13 qkm Land im Umland aufgekauft. Mit dem Aufkauf von Grund und Boden in den Umlandgemeinden war aber natürlich noch nicht gewährleistet, daß dort auch im Sinne Wolfsburgs gebaut werden konnte. Man versuchte denn auch gar nicht erst, die dortigen Gemeindevertretungen zu Baumaßnahmen auf den von Wolfsburg aufgekauften Flächen zu bewegen. Stattdessen spekulierte man langfristig auf eine Gebietsreform; kurzfristig setzte man seine ganze Hoffnung auf die Wolfsburger Losung 'Wo Geld ist, da ist auch ein Weg'. Die Lösung des Problems lag in einer hoheitsrechtlichen Umgemeindung von Gebietsteilen benachbarter Gemeinden nach Wolfsburg. Wenn Krabbe bezogen auf die Umland-Politik der Großstädte vor dem Ersten Weltkrieg schreibt: "Der Ankauf größerer Geländestücke in Vorortgemeinden durch die benachbarte größere Stadt signalisierte also deren Eingemeindungsabsichten" (Krabbe 1980: 384), so findet diese Strategie in der Wolfsburger Umland-Politik der späten 50er und frühen 60er Jahre also durchaus ihre Entsprechung. Tatsächlich gelang es der Stadt noch vor der dann folgenden Gebietsreform in Form freiwilliger interkommunaler Vereinbarungen, bereits in fünf Fällen (Nordsteimke, Kästorf, Mörse, Fallersleben, Sandkamp), unbewohnte, direkt an der Wolfsburger Stadtgrenze liegende Flächen aus dem Umland einzugemeinden. Die Wolfsburger Stadtgebietsfläche erweiterte sich dadurch immerhin um rund 5 qkm, d.h. um rund 15% der bisherigen Gemarkungsfläche. Wolfsburg hätte diesen Weg der kommerziellen Umgemeindungspolitik weiter beschritten, tatsächlich waren entsprechende Verhandlungen im Osten der Stadt (Reislingen, Vorsfelde) schon weit gediehen, aber gegen Ende der 60er Jahre zeichnete sich ab, daß die seitens der Landesregierung in Angriff genommene allgemeine Gebiets- und Verwaltungsreform im Raum Wolfsburg zu einer territorialen Neuordnung führen würde, die die Baulandengpässe der Stadt mit einem Schlag beheben würde. Daraufhin stellte die Stadt die bisherige Umgemeindungspolitik ein, um sie im Rahmen der Gebietsreform mit anderen Mitteln fortzuführen.

Die allgemeine Gebiets- und Verwaltungsreform in Niedersachsen kam für die Stadt Wolfsburg zu einem stadtentwicklungspolitisch einmalig günstigen Zeitpunkt (vgl. hierzu Tessin 1986). Sie führte zur Eingemeindung des gesamten stadtentwicklungspolitisch bedeutsamen Umlands in die Stadt: 1972 wurden 20(!) Umlandgemeinden eingemeindet, wodurch das Wolfsburger Stadtgebiet von rund 34 qkm auf über 200 qkm ausgedehnt, also in etwa versechsfacht wurde (vgl. Abb. 9.2).

Dieses außergewöhnliche Ergebnis ist im wesentlichen auf drei Faktoren zurückzuführen: auf das Interesse Wolfsburgs an einer großen Eingemeindungslösung, auf die Bereitschaft vieler Gemeinden zu einem freiwilligen Zusammenschluß mit der reichen Stadt Wolfsburg und auf die Zustimmung der niedersächsischen Landesregierung zu einer solchen Lösung.

Maßgebend für das Interesse der Stadt an einer möglichst großen Eingemeindungslösung war vor allem die sich abzeichnende Erschöpfung der Baulandreserven in der Stadt. Diese Gefahr war für die Stadt Wolfsburg um so bedrohlicher, als man damals, Ende der 60er Jahre, noch von enormen Wachstumsraten für die Wolfsburger Stadtregion ausging. Damals wurde bis 1990 für den engeren Raum Wolfsburg ein Bevölkerungswachstum von rund 100.000 auf ungefähr 200.000 Einwohner, also eine Verdoppelung prognostiziert! Angesichts dieses vermuteten Bevölkerungswachstums, das praktisch nur noch im Umland hätte stattfinden können (mit all den fiskalischen, planerischen und machtpolitischen Konsequenzen für die Stadt), schien eine großflächige Eingemeindung für Wolfsburg geradezu existenznotwendig.

Für die ziemlich große Bereitschaft der Umlandgemeinden, sich mit Wolfsburg zusammenzuschließen, war vor allem die Aussicht maßgebend, am Steueraufkommen der Stadt bzw. des VW-Werks besser als bisher zu

Abb. 9.2 Gebietsreform im Raum Wolfsburg 1972

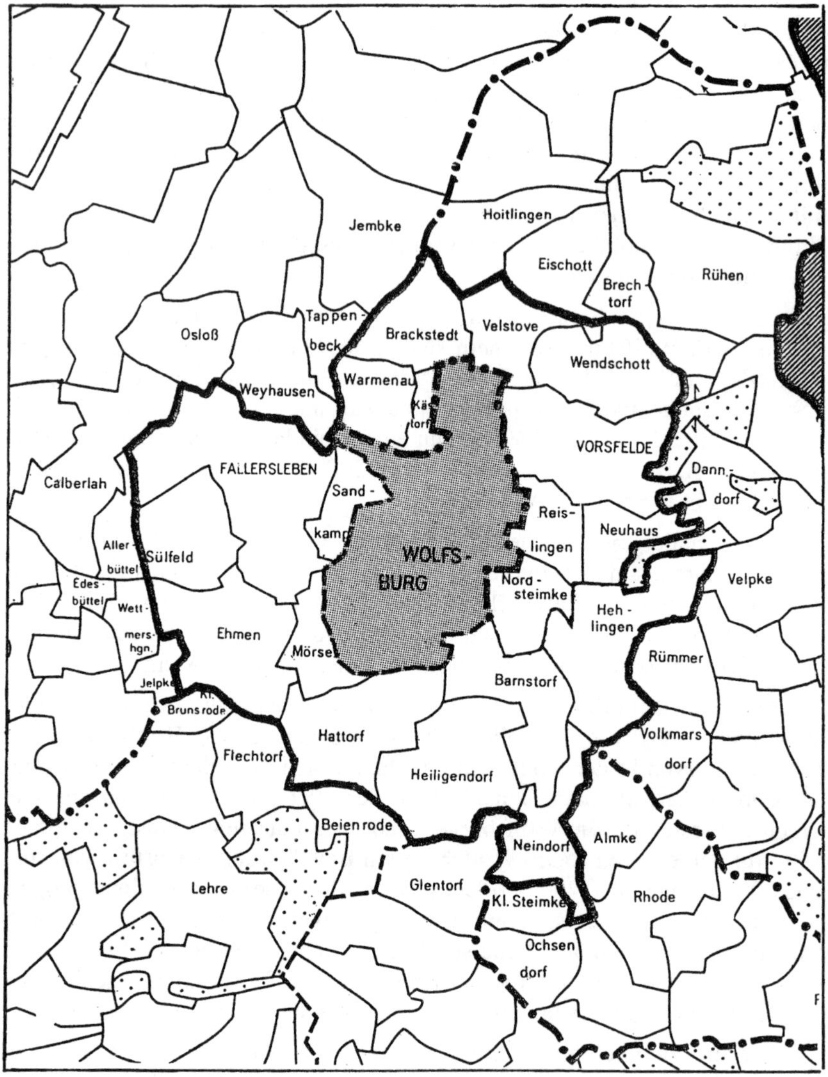

partizipieren. Man erwartete eine infrastrukturelle Verbesserung der eigenen Situation, die die Stadt Wolfsburg in den entsprechenden Verhandlungen auch in Aussicht stellte. Die Bereitschaft der Umlandgemeinden war ansonsten um so größer, als für die kleinen Ortschaften im Rahmen der allgemeinen Verwaltungs- und Gebietsreform dieser Jahre nicht die Alternative bestand zwischen dem Erhalt der kommunalen Selbständigkeit einerseits und dem Zusammenschluß mit Wolfsburg andererseits, sondern nur die Wahl zwischen letzterem und dem Zusammenschluß mit anderen (armen) Umlandgemeinden zu Einheits- oder Samtgemeinden. Die Aufgabe der kommunalen Selbständigkeit war also in keinem Fall zu vermeiden. Widerstand ging im Umland nur von den Landkreisen (Gifhorn, Helmstedt) und den benachbarten Städtchen Fallersleben und Vorsfelde aus. 'Rivalisierende' kleine Städte im Umland und die Landkreise waren schon immer die Hauptgegner einer territorialen Expansionspolitik der Städte gewesen (Krabbe 1980: 376f.), so also auch im Wolfsburger Fall.

Die Zustimmung des Landes zur großen Eingemeindungslösung basierte auf bestimmten, zunächst einmal Wolfsburg unabhängigen Grundsatzentscheidungen: erstens wurden (auch großflächige) Eingemeindungen im Stadt-Umland-Bereich grundsätzlich als Lösung des sog. Stadt-Umland-Problems befürwortet (das war nicht in allen Bundesländern so), zweitens sollten freiwillige Zusammenschlüsse zwischen Gemeinden so weit wie möglich akzeptiert werden und drittens sollten Städte ihren Status der Kreisfreiheit nur dann behalten, wenn sie bereits 130.000 Einwohner hätten bzw. diese Einwohnerzahl (z.B. durch Eingemeindungen) in absehbarer Zeit erreichen würden. Da die Kreisfreiheit Wolfsburgs mit damals annähernd 90.000 Einwohnern, aber noch enormen Wachstumsaussichten (s.o.) von Anfang an außer Zweifel stand, die meisten der in Frage kommenden Umlandgemeinden sozusagen freiwillig zu einem Zusammenschluß mit Wolfsburg bereit waren, zudem enge Verflechtungsbeziehungen (vor allem über das VW-Werk) bestanden, hat die Landesregierung letztlich der großen Eingemeindungslösung zugestimmt, allerdings erst als die SPD die Alleinregierung in Hannover übernommen hatte. Zuvor, zu Zeiten der 'Großen Koalition' zwischen SPD und CDU, hatte man (die CDU) auf die bäuerlich-konservativen Kräfte in den Landkreisen Helmstedt und Gifhorn Rücksicht nehmen müssen.

Das VW-Werk hat im übrigen zwar durch seine bloße Existenz und Pendlerverflechtungen mit dem Umland den Prozeß und das Ergebnis der Gebietsreform maßgeblich beeinflußt, aber selbst keine aktive politische Einflußnahme ausgeübt. Man war zwar dafür, aber man engagierte sich nicht. Selbst als es zeitweise so aussah, als würden nicht einmal alle VW-Betriebsgemeinden im Raum Wolfsburg mit der Stadt zusammengeschlossen werden (und tatsächlich blieb dann auch die allerdings unbedeutende VW-

Betriebsgemeinde Weyhausen 'draußen vor'), rührte sich im VW-Werk kein Widerstand, einfach deshalb, weil die bestehenden Gemeindegrenzen für das VW-Werk nie eine Schranke oder auch nur ein Hindernis im Wachstumsprozeß gewesen waren.

Die Versechsfachung des städtischen Gemeindegebiets durch die Gebiets- und Verwaltungsreform schien ein für alle Mal das grundsätzliche Problem der Stadt gelöst zu haben, eventuell mit ansehen zu müssen, wie sich die Dynamik der Wirtschafts- und Bevölkerungsentwicklung ins Umland verlagert (vgl. zum tatsächlichen Verlauf der Suburbanisierung aber Kap. 2). Dies um so mehr als das Gebiet der Stadt zu einem Zeitpunkt versechsfacht wurde, als sich das (vorläufige) Ende des Wolfsburger Stadtwachstums abzuzeichnen begann. Hatte das Planungsleitbild der Stadt 1972 für das Jahr 1990 noch eine Zahl von 200.000-240.000 Einwohner für das erweiterte Stadtgebiet zugrundegelegt, so war tatsächlich die Bevölkerungsentwicklung bis heute eher stagnierend, wenn nicht gar rückläufig (heutige Einwohnerzahl rund 125.000 Einwohner).

Die Integration der eingemeindeten Ortsteile

Die Gebietsreform war ein wichtiger Einschnitt in der Wolfsburger Stadtentwicklung. Durch sie wurde Wolfsburg, 33 Jahre nach der Stadtgründung, statistisch gesehen Großstadt, auch wenn Wolfsburg nun mehr einem 'Landkreis' ähnelt. In einer Umfrage aus dem Jahre 1980, also 8 Jahre nach der Gebietsreform, sahen allerdings nur rund 12% der Alt-Wolfsburger in diesem Ereignis einen neuen Abschnitt oder gar eine Zäsur (Herlyn u.a. 1982:52). Anders dagegen die Meinungen in den eingemeindeten Ortsteilen: über 40% von ihnen vertraten die Auffassung, die Gebietsreform sei wichtig für die Stadt gewesen, 37% von ihnen sahen sie auch als bedeutsam für sich selbst an (ebenda: 99).

Die ersten zehn Jahre nach der Gebietsreform waren kommunalpolitisch nicht ganz einfach, es kam zu Verteilungskämpfen zwischen eingemeindetem Umland und der Kernstadt. Dabei ging es um Flächenausweisungen, infrastrukturelle Standortentscheidungen, Gebühren- und Beitragsanhebungen, Mittelzuweisungen usf., wobei insbesondere Projekte wie die Erweiterung der Mülldeponie, der Bau einer Abwasserkläranlage, einer Strafvollzugsanstalt für Jugendliche oder Gewerbegebietsausweisungen zwischen Kernstadt und eingemeindetem Umland äußerst kontrovers diskutiert wurden, weil sie alle ins eingemeindete Umland abgeschoben wurden. Obwohl gerade in diesen Fällen das eingemeindete Umland sich nicht hat durchsetzen können, war es gerade in dieser Zeit nicht machtlos. Dieser Rest an politischem Einfluß manifestierte sich im Falle Wolfsburgs einerseits in der Institution der Ortsräte, die im eingemeindeten Umland (als Ersatz für den Verlust der kommunalen Selbständigkeit) geschaffen wurde, andererseits im Rat der Stadt selber, wo das eingemeindete Umland relativ stark vertreten war und ist. Während die Bedeutung der Ortsräte eher abzunehmen scheint, ist der Einfluß des eingemeindeten Umlands im Rat der Stadt Wolfsburg bedeutsam geblieben, was u.a. mit dem Umfang der Eingemeindung zusammenhängt (über 40% der heutigen Wohnbevölkerung Wolfsburgs lebt im eingemeindeten Umland). Im Ergebnis hatte dies zur Folge, daß zeitweise mehr als ein Drittel der Ratsmitglieder und fast die Hälfte der von 1976 an regierenden CDU-Ratsfraktion aus dem eingemeindeten Umland stammte. Bis 1986 war sogar ein Vertreter aus dem ehemaligen, nun eingemeindeten Umland Oberbürgermeister der Stadt Wolfsburg, was den kommunalpolitischen Integrationsprozeß sicherlich befördert hat.

Die (anfängliche) Macht des eingemeindeten Umlands in der Wolfsburger Kommunalpolitik läßt sich verdeutlichen einerseits an der Baulandausweisungspolitik der Stadt, andererseits am Abbau der Infrastrukturdisparitäten im Bereich der unmittelbaren Daseinsvorsorge. So gelang es den eingemeindeten Ortsteilen, die Pläne der Stadt zu durchkreuzen, im Rahmen der Erarbeitung des neuen Flächennutzungsplanes die Baulandausweisung im eingemeindeten Umland sehr selektiv und insgesamt restriktiv zu handhaben. "Eigengemeindliches Denken hatte wieder Vorrang", wie ein Stadtplaner 1981 resümierte. Und ebenso gelang es den neuen Ortsteilen Wolfsburgs, ihre infrastrukturelle Versorgung im Bereich der unmittelbaren Daseinsvorsorge nachhaltig zu verbessern. Es wurden Schulen gebaut, Sport- und Mehrzweckhallen, Wege und Straßen wurden ausgebessert, Baugebiete erschlossen, vorhandene Ortsteile an die Kanalisation angeschlossen, die Ausrüstung und der Ausbildungsstand der freiwilligen Feuerwehren wurde verbessert. Dieser Abbau von Disparitäten im Erschließungs- und Versorgungsbereich zwischen Stadt und (eingemeindetem) Umland hat aber zugleich auch zu einer Vereinheitlichung, d.h. im Ortsteilbereich zu einer Erhöhung der kommunalen Steuern, Gebühren und Erschließungsbeiträge geführt. Die inzwischen erfolgte weitgehende Durchsetzung städtischer Erschließungs- und Versorgungsstandards mit den damit verbundenen Kosten war lange Zeit ein wesentlicher Konflikt zwischen Kernstadt und eingemeindetem Umland. Die Stadt versuchte dabei, ihr in den Eingemeindungsverhandlungen gegebenes Versprechen, einen möglichst gleichwertigen Versorgungsstandard im neuen Gemeindegebiet zu schaffen, einzulösen. Sport- und Schützenvereine wurden wie nie zuvor unterstützt, die freiwilligen Feuerwehren der eingemeindeten Dörfer blieben erhalten, neue Ortsteilwappen wurden kreiert, Dorfchroniken verfaßt. Die eingemeindeten Ortschaften wurden zudem nicht nur als 'arme

Verwandte' und als 'Baulandreserve' aufgenommen, sondern sie brachten etwas mit, was Wolfsburg fehlte: Tradition, Heimatverbundenheit, Gemeindeleben, Beschaulichkeit und ein z.T. über Jahrhunderte gewachsenes Ortsbild. Wolfsburg hat sich sozusagen Vergangenheit, Heimat und regionale Verankerung eingemeindet. Das eingemeindete Fallersleben wurde geradezu zu einer 'Traditionsinsel' ausgebaut.

Heute scheint die Eingemeindung kommunalpolitisch 'kein Thema' mehr zu sein; lediglich das eingemeindete Fallersleben scheint sich seiner besonderen Rolle in der Stadt noch voll bewußt zu sein und - politisch vertreten durch eine sehr aktive Wählergemeinschaft (mit 10% Wählerstimmen drittgrößte Fraktion im Rat der Stadt) - eine durchaus eigenständige Interessenspolitik zu verfolgen.

10. Soziale Netzwerke

"Soziale Netzwerke bezeichnen die spezifischen Webmuster unserer alltäglichen sozialen Beziehungen. Sie bilden den Kitt in einem widersprüchlichen und zerfallenden gesellschaftlichen Alltag" (Keupp 1987: 7). Traditionellerweise vermitteln sich durch das Geflecht privater Sozialkontakte nicht nur Chancen zum kommunikativen Austausch und zur Geselligkeit, sondern auch Chancen zu Formen praktischer Solidarität wie Hilfeleistungen, Ausleihe etc., zu denen dann noch Bestätigungen des Selbstwertgefühls sowie emotionale Unterstützungen hinzutreten können. Sie sind Ressource und Verpflichtung zugleich (vgl. Diewald 1986: 52) und bilden den Kern von sozialen Milieus, ohne die die Integration in einen gemeindlichen Lebenszusammenhang u.E. nicht zu denken ist. Das ist auch und vor allem für die frühen Phasen der Entstehung dieser Neuen Stadt anzunehmen, als es noch vergleichsweise wenige Möglichkeiten institutionell vermittelter Sozialkontakte gab.

Jede Gemeinde von dem kleinsten Dorf bis zur großen Stadt bedarf eines gewissen Grades an Integration, worunter die Summe all der Kräfte zu verstehen ist, die jemanden dazu veranlassen, in einer Gemeinde zu bleiben. Eine solche Kohäsion beruht auf vielen, sehr verschiedenartigen Faktoren: seien es Gründe, die mit der Arbeit bzw. dem Beruf oder Lebenschancen in außerbetrieblichen Bereichen zusammenhängen oder aber bei denen lediglich eine unreflektierte Gewohnheit dominant ist. Wenn dabei auch die sozialen Beziehungsarrangements der Einzelnen eine große Rolle spielen, so haben sie in der (großen) Stadt einen oft anderen Charakter und eine andere Bedeutung als in dem Dorf. Während das dörfliche Zusammenleben idealtypischer Weise auf der fast lückenlosen Kenntnis privater Lebensumstände basiert, ist die Integration in der Stadt als "unvollständig" charakterisiert worden (vgl. Bahrdt 1961); die stadttypische, distanzierte Lebensweise stellt sich dort ein, wo private und öffentliche Kommunikationssphären auseinandertreten und damit ein lückenloses Beziehungsgeflecht nicht mehr möglich ist.

Aber nicht nur die Größe einer Gemeinde spielt für die Ausprägung und die Funktion von privaten Sozialkontakten eine herausragende Rolle, sondern auch und gerade die Tatsache, ob es sich um eine alte Stadt handelt, in der viele Bewohner zu großen Teilen über mehrere Generationen ansässig sind, oder um eine neue Stadt, die – wie Wolfsburg - erst 60 Jahre existiert und in der ursprünglich fast alle Bewohner von außerhalb zugewandert waren. Das wird unmittelbar einsichtig, wenn man an die Zahl der Verwandten denkt, die in der Regel mit der Dauer der Ansässigkeit an einem Ort zunehmen.

Nach dem Kriege begann in Wolfsburg die große Zuwanderung. Allein zwischen 1950 und 1960 zogen ca. 35.000 Personen aus den verschiedenen Regionen Deutschlands zu. Für sie alle galt, daß sie gleichzeitig verschiedene neuartige Situationen bewältigen mußten: Sie alle bezogen eine *neue* Wohnung, in einem *neuen* Wohnquartier, in einer *neuen* Stadt und sie arbeiteten an einem *neuen* Arbeitsplatz. Das war ein Sonderfall, der sich in dieser Kumulation für größere Gruppen in keiner anderen Stadt Deutschlands bisher ereignet hat. Diese vierfache Neuheit der Umgebung stellte die Neuzuzügler vor erhöhte Probleme der Alltagsorientierung und der Integration. Gegenüber anderen Lebensbereichen, die sich im Urteil der neu Zugezogenen durch den Umzug überwiegend verbesserten, hatte sich bei ihnen die private Kontaktsituation zu Nachbarn, Freunden und Verwandten überwiegend verschlechtert (vgl. Abb. 10.1). Wenn wir im folgenden auf frühere Zeiten in der neuen Stadt zurückblicken, so werden wir sehen, daß sowohl Quantität als auch Qualität der privaten Kontakte eines der wichtigsten, alltäglichen Probleme für die aus allen Regionen Deutschlands zuwandernden Personen war.

Abb. 10.1 Veränderung der Lebenssituation durch den Ortswechsel (1980)

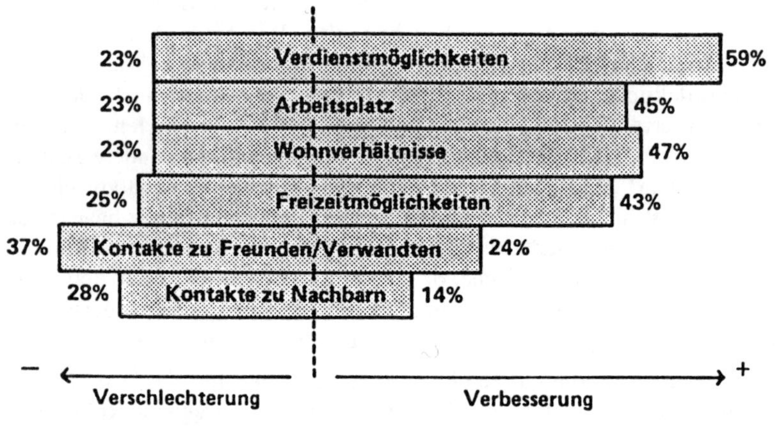

Befragung von 212 Neuzuzüglern (2-3 Jahre Wohndauer) in Wolfsburg, 1980

Einmal abgesehen von der Zeit der Baracken und der ersten Wohnsiedlungen in der Stadtmitte während des 2. Weltkrieges (vgl. Abb. 1.6) fand in der Nachkriegszeit eine massenhafte Zuwanderung sozialstrukturell und herkunftsmäßig sehr heterogener Bevölkerungsgruppen statt. Diese wurden in den folgenden Jahrzehnten entsprechend dem Konzept der dezentralen Stadtentwicklung in verschiedenen neuen Stadtvierteln untergebracht (vgl. Reichold 1998: 13ff. und in diesem Buch Kap. 2). Auch hier ist die erste repräsentative Befragung der Wolfsburger Bevölkerung im Jahre 1960 eine zuverlässige Quelle, die wir zum Ausgangspunkt unserer Retrospektive über die sozialen Beziehungen wählen. Dabei wird zunächst auf die Nachbarschaft eingegangen und danach die Entwicklung des Verkehrskreises mit Freunden und Verwandten behandelt.

Entwicklung der nachbarlichen Kontakte

Auch wenn nachbarschaftliche Beziehungen in modernen Städten an Bedeutung verloren haben, so war eine funktionierende Nachbarschaft in der Nachkriegszeit für das alltägliche Leben sehr notwendig. "Die Nachbarschaft hat wichtige Versorgungsfunktionen an den Sozialstaat abgegeben, aber auch wichtige Aufgaben behalten, wie Nothilfe, Kommunikation, Sozialisation, soziale Kontrolle. Für einige gesellschaftliche Gruppen (Alte, Benachteiligte) ist sie eine zentrale Voraussetzung für die Bewältigung des Alltags" resümiert Rohr-Zänker die moderne Nachbarschaftsforschung (1998: 1).

Im unmittelbaren Umfeld der Wohnung mußten kurzfristig unter den Neuzuzüglern Arrangements für das teilweise räumlich doch recht enge Zusammenleben gefunden werden. An die Stelle zumeist gewohnheitsmäßig eingeschliffener Verhaltensweisen und stabilisierter Normen nachbarschaftlichen Umgangs trat zunächst die Aufgabe, ein neues Beziehungsgeflecht mit neuen Regeln des sozialen Kontaktes aufzubauen. Die für Wolfsburg zentralen Befunde zu den nachbarlichen Beziehungen lassen sich aufgrund der ersten Untersuchung in den folgenden drei Dimensionen bündeln: das Leitbild der "distanzierten Vertrautheit" (1), die zögerliche Entwicklung der Beziehungen (2), und die Überlagerung von Werks- und Wohnnachbarschaft (3).

ad 1) Das weitgehend akzeptierte Leitbild für den nachbarlichen Verkehr war wie auch sonst in der Bundesrepublik in Wolfsburg die "distanzierte Vertrautheit" (vgl. Schwonke, Herlyn 1967: 20). Man grüßt sich, aber man betont die Unverbindlichkeit, man möchte informiert sein, ohne als neugierig zu gelten und ohne die Intimsphäre zu verletzen, man hilft sich gegenseitig, aber vermeidet es möglichst, in eine verpflichtende Abhängigkeit zu geraten.

Typische Antworten waren damals:

"Alle haben gewisse Distanz bewahrt, aber gutes Verhältnis; alle hilfsbereit – aber Distanz hat sich bewährt" (Facharbeiterin, 45 Jahre).

"Wir halten uns ziemlich neutral, das ist das schlimmste: erst von Tür zu Tür, und nachher artet das aus; keine intime Freundschaft" (Angestellter, 40 Jahre).

"Wir waren uns alle fremd hier, grüßen uns, aber nichts weiter. Was soll ich davon halten, wir grüßen sie, sagen 'Guten Tag', sonst nichts" (Motorenschleifer im Werk, seit 1945 in Wolfsburg).

"Wir sagen nur 'Guten Tag' und 'Guten Weg', mehr ist nicht meine Mode, das bringt nichts Gutes ein" (Kriegswitwe, 46 Jahre).

Die sich in der bekannten Spruchweisheit "sei Freund dem Nachbarn, aber bessere den Zaun aus" ausdrückende komplizierte Balance zwischen Zukehr und Abkehr ist, gerade am Beginn manchmal langjährigen Zusammenwohnens, nicht leicht einzuhalten, zumal viele von zu Hause aus ganz verschiedene Erfahrungen mit in die neue Stadt gebracht haben. Manches Mal war es nur die verschworene Schicksalsgemeinschaft der "Pioniere" gegenüber den Neuzuzüglern, häufiger wurden unterschiedliche Interessen und Gewohnheiten verschiedener Volksgruppen und auch die Mentalität von Großstädtern und Dorfbewohnern für die Konflikte verantwortlich gemacht. Beispielhaft dafür sei eine aus ländlichen Gebieten in Ostdeutschland stammende Frau erwähnt, die nach offener Mißbilligung durch andere Mitbewohner städtischer Herkunft die Gewohnheit aufgab, zu Pfingsten die Haustür mit Birkenzweigen zu schmücken. Die damals vorherrschende Haltung entsprach weitgehend den bundesrepublikanischen Standards. Auch heute noch gehen die meisten Kontakte in der Regel nicht über den freundlich-distanzierten Umgang unter Einschluß gegenseitiger Gefälligkeiten und kleiner Hilfedienste hinaus. Dabei muß man wissen, daß dieses Leitbild vor allem auf den erwachsenen Bewohner mittleren Alters bezogen ist, der eben auch mehrere andere konkurrierende soziale Kontaktmöglichkeiten (vor allem aus der Berufssphäre) hat. Ganz anders sieht es z.B. bei den in dieser Debatte häufig vernachlässigten demographischen Gruppen der Kinder und alten Leute aus, die häufig - manchmal existentiell - auf engere nachbarliche Kontakte angewiesen sind.

ad 2) Insgesamt lief der nachbarliche Integrationsprozeß in den 50er Jahren verzögert ab, indem durchschnittlich erst nach einer Wohndauer von sechs und mehr Jahren sich Kenntnisse über die Nachbarn erweiterten, Verhaltensweisen aufeinander bezogen wurden und sich engere nachbarschaftliche Beziehungen herausbildeten. Dies ist ein Kontrastbefund gegenüber der Situation von Neubürgern in Gebieten mit überwiegend alt eingesessener Bevölkerung; so fand z.B. Pfeil nach einer Wohndauer von etwa zwei Jahren in einem Altbaugebiet von Dortmund die Teilnahme an der Nachbarschaft voll ausgebildet (1959: 172). Man verhält sich abwartend in neuen Wohngebieten, in denen alle mehr oder weniger zur gleichen Zeit eingezogen waren, und die Formen der Interaktionen sich erst gleichzeitig mit dem Abbau mitgebrachter Verhaltenserwartungen entwickeln müssen. Die emotionale Zurückhaltung hing selbstverständlich mit der gerade im Anfangsstadium des Wohnens noch erhöhten Mobilität bzw. der Mobilitätswahrscheinlichkeit zusammen. Da sich bei längerer Wohndauer und damit durchschnittlich steigendem Alter der Bewohner die Umzugswahrscheinlichkeit verringert, konnten sich auch aus diesem Grunde veränderte Einstellungen zu Nachbarn ergeben haben.

Mit der Zunahme von Wohndauer eines großen Teiles der Wolfsburger Bevölkerung haben sich insgesamt die nachbarlichen Beziehungen intensiviert, ohne die großstadttypische "distanzierte Vertrautheit" aufs Spiel zu setzen. So haben die meisten der 1980 von uns zum zweiten Mal Befragten seit 1960 ihren Grußbereich erheblich ausgeweitet. Und sie sind eher der Meinung, daß das Verhältnis in der Nachbarschaft durch Unterhaltungen und gelegentliche Besuche vertrauter geworden sei (vgl. Herlyn u.a. 1982: 176). Zwar gibt es in den großen, in den 70er und 80er Jahren erbauten Wohnvierteln (Kap. 2) aufgrund der Belegung 'auf einen Schlag' gerade in dem Anfangsstadium des Zusammenwohnens noch recht große Zurückhaltungen gegenüber den Nachbarn, was aber normal und auch aus anderen Stadtuntersuchungen belegt ist.

ad 3) Zur Überlagerung von Werks- und Wohnnachbarschaft wurde in der ersten Untersuchung geschrieben: "Ein nicht zu unterschätzender, für Wolfsburg spezifischer Faktor ist die Tatsache, daß Menschen zusammenwohnen, die zum größten Teil im gleichen Industriebetrieb ihren Arbeitsplatz haben. Da man den Betrieb kennt und oft auch die Lohngruppen für die verschiedenen Arbeitsplätze, ist man über die Einkommensverhältnisse der Mitbewohner meist recht gut orientiert. Man prüft darum den materiellen Aufwand der Nachbarn besonders aufmerksam. Die von den Befragten häufig kritisierte materielle Einstellung der Wolfsburger mag darin ihre konkrete Ursache haben. Auch die relativ hohe Konsumnorm der Wolfsburger wird z.T. auf diesen Umstand zurückzuführen sein. Das so gesteuerte Anschaffungsbedürfnis führt zu Reaktionen, die ihren Niederschlag in folgenden Äußerungen über Nachbarn finden" (Schwonke, Herlyn 1967: 120).

"Einer ist auf den anderen neidisch, will höher hinaus als der andere" (40jähriger Werkzeugmacher im VW-Werk).

"Die Menschen harmonisieren nicht, alles Neid und Haß, man wird nicht warm. Trägt die Frau des Vorarbeiters einen Pelzmantel, dann muß die Nachbarsfrau auch einen haben. Einer will den anderen übertreffen" (33jährige Arbeiterin, seit 14 Jahren in Wolfsburg).

"Kann weiter nichts sagen; wenn einer besser verdient, sind die anderen gleich neidisch. Da muß jeder immer gleich das haben, was der Nachbar auch hat, und dann haben die Leute Schulden" (Maschinenbauer am Laagberg).

Nach einem anstrengenden Arbeitstag hat man den Wunsch, am Feierabend ohne Arbeitskollegen "unter sich" zu sein. Man weiß aus Erfahrung, daß die Gespräche um die Probleme am Arbeitsplatz kreisen würden und ist halt nur "nett bis zur Wohnungstür". Auch wird ein ungezwungener Umgang außerhalb der Berufssphäre durch die betrieblichen Vorgesetztenverhältnisse gehemmt, und so ist die Unverbindlichkeit der sozialen Kontakte in der urbanen Öffentlichkeit empfindlich gestört. Die Werkshierarchie beeinflußt insbesondere für die Werksangehörigen die Rangordnung in der Freizeit. Die Erwartung möglicher Prestigeeinbuße führt zu schichtspezifischer Segregation. In der Aussage eines Wolfsburger Altbürgers wird diese Problematik deutlich:

"Wir haben wenig Kontakt untereinander, weil das Werk alle zu sehr in Anspruch nimmt. Mein Nachbar z.B. arbeitet mit mir zusammen in einer Abteilung, die Gespräche würden immer wieder auf die Arbeit zurückkommen. Hier gehen alle abends zur selben Zeit zurück, man trifft dann nach Feierabend nur noch Mitarbeiter. Es ist z.B. auch so, daß ein Hallenmeister sich nicht mit einem Presser unterhalten würde, auch wenn sie beide gleich gut angezogen sind. (...) Hier in Wolfsburg sind die Leute befangen. In Dresden war das alles ganz anders" (Angestellter im Werk, 55 Jahre).

Wir wollen festhalten, daß der Prozeß des Einlebens wesentlich dynamischer, spannungsreicher und daher langsamer verlaufen ist, als es in älteren Städten normalerweise der Fall ist. "Dort sehen sich meistens die neu eingezogenen Familien oder alleinstehenden Personen im Wohnbereich mit einer Fülle von (...) Verhaltens- und Einstellungsmustern konfrontiert, denen sie sich ganz einfach anzupassen haben, wenn sie Sanktionen der anderen Hausbewohner vermeiden wollen. (...) Bei der gleichzeitigen Belegung der Wohnblöcke in neuen Vierteln ist dagegen der Freiheitsgrad bei der Gestaltung der nachbarlichen Verhältnisse größer (...) die Bewohner können gleich von Anfang an jene Leitvorstellung des relativ unverbindlichen und distanzierten Umgangs verwirklichen" (Schwonke, Herlyn 1967: 122f.). Am problematischten hat sich die Überlagerung von gemeinsamer Werkszugehörigkeit und Wohnnachbarschaft herausgestellt insofern, als diese Tatsache die Möglichkeit erschwert, Privat- und Arbeitssphäre zu trennen, vorausgesetzt, es wird gewünscht.

Im ganzen gilt für die Wolfsburger Entwicklung, daß "die ziemlich ähnliche Form und häufig sozial vermischte Unterbringung von Arbeitern und Nicht-Arbeitern in Wohnblocks des Sozialen Wohnungsbaus dazu beigetragen hat, daß sich Standards einer arbeiterspezifischen Nachbarschaftskultur in Wolfsburg kaum entwickelt haben und so die Angleichung an das Verhalten der Mittelschicht verständlich wird" (Herlyn u.a. 1982: 178). Als Erklärung für die schichtnivellierten Nachbarschaftskontakte ist auch Bezug zu nehmen auf das weitgehende Fehlen eines traditionellen Arbeiterbewußtseins der Arbeiterschaft im VW-Werk (vgl. Kap. 6). Für Wolfsburg, die Stadt mit einem solch dominierenden Betrieb wie dem Volkswagenwerk, bleibt bis heute die Überschneidung von betrieblicher und Wohnnachbarschaft typisch. Diese Tatsache wird von den meisten Betroffenen als Nachteil empfunden, weil sich die Erfahrungsräume der Arbeit und des Wohnens praktisch unausweichlich berühren. Bei dieser Verklammerung wird nun für die meisten der betriebliche Kontext als dominant erlebt insofern, als durch ihn im weitesten Sinne die Kontaktformen und –inhalte im Wohnbereich vordefiniert werden. Es gibt dann praktisch keine, die betrieblichen Arbeitskonflikte neutralisierende Sphäre mehr, sondern die Probleme können dann mehr oder weniger ungefiltert auf den privaten Wohnbereich durchschlagen.

Diese nachteilig empfundene Verklammerung der verschiedenen Lebenszusammenhänge trifft nun in den letzten Jahren auf immer weniger Bewohner zu. Dafür gibt es zwei naheliegende Begründungen. Einmal hat der Anteil der Erwerbspersonen Wolfsburgs, der im VW-Werk arbeitet, abgenommen und die Zahl der im Werk arbeitenden Pendler hat zugenommen. Arbeiteten vor 1960 über 60% der Wolfsburger bei dem VW-Werk, so ist heute der Anteil auf unter die Hälfte gesunken (1998 waren es noch 47% nach Informationen zur Stadtentwicklung 1/1998). Zwar gibt es unter den Rentnern viele ehemalige VW-Arbeiter und -Angestellte, aber bei ihnen lockert sich die Beziehung zur Berufsrealität mit ihren Zwängen und Anpassungen in der Regel relativ schnell. Zum anderen hat der Individualisierungsprozeß - wie in Kapitel 6 dargestellt - inzwischen auch große Teile der Arbeiterschaft in Wolfsburg erfaßt, womit auch die solidarisierende Wirkung des Lebens in klassischen Werkssiedlungen (als Beispiel Kruppsiedlungen in Essen – vgl. Schlandt 1970) verloren ging.

Zur Entwicklung des Verkehrskreises mit Bekannten und Verwandten

Wie bei der Skizzierung der nachbarschaftlichen Beziehungen soll kurz der Verkehrskreis erläutert werden, wie er sich zum Zeitpunkt der ersten Untersuchung vor 40 Jahren darstellte.

Im Jahre 1960 unterhielt im Durchschnitt nicht einmal jede Familie eine verwandtschaftliche Beziehung mit Besuchskontakten außerhalb des Hauses. Dieses Ergebnis ist in Wolfsburg nicht weiter verwunderlich, denn damals konnte es infolge des erst 22jährigen Bestehens der Stadt keine über Generationen ortsansässigen Familien geben, bei denen sich, wenn die Kinder heiraten, die Verwandtenzahl ganz von selbst erhöht hätte. Demgegenüber hatten z.B. die Bewohner der Nordstadt Dortmunds - einem alten Innenstadtquartier - eine durchschnittliche Beziehungsdichte von zwei Verwandten pro Befragten (Pfeil 1959: 204). Wenn es auch 1960 absolut weniger Verwandtenbeziehungen als Kontakte mit Bekannten in Wolfsburg gab, so war doch die durchschnittliche Besuchsfrequenz mit Verwandten wesentlich höher, was auf die größere Selbstverständlichkeit und Vertrautheit dieser Kontakte zurückzuführen sein dürfte. In den Fällen allerdings, wo es Verwandte in Wolfsburg gab, haben diese nicht selten eine wichtige Rolle gespielt: Für viele waren die Verwandten die erste "Anlaufstation", wenn sie mit geringen finanziellen Mitteln und mit nur geringer Aussicht auf eigenen Wohnraum in den Nachkriegsjahren nach Wolfsburg kamen. "Am häufigsten wird unter Verwandten Hilfe (z.B. Pflege von Kranken, Betreuung von Kindern) geleistet" (Diewald 1986), während typischerweise die Nachbarn - quasi als Lückenbüßer - erst um Hilfe gebeten werden, wenn keine Verwandten erreichbar sind.

Der Besuchskontakt mit Bekannten spielte 1960 eine viel größere Rolle als der mit den wenigen Verwandten in der Stadt (im Durchschnitt bestand in Wolfsburg Besuchkontakt mit zwei Bekannten-Familien). In den mittleren Altersgruppen zwischen 35 und 50 Jahren sowie bei Angehörigen der sozialen Mittelschicht fand sich die größte Beziehungsdichte. Der Aufbau des Bekanntenkreises erforderte - wie damals die Untersuchung zeigte -in Wolfsburg eine ausgesprochen lange Zeit: "Erst bei einer Anwesenheit von sechs bis zehn Jahren in Wolfsburg wird die durchschnittliche Bekanntenzahl von zwei Besuchskontakten erreicht (Schwonke, Herlyn 1967: 130). Erinnert sei an die ähnlich zögerlich verlaufende Entwicklung der nachbarlichen Beziehungen. Diese Tatsache gewinnt an Gewicht, wenn wir sie wieder mit der Dortmunder Nordstadt vergleichen; E. Pfeil fand dort den Bekanntenkreis bereits – ähnlich wie die Nachbarschaft - nach zwei Jahren voll ausgebildet (1959: 208). Neben einer Reihe von handfesten Gründen (verschiedene landsmannschaftliche Herkunft, Geld- und Zeitmangel, hoher Motorisierungsgrad, verbreitete Schichtarbeit und soziale Atmosphäre) wurde damals auch auf die gemeinsame Werksangehörigkeit als Hindernis für die Ausweitung des Bekanntenkreises verwiesen, insofern als Werkshierachien außerbetrieblich Separierungen begünstigen, wenn auch nicht zu übersehen war, daß bei weitem die meisten Bekanntenbeziehungen am Arbeitsplatz im VW-Werk entstanden. Diese sich bis heute erhaltene Tatsache hat auch für die Kommunikationsinhalte erhebliche Bedeutung:

"Ich könnte mir auch vorstellen, daß in einer anderen Stadt, wo also die Berufseindrücke der Jugendlichen ganz unterschiedlich sind, weil sie alle in anderen Betrieben arbeiten – daß da bei den Zusammenkünften der Jugendlichen etwas anderes herauskommt, als wenn sie alle aus dem gleichen Werk kommen... Ja, was weiß ich: Der eine geht in ein Motorradgeschäft, der eine repariert Fernseher, der dritte macht das und die kommen zusammen, die haben doch Themen, über die sie diskutieren können, was sie erlebt haben heute, während das, was im Werk passiert ja doch jeder kennt".

Unter Arbeitskollegen kann man sich zwar in der Regel gut austauschen, über den Beruf, spezielle Arbeitsprobleme, betriebliche Hierarchie und gewerkschaftliche Organisation reden; dennoch bleibt der Gesprächsstoff häufig genug darauf begrenzt: Die relativ geringe Arbeitsplatzvielfalt in Wolfsburg schränkt zugleich auch das Themenspektrum der Kommunikation ein. Eine Reihe von Aussagen belegen, daß man das betriebliche Geschehen nicht gerne in den privaten Bereich herübernimmt, um die Kontrollierbarkeit nicht zu stark werden zu lassen, aber auch um einen Strich unter den Arbeitsalltag ziehen und die Freizeit möglichst ohne die auch noch in der Person des Kollegen präsente Erinnerung an die Arbeit genießen zu können. "Man muß auch mal die Kiste (Arbeit) zumachen können", sagte uns ein VW-Arbeiter. Man möchte Kontakte haben, aber "nicht mit Arbeitskollegen. Mit denen ist man sowieso den ganzen Tag zusammen".

Als Fazit für die frühe Zeit bis 1960 in Wolfsburg können wir festhalten, daß ein häufig noch labiles Nachbarschaftsverhältnis mit einer relativen Kontaktarmut einhergeht, was die Zahl und die Intensität der Besuchskontakte mit Bekannten und Verwandten anbelangt (jeder 5. Befragte war ohne jegliche Bekanntenbeziehungen und gut die Hälfte hatten keine Verwandten am Ort). Dementsprechend waren damals Klagen über "die Wolfsburger und den Mangel an sozialen Beziehungen noch weit verbreitet. Ungefähr jeder 4. Befragte wies auf die Kontaktarmut und das mangelnde Zusammengehörigkeitgefühl hin und bedauerte die fehlende Geselligkeit, "die das Leben erst lebenswert macht" (Schwonke, Herlyn 1967: 163).

20 Jahre später im Jahre 1980 hatte sich das soziale Beziehungsgeflecht grundlegend verändert. Um das Ergebnis der Entwicklung gleich vorwegzunehmen: Das soziale Netzwerk mit Verwandten und Bekannten ist erwartungsgemäß in dieser Zeit sehr viel dichter geworden, was im folgenden belegt und diskutiert werden soll.

In der Abbildung 10.2 sind die Antworten der Wolfsburger dargestellt, die im Abstand von 20 Jahren (1960–1980) ein zweites Mal befragt wurden. Der Umfang der Verwandten-Beziehungen am Ort hatte sich bis 1980 deutlich erhöht: Hatte 1960 gut die Hälfte keine Verwandten am Ort, so halbierte sich diese Zahl bis 1980. Der Anteil mit vier oder mehr verwandten Familien

Abb. 10.2 Entwicklung der Besuchskontakte in Wolfsburg (1960-1980)

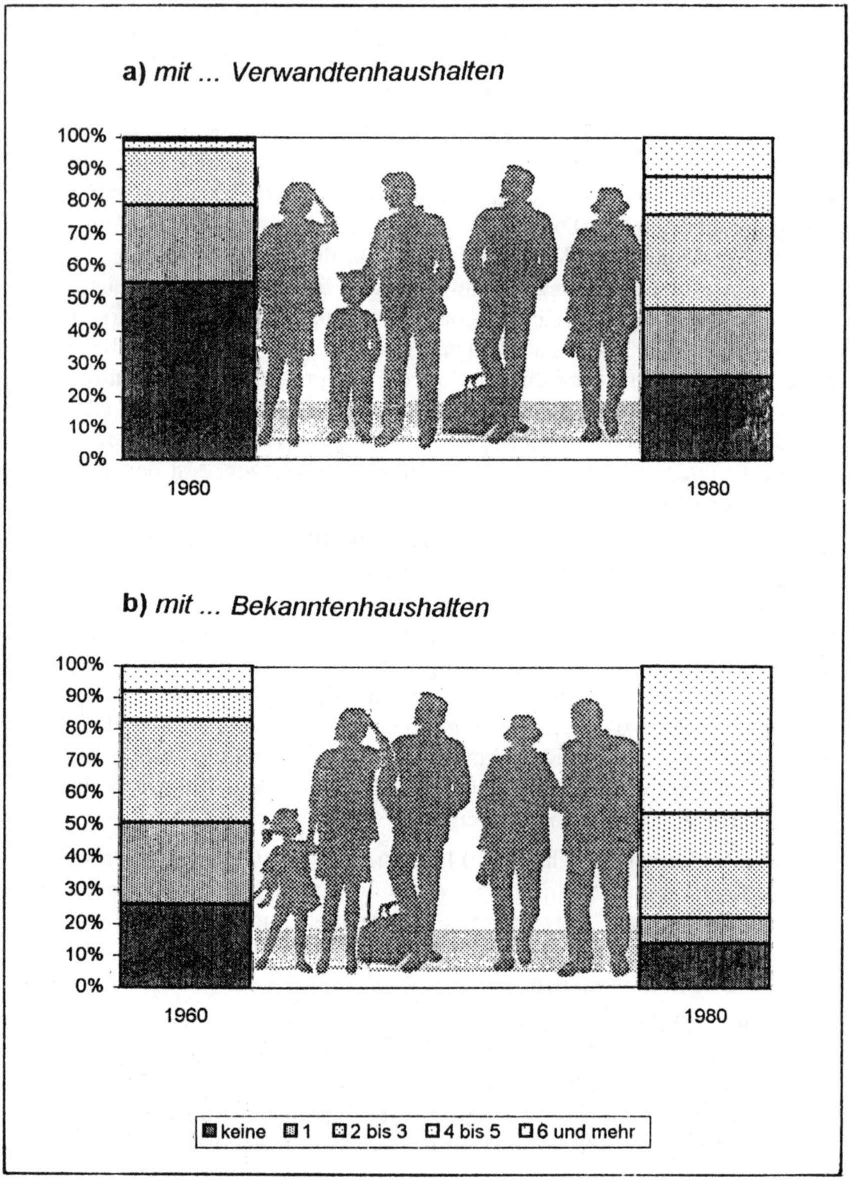

am Ort hatte sich sogar versechsfacht (von 4% auf 24%). In derselben Richtung einer deutlichen Zunahme verlief die Entwicklung der Kontakte mit Bekannten. Von 1960 bis 1980 halbierte sich die Anzahl von Personen, die keinerlei Besuchskontakte mit Bekannten in Wolfsburg unterhalten; die Zahl der Befragten mit großem Bekanntenkreis (sechs oder mehr Besuchskontakte) stieg sogar von 8% auf 46%. Diese Zunahme von Verwandten- und Bekanntenkontakten wird von den Befragten überwiegend positiv beurteilt (vgl. Herlyn u.a. 1982: 181).

Eine besondere Ausweitung erfuhr der Verwandtenkreis durch die Haushaltsentwicklung, insbesondere die Heirat, während Alleinstehende vor allem ihren Bekanntenkreis vergrößern konnten. Vergleicht man nur die Neuzugezogenen von 1960 und 1980, dann sieht man, daß die Neuzuzügler des Jahres 1980 in ein viel dichteres Kommunikationsnetz eingebunden waren; sie fanden kein soziales "Niemandsland" vor, sondern konnten sich schon an entwickelte Strukturen anpassen. Ein überaus deutlicher Zusammenhang besteht zwischen der Zunahme des Bekanntenkreises mit der beruflichen Entwicklung insofern, als Mittelschichtzugehörige und die in dieser Zeit sozial aufgestiegenen Arbeiter 20 Jahre später sehr viel dichter sozial eingebunden waren. Hingegen wird die soziale Einbindung ganz erheblich durch die Wechselschicht-Arbeit behindert:

"Die Schichtarbeit verhindert viele Bekanntschaften, weil man sich kaum sieht" (Facharbeiter, 40 Jahre).

"Wohl fühlt man sich schon, aber durch die Schichtarbeit kommt man mit den Leuten nicht so sehr zusammen, die meisten Leute haben die ganze Zeit mit sich zu tun gehabt" (Rentner, 59 Jahre).

"Hier in Wolfsburg kann Geselligkeit eigentlich gar nicht aufkommen. Sehen Sie mal, ich habe Frühschicht. Heute Abend muß ich so zwischen 20.00 und 21.00 Uhr verschwunden sein, sonst kann ich nicht morgens um 4.00 Uhr aufstehen (...) da kommen Sie eben nicht mehr gesellschaftlich zusammen. In der anderen Woche habe ich Spätschicht. Dann sind Sie abends um 23.00 Uhr zu Hause: dann ist alles gelaufen" (Angelernter Arbeiter, 40 Jahre).

Regelmäßig wiederkehrende Verabredungen sind kaum durchzuführen, weil sich die Arbeitsrhythmen der Teilnehmer immer wieder verändern. Diese bekannte soziale Ausgliederung von Wechselschicht-Arbeitern führt zu immer wieder in den Interviews thematisierten starken Belastungen. Zwänge und Restriktionen für das außerbetriebliche Verhalten der Betroffenen, "die außerhalb dieser (gesellschaftlichen) Tagesordnung stehen und daher von der 'Feierabendkultur' und Freizeitgesellschaft ausgeschlossen sind, weil ihr Zeitrhythmus asynchron verläuft zu der allgemein geltenden Tagesordnung, zum Beispiel auch vom Lebensrhythmus ihrer Familien" (Heinemann 1982: 90).

Die sozialen Beziehungen heute

Wenn wir nun zur gegenwärtigen Situation der Beziehungsarrangements in Wolfsburg zurückkommen, so sehen wir, daß die verbreitete Rede vom "zusammengewürfelten Volk" der ersten Zeit fast ganz verschwunden ist. Nicht das bewußte und nachträgliche Sich-Gewöhnen und Einfügen in die soziale Realität der Stadt, sondern gerade das selbstverständliche Hineinwachsen in den sozialen Zusammenhang vermittelt ein Zusammengehörigkeitsgefühl, das oft genug die Basis von Initiativen für die Gemeinde oder Teile von ihr darstellt.

Die sozialen Kontakte haben sich auch aus der Sicht der Wolfsburger selbst als die wichtigste Integrationsform herausgestellt (vgl. zum folgenden Harth u.a. 2000). Allein nahezu vier Fünftel der Bürger fühlen sich deshalb (eher) in der Stadt eingebunden, weil sie "engere soziale Kontakte" zu Verwandten und Freunden unterhalten. Nur für etwa jeden 10. Bewohner spielen engere Kontakte keine Rolle. Für eher weniger über soziale Kontakte integriert halten sich jüngere Alleinstehende, kürzlich nach Wolfsburg Zugezogene und Befragte der oberen Sozialschichten. Daneben geben etwa zwei Drittel der Befragten an, daß sie auch (eher) viele "lockere Kontakte mit einer Reihe von Leuten" unterhalten, ohne direkten Besuchskontakt. Was die Intensität der Kontakte anbelangt, so haben jeweils 60% mindestens wöchentlichen Besuchskontakt sowohl mit Freunden als auch mit Verwandten. Dabei sind die Besuchskontakte bei den Bewohnern der Ortsteile viel stärker auf diese beschränkt als es bei den Bewohnern der Stadtteile (vgl. Harth u.a. 2000). Auch die Vereinsbindung entspricht in etwa der Beteiligung in der Bundesrepublik. Was die Nachbarschaft anbelangt, so sind in den letzten Jahren bis auf Reislingen-West keine großen Neubauquartiere mehr gebaut und bezogen worden (vgl. Kap. 2), so daß es keine massenhaften Erstbezüge gab, in denen sich alle fremd waren. Eine gute Nachbarschaft wurde als spezieller Vorteil in den 1972 eingemeindeten Kleinstädten Vorsfelde und besonders in Fallersleben sehr viel häufiger genannt als in der Wolfsburger Kernstadt (Funke 1996: 49), was mit den besonderen Traditionen dieser Orte zusammenhängt.

Trotz dieses doch im ganzen positiven Bildes des sozialen Netzwerkes in Wolfsburg scheint es doch noch einige Probleme zu geben. Auf die Frage: "Vor etlichen Jahren haben ziemlich viele Befragte das mangelnde Zusammengehörigkeitsgefühl und die fehlenden Sozialkontakte hier in der Stadt beklagt. Trifft das auch heute noch zu?", antwortete ein gutes Drittel, daß es heute immer noch zuträfe, 20% sagten, es hätte sich etwas gebessert, während ein Drittel die Frage verneinte (vgl. Harth u.a. 2000). Schlüsselt man diesen Befund nach einzelnen Gruppen auf, so gibt es nur relativ geringe Schwankungen hinsichtlich der Lebensform, des Lebensalters oder auch des Berufsstatus. Erwartungsgemäß sind jene Befragten besonders kritisch, die selbst wenig Sozialkontakte haben. Handelt es sich also bei der Beantwortung der provokanten Frage lediglich um eine Projektion der eigenen, realen Kontaktsituation? Aber alleine reicht diese Erklärung nicht aus. In diesem Zusammenhang muß einmal auf die Traditionslosigkeit dieser Stadt hingewiesen werden, in der zwar der Kitt in Form sozialer Kontakte schon vorhanden ist, in der jedoch die sozialen Netze in dieser Stadt noch nicht sehr engmaschig sind, weil sich noch nicht über mehrere Generationen hinweg stabile Beziehungsstrukturen entwickeln konnten. Zum anderen könnte darauf verwiesen werden, daß im Zusammenhang moderner Individualisierungsprozesse Gefühle der Zusammengehörigkeit – ganz gleich mit welchen Personen(gruppen) – immer schwerer zu entwickeln sind.

Die Zurückhaltung liegt überdies in der Stadt nahe, in der ursprünglich fast alle Bewohner zugezogen waren und auch heute noch der Anteil der hier Geborenen unterdurchschnittlich ist. Wenn noch vor 40 Jahren fast die Hälfte ihrer Mitbewohner mit Adjektiven wie "kalt, steif, stur, nüchtern, usw." charakterisiert wurden, so ist das zwar Vergangenheit, aber die gemeinsam erfahrene Rationalität im Volkswagenwerk scheint doch auf den privaten Bereich und die Art der sozialen Beziehungen abzufärben. Man wird abwarten müssen, ob sich daran etwas grundsätzlich ändert, wenn in der nächsten Zeit die zweite in Wolfsburg geborene Generation zunehmend präsent ist. Vielleicht ist dann damit zu rechnen, daß - wie schon in der zweiten Untersuchung vermutet - eine weitere Etappe städtischer Integration erwartet werden kann.

11. Heimatgefühl

Abschließend soll der Frage nachgegangen werden, ob diese "Stadt aus der Retorte" für die Bevölkerung in der doch relativ kurzen Zeit schon zur Heimat werden konnte und welche Faktoren das Heimischsein bzw. das Heimatgefühl begünstigen. Gewöhnlich wird der Begriff der Heimat auf den Herkunftsort bezogen, und die Bewältigung des Alltags am Ort des ständigen Aufenthaltes ist die eigentliche Herausforderung, auf die die Bewohner Antworten finden müssen.

Die Verbindung von heimatlichen Gefühlen mit einer Neuen Stadt wie Wolfsburg erscheint daher auf den ersten Blick widersprüchlich zu sein. War Wolfsburg nicht der Geburtsort der Bewohner, so fehlen dieser Stadt auch andere Elemente, die wir mit Heimat verbinden, nämlich daß es Orte mit Tradition sind. Wir denken zunächst an alte, gewachsene Städte, die aufgrund einer langen Geschichte eine bauliche Gestalt und einen kulturellen Raum haben, die uns helfen, ihn als einzigartig und unverwechselbar zu identifizieren. Aber eine Stadt aus der Retorte, eine neue Stadt, kann all dies nicht bieten, und es gibt zunächst einmal – wie wir gesehen haben - keine über Generationen ansässige Bevölkerung, die verschiedene Lebensphasen, insbesondere Kindheit und Jugend in ihr verbracht hat, geschweige denn ansässige Eltern- bzw. Großelterngenerationen, die ihre Erlebnisse und Erfahrungen in und mit diesem Ort hätten weitergeben und auf diese Weise spezifische Verbundenheit mit dem Ort hätten entstehen lassen können. Trotzdem ist gerade eine Neue Stadt, die 'in die Jahre gekommen ist' ein interessantes Untersuchungsfeld, um zu prüfen, wie sich der Prozeß des Heimischwerdens vollzieht.

Immer wieder hat der Begriff gängige Ideologien wie ein Schwamm aufgesogen, man denke nur an die Phraseologie der "Bodenverbundenheit", die im Nationalsozialismus in der Ideologie von "Blut und Boden" gipfelte (vgl. Bausinger: 1980). Ohne hier den Gründen dafür nachgehen zu können, teilen wir die Auffassung von Erika Spiegel, "daß es keinen zweiten Begriff gibt, in dem die *Raumbezogenheit* und *Raumgebundenheit* der Menschen unmittelbarer zum Ausdruck kommt" (1995: 467). Es sind also immer Orte gemeint, an denen Menschen Erfahrungen zur Gewinnung von Identität sammeln und so sich den betreffenden Ort aktiv aneignen konnten.

Bei der Frage, wann für einen Menschen ein Ort zur Heimat wird, scheiden sich die Geister, und es bestehen - grob sortiert - zwei Paradigmen nebeneinander:

Auf der einen Seite - so meint man - sind es die Orte, in denen Kindheit und/oder die Jugend verbracht wurde, denn die ersten Erfahrungen in den formativen Jahren der Kindheit und Jugend bilden für viele den Kern des Heimat-Phänomens. Sehr deutlich wird es bei Graf von Krockow, wenn er schreibt: "In der Kindheit also und nirgendwo sonst ist das angelegt, was wir Heimat nennen" (1989: 9), entsprechend der bekannten Spruchweisheit "Vergiß nie die Heimat, wo Deine Wiege stand, Du findest in der Fremde kein zweites Heimatland". Nun ist es sicher unbestritten, daß die (Raum)erfahungen in der Kindheit besonders prägend und nachhaltig sind. Prozesse der Heimatbildung jedoch auf die Kindheit zu begrenzen, wird neuerdings aus einer anderen Sichtweise angezweifelt. Danach wird Heimat nicht primär verstanden als der in der Kindheit mehr oder weniger zufällig mitgegebene, sondern als die aktiv angeeignete Umwelt, was prinzipiell in allen Altersphasen möglich ist. "Heimat ist eine Qualität von Aneignung der Welt, sie ist ein Aspekt von Arbeit, also Aufnahme und Veränderung von Wirklichkeit" (Führ 1985: 24). Der Philosoph Waldenfels bringt diese Interpretationsrichtung auf den Punkt: "Zunächst ist Heimat etwas, was erworben und gestaltet und nicht bloß vorgefunden wird (...). Es gibt keine natürliche Heimat (...). Wir haben immer noch Heimat vor uns (...). Jedoch gibt es nicht beliebig viele Heimaten" (1985: 35f.).

Trotz der ideologischen Belastungen und sentimentalen Aufladungen dieses Begriffes in der Vergangenheit (vgl. dazu Huber 1999: 41ff.; auch Schwonke, Herlyn 1967: 175) wurde er in allen drei empirischen Untersuchungen über die Stadt Wolfsburg als Indikator zur Messung der sozialen Integration verwendet. Es wurde in allen drei Untersuchungen gleichlautend die Frage gestellt: "Manche Leute sagen, man könne sich in Wolfsburg nicht heimisch fühlen. Was sagen Sie zu dieser Ansicht?" Durch die indirekte Frageform wurden die Befragten zu einer klaren Stellungnahme herausgefordert und die reichhaltigen Antworten auf diese provozierende Frage in der ersten Untersuchung haben uns veranlaßt, sie immer zu wiederholen. Allerdings muß festgehalten werden, daß nach dem "Sich-heimisch-fühlen" in Wolfsburg gefragt wurde und nicht danach, ob die Stadt Wolfsburg nun die Heimat für die Befragten sei. Das mag mit ein Grund dafür sein, daß die entsprechenden Befragungswerte - früher wie heute - recht positiv ausgefallen sind, da man sich vielleicht eher an einem Ort heimisch fühlen kann als den Ort gleich als Heimat zu definieren.

Die Antworten auf die eben genannte Frage fielen in allen drei Erhebungen immer überwiegend positiv aus: Schon bei der ersten Befragung und auch bei der letzten[14] gaben fast drei Viertel an, sich in dieser neuen Stadt heimisch zu fühlen. Unserem Befund zum Heimisch-fühlen entspricht weitgehend, daß sich fast ebenso viele - nämlich drei Viertel - mit der Stadt derart verbunden fühlen, daß sie immer in Wolfsburg bleiben oder nur ungern fortziehen möchten (vgl. Abb. 11.1).

Abb. 11.1 Stadtbindung an Wolfsburg

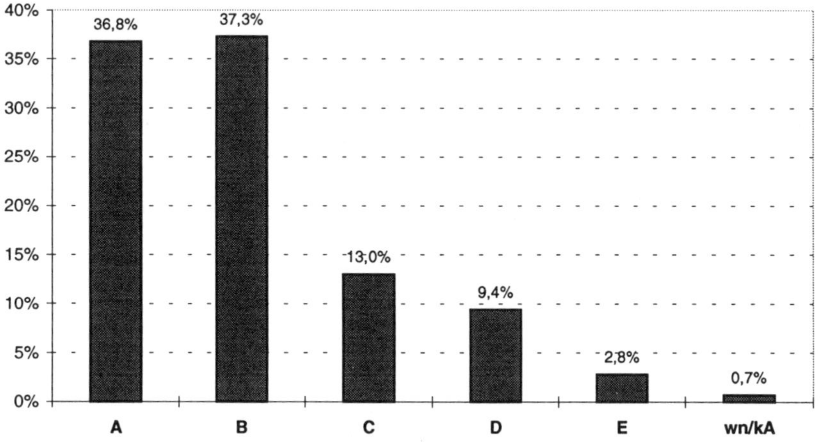

A	Ich möchte immer, solange ich lebe, hier in Wolfsburg bleiben
B	Ich ginge eigentlich ungern von hier weg
C	Es ist mir egal, ob ich hier oder in einer anderen Stadt wohne.
D	Ich möchte lieber in einer anderen Stadt wohnen.
E	Ich will so schnell wie möglich hier weg.
wn/kA	[weiß nicht; keine Angabe]

14 Da die zweite Umfrage eine Panelbefragung war, sind die Ergebnisse nicht repräsentativ für alle Wolfsburger und werden daher hier nicht weiter berücksichtigt.

Doch wenden wir nun zunächst den Blick zurück und fragen nach dem Heimatgefühl vor ca. 40 Jahren, als das Thema der Vertreibung aus der Heimat in den Unterhaltungen der Betroffenen und in der Presse noch einen sehr hohen Stellenwert hatte.

Heimischwerden des zusammengewürfelten Volkes

Es erhebt sich nun die Frage, wann bzw. unter welchen begünstigenden Umständen sich eigentlich dieses Heimatgefühl in dieser neuen Stadt eingestellt hat (vgl. Kap. 5). Sollte das zuerst genannte Paradigma, Heimat verbindet sich unzertrennlich mit dem Geburtsort, zutreffen, dann wäre zu erwarten gewesen, daß sich erst langsam mit einer Zunahme des in Wolfsburg geborenen Bevölkerungsanteils auch das Heimischwerden verbreitet hätte. Doch wenn bereits 1960 drei Viertel der Befragten angeben, sich heimisch zu fühlen, kann diese Annahme nicht zutreffen. Dieses Ergebnis deutet vielmehr darauf hin, daß sich allein mit dem ersten Paradigma diese hohe Zustimmung zur Volkswagenstadt nicht erklären läßt. Um andere Erklärungen zu erhalten, schauen wir uns die Antworten verschiedener Personengruppen an.

Überaus deutlich ist das Gefühl des Heimischfühlens abhängig von der Wohndauer am Ort: Wer länger in der Stadt lebt, kann eher in ihr ein Heimatgefühl entwickeln. Die zustimmenden Werte zum Heimatgefühl nehmen kontinuierlich mit der Wohndauer zu, so daß von den vor 1945 zugezogenen Altbürgern bzw. im Wolfsburger Raum Geborenen schon damals gut drei Viertel der Befragten heimatliche Gefühle ausgebildet hatten. Die Wohndauer ist ein verläßlicher Indikator für ein höheres lokales Informationsniveau und eine fortgeschrittene Integration einer Person in den Lebenszusammenhang eines Ortes. "Je länger eine Person in einer Stadt wohnt, desto besser sind ihre Kenntnisse der materiellen Ressourcen der Stadt, desto stärker sind ihre sozialen Ressourcen (Netzwerke) entwickelt" (Friedrichs 1995: 170).

Es fällt auf, daß die Akademiker und Freiberufler sich damals nicht so häufig vorbehaltlos in Wolfsburg heimisch fühlten. Das mag mit besonderen Anpassungsschwierigkeiten dieser in der Arbeiterstadt Wolfsburg unterrepräsentierten Gruppe zusammenhängen.

Was den Einfluß der geographischen Herkunft anbelangt, so wiesen erwartungsgemäß die Befragten aus dem unmittelbaren Umkreis, die Ureinwohner (Pioniere) bzw. Einheimischen die höchste Zustimmung zu Wolfsburg als Heimat auf. Für 83% von ihnen war Wolfsburg die Heimatstadt.

Wichtiger jedoch für unsere Frage sind zwei andere Gruppen. Einmal antworteten die aus Niedersachsen bzw. der übrigen alten Bundesrepublik

Zugezogenen am negativsten. Dies deutet darauf hin, daß die potentielle Möglichkeit, die alte Heimat wieder aufsuchen zu können, neue Heimatgefühle an anderem Ort erschwerte; selbst Ausländer antworteten positiver. Zum anderen erschien die Tatsache erklärungsbedürftig, daß die Vertriebenen und andere aus dem Osten Deutschlands zugewanderte Personen eine durchschnittlich hohe Heimatbindung an Wolfsburg aufwiesen. Wie wir aus dem Kapitel 5 wissen, war Wolfsburg ein besonderes Auffangbecken für Flüchtlinge und Vertriebene: Etwa zwei Drittel der damals von uns befragten stammten aus Gebieten jenseits des eisernen Vorhanges. Gerade bei ihnen hätte man doch erwartet, daß sie, für die der Verlust der Geburts- bzw. Kindheitsheimat noch nicht so lange zurücklag sich am ehesten kritisch gegenüber der neuen Stadt als Heimat äußerten.

Dabei spielte offensichtlich die Ausweglosigkeit, den ursprünglichen Heimatort wieder erreichen zu können eine große Rolle. Viele von ihnen konnten daher gar nicht anders, als diese Stadt zu ihrer *zweiten Heimat* zu machen. Die Vertriebenen und Flüchtlinge, waren praktisch gezwungen, nun diese Stadt Wolfsburg zu *ihrer* Stadt zu machen. Die unerwartet positive Beurteilung läßt sich daher z.T. aus den Kohortenschicksalen der befragten Vertriebenen erklären, daß den damals Befragten nach ihrer Lebensgeschichte praktisch nichts anderes mehr übrig blieb, als sich diesem Ort gegenüber zu öffnen und ihn anzunehmen und zu versuchen, ihr Leben an diesem Ort neu zu beginnen. Zudem wurde in Wolfsburg das Flüchtlingsschicksal von vielen damaligen Einwohnern geteilt, so daß eine integrationshemmende Frontstellung seitens der Einheimischen wie häufig in anderen Städten sich hier nicht auftat. "Der hohe Anteil an Flüchtlingsbevölkerung bewirkte so viele Gemeinsamkeiten, daß Wolfsburg als neue Heimat akzeptiert wurde" (Uliczka 1993: 49).

Neben diesem speziellen Grund - jedoch mit ihm zusammenhängend - kann allgemein festgehalten werden, daß das sich allmählich entwickelnde soziale Netzwerk aus Freunden, Bekannten, Verwandten und Nachbarn (vgl. Kap. 10) eine der entscheidenden Voraussetzungen für das Entstehen eines Heimatgefühls war.

Typische Antworten von Bewohnern, die im Jahre 1960 befragt wurden, belegen diese These nachdrücklich:

"Wolfsburg ist unsere zweite Heimat schon deshalb, weil wir hier Verwandte haben". (kaufmännische Angestellte, 52 Jahre).

"Ein gewisses Zusammengehörigkeitsgefühl fehlt. Die Bevölkerung ist an und für sich zusammengewürfelt und zum Teil sehr überheblich. Man findet so leicht keinen Kontakt, weil jeder mehr sein möchte als er in Wirklichkeit ist" (Versicherungskaufmann, 36 Jahre, seit 1959 in Wolfsburg).

"Man kann sich heimisch fühlen. Wenn man einen Bekanntenkreis hat, geht es ganz gut. Daran liegt es hauptsächlich" (Junger VW-Arbeiter, seit 5 Jahren in Wolfsburg).

"Ich finde es hier gut. Man muß sich aber Bekannte suchen, von vornherein ist das schwierig" (vorh. Flüchtling, 32 Jahre).

Die Bedeutung sozialer Kontakte für das Heimischfühlen ergibt sich auch aus der Analyse der Begründungen derjenigen, die sich in Wolfsburg nicht heimisch fühlen konnten. Der entscheidende Grund lag für sie ganz eindeutig in den fehlenden personalen Beziehungen bzw. gestörten Kontakten. Eine Auszählung der genannten Gründe von 160 Befragten ergab, daß fast die Hälfte auf das "zusammengewürfelte Volk" hinwies, ein gutes Dritttel meinte, man könne keinen Kontakt finden, weil die Menschen zu steif, stur, kalt und nüchtern seien, 15% beklagten die fehlende Gemeinschaft, den fehlenden Bürgersinn, und 12% kritisierten, die Wolfsburger wollten mehr "scheinen als sein" (vgl. Schwonke, Herlyn 1967: 179).

Es gab auch Begründungen, die sich nicht auf das tatsächliche oder vermeintliche Kommunikationsgeflecht, sondern auf das landschaftliche Bild bzw. die bauliche Erscheinung der Stadt bezogen. König spricht in diesem Zusammenhang von dem Vorgang einer "emotionalen Fixierung" (1965: 421), die bedeutet, daß Objekte der Umwelt durch mannigfache soziale Erlebnisse, für die diese Objekte zunächst lediglich Hintergrund bzw. Kulisse waren, mit der Zeit gefühlsmäßig aufgeladen werden. Die Objekte der Außenwelt lösen dann Erinnerungen an Vergangenes aus. Die Beziehung zur Umwelt bekommt dann einen symbolhaften Charakter insofern, als das Symbol auf etwas anderes hinweist, was es selbst nicht ist. "Das eigentlich Gemeinte bei der gefühlsmäßigen Bindung an Gebäude und Plätze sind vergangene oder noch bestehende personale und soziale Bindungen, die selbst nicht unmittelbar sichtbar sind und für die wir gerne sichtbare Zeichen suchen. Sie sind das Überdauernde, an das sich die Erinnerung heften kann" (Schwonke, Herlyn 1967: 186).

Nach diesem Rückblick auf eine neue, z.Zt. der ersten Befragung etwa 20 Jahre alte Stadt, in der die meisten Einwohner aus den verschiedensten Regionen Deutschlands zugewandert waren, muß die traditionelle Auffassung, Heimat könne nur der Ort sein, an dem man geboren und/oder aufgewachsen sei, in Frage gestellt werden. Sicherlich kam auch das vor. Aber "nur für ganz wenige stellt die Heimat als der Ort der Kindheit und Jugend einen absoluten Wert dar, der durch nichts ersetzt werden kann" (Schwonke, Herlyn 1967: 178). Vielmehr scheint richtig, daß Heimat die aktiv angeeignete Umwelt eines Ortes ist und dieser Prozeß nicht zwingend an eine Lebensphase gekoppelt ist. Die prinzipielle Entkopplung von Kindheit und Heimat gestattet es, das Heimatgefühl als Maßstab für einen erfolgreichen sozialen Integrationsprozeß in das lokale System einer Stadt zu verwenden. Es sollte aber nicht vergessen werden, daß für diese unerwartet schnelle Integration darüber hinaus mitentscheidend der sichere und gut bezahlte Arbeitsplatz bei dem prestigeträchtigen Volkswagenwerk war, worauf - gerade auch in der Nachkriegszeit - immer wieder hingewiesen wurde (vgl. Uliczka 1993).

Wie hat sich nun das Heimatgefühl der Wolfsburger in den letzten Jahrzehnten weiter entwickelt? Mit jedem Jahresring hat die neue Stadt Wolfsburg auf dem langen Weg von einer Werkssiedlung zu einer Großstadt einen Schritt auf jene Normalität hin gemacht, die nun einmal ältere Städte auszeichnet (vgl. Herlyn, Tessin 1988: 145).

Zum weiteren Integrationsprozeß

Im ganzen hat sich 20 Jahre später in der zweiten Befragung im Jahre 1980 das dargestellte Meinungsbild bei denselben Leuten, die schon 1960 befragt wurden, nur unwesentlich verschoben, denn drei Viertel der 508 Personen blieben in ihrer Einschätzung konstant. Den Rest bildeten überwiegend Leute, die von einer negativen zu einer positiven Einstellung zum Heimatgefühl in Wolfsburg gewechselt waren. Nicht selten wurde auf die Zeit hingewiesen, die es dauert bis ein Gefühl des Heimischseins entsteht. Manchmal wurde auch ein normativer Druck spürbar, wenn viele Befragte sagten, daß man sich nach weiteren 20 Jahren heimisch fühlen müsse. Insgesamt scheint sich auch hier die Spruchweisheit zu bestätigen, daß "die Zeit alle Wunden heilt", denn über die Hälfte der 20 Jahre vorher zum ersten Mal befragten Einwohner waren Flüchtlinge oder Vertriebene, bei denen diese Thematik von 1960 wie auch noch 1980 nicht selten eine "Trauer über ein verlorenes Zuhause" (M. Fried) weckte.

Es konnte in der zweiten Befragung wieder bestätigt werden, daß es vor allem die sozialen Beziehungen sind, die die Stadt zur Heimat werden lassen. Bei denjenigen, die sich 1980 heimisch fühlen, knüpft sich das soziale Netzwerk signifikant dichter als bei denen, die eine negative Einstellung zu Wolfsburg als Heimat zeigten: Intensivierung der nachbarlichen Interaktionsfelder, Konsolidierung des Verkehrskreises durch Expansion der Bekannten- und Verwandten-Beziehungen.

Entscheidend für die erste Phase der sozialen Integration war - wie gesagt - die Tatsache, daß die Bevölkerung aus einem "zusammengewürfelten Volk" bestanden hatte, und daß diese Tatsache für die soziale Kontaktaufnahme oft genug sehr behindernd gewesen war. Der Topos "zusammengewürfeltes Volk" verschwand im Laufe der Jahre zusehends und wurde in der 2. Untersuchung kaum noch erwähnt. Viele waren zwar noch nicht mit letzter Selbstverständlichkeit 'Wolfsburger', aber die Kommunikationsstrukturen hatten sich - wie gesagt - doch erheblich verdichtet; ein Indiz dafür mag auch die über dem Durchschnitt der Bundesrepublik liegende Zunahme der Vereinsmitgliedschaft in dem diskutierten Zeitraum sein (vgl. Kap. 7).

Weiter gab es – wie in der zweiten Untersuchung ausgeführt – eine Parallelität zwischen der städtischen Entwicklung und der individuellen Lebensgeschichte. Das scheint typisch für eine neue Stadt zu sein, die erst allmählich ihre Konturen gewinnt und in der noch nicht alles "fertig" ist. Das kam z.B. in folgenden Zitaten zum Ausdruck:

"Man kann sagen, daß man sich hier in den Jahren eingelebt hat und ich fühle mich als Wolfsburger (...). Ich glaube nicht, daß ich in einer anderen Stadt die letzten 20 Jahre so gelebt haben könnte wie hier. Dies war eine Stadt, wie wir hierher kamen - wo nichts war. Und wir kamen ja auch von einem Nichts. Und wir hatten ja alle nichts. Dann hat sich das hier so gemeinsam hochentwickelt. Und dann freut man sich. Man freut sich, wie alles so schön geworden ist" (ungelernter Arbeiter, seit 1955 in Wolfsburg aus Ostpreußen).

"Wir haben den Aufbau mitgemacht und in diesem Sinne sahen wir beide, meine Frau genauso wie ich, damals Wolfsburg als 2. Heimat an. (...) Wir waren jung, wir hatten unsere Familie aufgebaut und die Wohnung gefunden. Und so durch den Aufbau der Stadt, so hat man das als 2. Heimat angesehen" (Facharbeiter aus Danzig, 55 Jahre).

"Ob man sich heimisch fühlen kann, daran ist jeder selbst schuld. Ich fühle mich hier heimisch, weil ich den Stadtaufbau miterlebt habe. Ich freue mich immer, wenn ich in meine Wohnung komme (Planungsingenieur, 52 Jahre).

Die Korrespondenz zwischen der Dynamik städtischer Expansion und Veränderung auf der einen und individueller Lebensgeschichte - oft im Rahmen der Familie - auf der anderen Seite scheint eine Lebenseinstellung zu begünstigen, die Voraussetzung einer Identifizierung mit dem Ort ist. Man muß dann - in Abwandlung einer auf die Wohnung bezogenen Metapher - nicht mehr "gegen die Stadt anwohnen", man fühlt sich aufgehoben, bestärkt, ja beflügelt, indem Gemeinsames zwischen städtischer und individueller Entwicklung erkannt wird (vgl. Herlyn u.a. 1982: 251ff.).

Gerade am Beispiel von Wolfsburg läßt sich sehr deutlich zeigen, daß baulich-räumliche Besonderheiten für die Entstehung der Heimatbindung nicht unerheblich waren. Allen voran war hier die Umgestaltung des Stadtzentrums (vgl. Kap. 8) zu erwähnen, bei der - wie ein Experte damals ausführte - "die Frage des Heimisch-Machens bzw. der Förderung der Identifikation mit der Stadt eine große Rolle gespielt hat". Die 1980 gerade angelaufene Umstrukturierung der Innenstadt, insbesondere die Umwandlung einer mehrspurigen Verkehrsstraße (Porschestraße) zu einem Fußgängerbereich bewirkte bei vielen Bewohnern trotz kontroverser Beurteilung einen Schub an Identifikation mit der Stadt. Aber auch der weitere Bau neuer Stadtteile wie Detmerode und Westhagen sowie die Erstellung infrastruktureller Großprojekte wie das Theater und der Freizeitpark Allersee trugen mit dazu bei, die alternde, ehemals junge Stadt als etwas Besonderes zu erleben. Wolfsburg hatte zwar inzwischen eine individuelle Gestalt, aber es fehlte eben die Atmosphäre, die ältere Städte mit Tradition eher vermitteln. Immer wieder tauchte in den Antworten das Attribut "nüchtern" auf. Wolfsburg ist halt nicht "gemütlich" und das will besonders für Deutsche schon etwas sagen. Um es auf einen kurzen Nenner zu bringen: Es wird beklagt, daß es - einmal abgesehen vom Schloß - keine baulichen und sozialen Überlieferungen aus einer Zeit gibt, zu der man selbst noch nicht in der Stadt war. Man vermißt die Gegenwart der Geschichte, vor allem alte Häuser, die aus anderen historischen Epoche stammen, über die z.B. das nahegelegene Braunschweig oder aber auch kleinere Städte wie Celle, Goslar oder Gifhorn reichlich verfügen.

Typische Aussagen der Befragten hierzu lauteten:

"Es fehlen so anheimelnde Punkte wie ein Denkmal oder ein Brunnen. Es ist nur eine kalte Schönheit. Ehrwürdige Bauten wie in Celle oder Brauschweig fehlen hier ganz" (Ingenieur bei VW, seit 1940 in Wolfsburg).

"Wie soll ich das sagen. Es fehlt diese Romantik, die in alten Städten da ist. Es gibt keine altertümlichen Bauten, das Heimische fehlt, aber es kommt wohl noch" (VW-Arbeiter, 41 Jahre, seit 1957 in Wolfsburg).

"Wenn ich daran denke, wie ich bei meiner Großmutter war, da konnte ich die Marktkirche und verwinkelte Häuser sehen, wie es früher eben alles so war. Ich bin in einer Altstadt groß geworden. (...) und daher finde ich es immer schön, wenn ich nach Vorsfelde oder Fallersleben komme. Die Fachwerkhäuser sind doch wunderbar, auch wenn Sie den Kopf einziehen müssen, wenn Sie zur Tür reinkommen." (VW-Facharbeiter, 45 Jahre).

Mit dem Hinweis auf die beiden Städtchen Vorsfelde und Fallersleben ist übrigens ein interessantes Stichwort geliefert. Schwonke, Herlyn (1967: 163) haben zurecht auf die Ohnmacht der Wolfsburger Stadtplanung hingewiesen, das offenkundige Defizit an städtebaulicher Tradition und historischer Substanz jemals verändern zu können. Aber man kann sich, wie in Wolfsburg geschehen, Vergangenheit, Tradition und historische Bausubstanz 'eingemeinden'. Wie an anderer Stelle ausführlich dargestellt wurde (vgl. Kap. 9), wurden im Zuge einer großzügigen Gebietsreform 1972 20 Umlandortschaften nach Wolfsburg eingemeindet, unter ihnen die beiden Kleinstädte Fallersleben und Vorsfelde, die 942 (Fallersleben) bzw. 1145 (Vorsfelde) erstmals urkundlich erwähnt wurden. In beiden Städten ist noch historische Bausubstanz erhalten geblieben, und nach der Eingemeindung hat die Stadt Wolfsburg viel für den Erhalt dieser Substanz getan. Alles, was in Wolfsburg zeitlich weiter zurückreicht als 1938, wird liebevoll erhalten bzw. der Bevölkerung nahegebracht. Zugleich ist typisch für Wolfsburg, daß man sich sehr um seine junge Geschichte bemüht. So stieß die anläßlich der 60-Jahr-Feier im Jahre 1998 im Rathaus der Stadt durchgeführte Ausstellung mit dem Titel: "... erleben, wie eine Stadt entsteht" (Reichold 1998) in der Bevölkerung auf große Resonanz.

Unter dem Gesichtspunkt der Integration war die reale Eingliederung der 35.000 Einwohner, die per Verwaltungsakt durch die Gebietsreform der Stadt Wolfsburg zugeschlagen wurden, eine besondere Aufgabe. So hieß es in einer Festschrift zum 40. Geburtstag der Stadt: "Erstmals erhielt Wolfsburg Einwohner, die das Bürgerrecht nicht freiwillig gewählt hatten, sondern denen es per Gesetz zugewiesen worden war. Viele von ihnen empfanden den Verlust der kommunalen Selbstverwaltung in ihren Städten und Gemeinden sicherlich als schmerzliche Zurücksetzung und es fiel ihnen schwer, zuversichtlich der neuen Entwicklung ihres Dorfes, ihrer Stadt als Teil Wolfsburgs entgegenzustehen. Der Prozeß der Integration dieser 'Neubürger' stellte in den ersten Jahren nach der Gebietsreform eine der wichtigsten und schwierigsten Aufgaben dar, die es zu lösen galt" (Stadt Wolfsburg Hg. 1978).

In der Tat konnte man schon nach kurzer Zeit in vielen eingemeindeten Orten materielle Fortschritte erkennen: "Überall waren zahlreiche Gemeinschaftseinrichtungen, Schulen, Sportanlagen und Straßen gebaut worden" (ebenda). Darüber hinaus sind aber auch bewußtseinsmäßig inzwischen die Einwohner der verschiedenen Ortsteile und der Kernstadt "zusammengewachsen", auch wenn in den Ortsteilen (besonders Fallersleben und Vorsfelde) das Ortsteilbewußtsein noch heute stark ausgeprägt ist (vgl. Harth u.a. 2000 und im Buch Kap. 9).

In der dritten Wolfsburg-Studie wurde die Frage untersucht, wie und als was sich die eingemeindeten Neu-Bürger Wolfsburgs inzwischen fühlen, als Wolfsburger oder als Vorsfelder, Hehlinger o.ä.; unterteilt man die Wolfsburger Bevölkerung grob in vier Gruppen: Bewohner der alten Kernstadt, der neueren Kernstadt (Teichbreite, Tiergartenbreite, Kreuzheide, Detmerode, Westhagen), Bewohner eingemeindeter Kleinstädte (Fallersleben, Vorsfelde) und eingemeindeter ländlicher Gemeinden, so ergibt sich, daß sich 72% Bewohner der alten und 62% der neueren Kernstadt in erster Linie als 'Wolfsburger' fühlen, aber nur 43% der Bewohner eingemeindeter Dörfer, und in den beiden eingemeindeten Kleinstädten Fallersleben und Vorsfelde sind es nur 26%, die sich als 'Wolfsburger' fühlen; d.h. das Orteilbewußtsein in den eingemeindeten Orten ist doch noch immer sehr viel ausgeprägter als in der Kernstadt Wolfsburg (vgl Harth u.a. 2000). Dieses nach wie vor vorhandene starke Ortsteilbewußtsein im Eingemeindungsbereich ist aber u.E. nicht mehr als Abgrenzung gegenüber der Stadt Wolfsburg zu verstehen, sondern einfach nur gleichsam als 1. Priorität. Trotzdem bleibt das Ergebnis erwähnenswert, weil man sich klar machen muß, daß in der Zeit zwischen 1972, dem Jahr der Eingemeindung, und 1998, dem Jahr der Untersuchung, mehr als 25 Jahre vergangen sind, und sich in dieser Zeit die Bevölkerung dort stark verändert hat: viele Leute, die ihren Ortsteil noch als selbständige Gemeinde kannten, sind gestorben, viele Neu-Bürger sind zugezogen, ohne daß sie den Ortsteil je als selbständige Gemeinde erlebt hätten.

Nach der gelungenen gesellschaftlichen Integration der Flüchtlinge und Vertriebenen in den 50er Jahren, der Bewältigung des Ausländerschubs in den 60er Jahren, kann die Eingliederung der Neubürger nach der Gebietsreform als die dritte große Leistung der Integrationsmaschine der Stadt Wolfsburg gelten. Hiermit werden die integrativen Aufgaben aber nicht zu Ende sein, wenn man an die erwartet hohen Besucherströme im Zusammenhang mit der Autoabholung in der 'Neuen Autostadt' denkt, die nicht ohne Auswirkung auf die gesellschaftliche Lebenssituation in Wolfsburg bleiben werden (vgl. Kap. 8).

"Heimat ist etwas, das ich mache"[15]

Das veränderte Stadtzentrum ist von heute her gesehen – trotz aller Kritik an dem städtebaulichen Entwurf und der Nicht-Erfüllung der ökonomischen Funktion – vgl. Kap. 8 – eine der entscheidenden "Markierungen der Identität eines Ortes" (Mitscherlich 1965: 128), mit denen sich etwas verbinden läßt, die zu neuen Symbolen für persönliche Erlebnisse und Erfahrungen werden können.

Jenseits solcher unverwechselbaren räumlich-baulichen Besonderheiten, die emotional fixiert werden, spielen - das hat unsere Retrospektive auf die Entwicklung des Heimatgefühls deutlich werden lassen - zufriedenstellende soziale Kontakte die dominierende Rolle. Diese soziale Verortung stellt die entscheidende Voraussetzung für ein Heimischfühlen dar. Auch in der neuesten Umfrage konnte bestätigt werden, daß am häufigsten die sozialen Kontakte als Begründung für ein Heimischfühlen genannt wurden. Soziale Kontakte sind hier auch als Teile der Prozesse aktiver Aneignung von Situationen zu interpretieren; d.h. die soziale Integration wird davon abhängig gesehen, was der einzelne aus einer bestimmten Situation macht. Dieses aktive Element unterstützt die anfangs entwickelte These, daß Heimat bzw. Heimatge-

15 So lautet der Titel eines 1997 erschienen Buches von B. Mitzscherlich

fühl nicht etwas Vorgefundenes bzw. in die Wiege Gelegtes ist, sondern aktive Schritte zum Aufbau eines positiven Bezugs zum Ort verlangt. Ein Beleg dafür ist die Tatsache, daß sich das Heimatgefühl der Zugereisten nicht von denen unterscheidet, die in Wolfsburg geboren sind.

Die über viele Jahre geführte Klage über das "zusammengewürfelte Volk" ist heute kaum noch vorhanden. Die Vorstellung verschwand in dem Maße, in dem immer mehr Einwohner in Wolfsburg geboren wurden und die ursprünglich aus den verschiedenen Regionen Deutschlands Zugewanderten sich in den neuen Sozialzusammenhang integrierten. Das heißt jedoch noch nicht, daß das soziale Klima von allen fraglos akzeptiert wird, denn - wie wir im letzten Kapitel erfahren haben - meinte ein Drittel der von uns 1998 Befragten, auf das vor vielen Jahren von der Bevölkerung geäußerte mangelnde Zusammengehörigkeitsgefühl angesprochen, daß das heute immer noch zutreffen würde.

Die Frage von Jean Amery "Wieviel Heimat braucht der Mensch?" kann auch am Ende dieses Buches nicht beantwortet werden. Unsere empirischen Forschungen in der neuen Stadt Wolfsburg konnten jedoch belegen, daß die "Suche nach Heimat" (Greverus 1979) auch heute noch oder gerade typisch ist für eine sich globalisierende gesellschaftliche Entwicklung. Auch bei allen mit Globalisierungsprozessen verbundenen Entgrenzungen bleibt eine gewisse Raumgebundenheit bzw. Bodenhaftung notwendig, um den Aufbau von Identifikationsleistungen zu sichern. Welche Faktoren auch immer die Konstitutionen von Heimat befördern oder behindern, letztlich gilt: *"Heimat ist etwas, was ich mache"* (Mitzscherlich 1997).

12. Ein Resümee: Phasen der Stadtentwicklung

Am Schluß unserer historisch angelegten Betrachtung verschiedener Einzelthemen und Aspekte der städtebaulichen und sozialen Entwicklung der Neuen Stadt Wolfsburg werden diese im folgenden zu einer Darstellung der Entwicklungsphasen der Stadt zusammengefaßt. Das Typische der jeweiligen Entwicklungsphase wird in aller Kürze herausgestellt und zur Veranschaulichung durch einen Begriff repräsentiert, wobei uns bewußt ist, daß es zwischen den Phasen viele Überlappungen gibt und geben muß.

Die Barackenstadt (in den 40er Jahren)

In ihren Anfängen war die Stadt alles andere als eine "Lehrstätte sowohl der Stadtbaukunst wie der sozialen Siedlung" (Hitler, zit. in Schneider 1979: 40). Vielmehr wurde die Baracke zum traurigen Symbol für einen kümmerlichen Start der "nationalsozialistischen Musterstadt". Nicht nur die Menschen waren dort behelfsmäßig untergebracht, sondern auch öffentliche Einrichtungen wie Schulen, Krankenhäuser, Ämter u.a. mehr. Es war eine provisorische Wohnsituation, mit der die Bewohner kaum längerfristige Perspektiven verbinden konnten.

Zwar waren bis Anfang der 40er Jahre in den Stadtteilen Wellekamp, Schillerteich und Steimkerberg etliche Wohnungen erstellt, doch kriegsbedingt entstanden dann "nur noch Baracken zur Unterbringung von Kriegsgefangenen, Zwangsarbeitern und KZ-Häftlingen, die die Rüstungsproduktion des KdF-Werkes aufrecht erhielten" (Reichold, Hg. 1998: 20). Die weitflächigen Barackenviertel gaben der Stadtneugründung sogar teilweise den Charakter eines Lagers. Die Unfertigkeit und Tristesse der Barackenlager teilte sich den neu nach Wolfsburg kommenden Menschen unmittelbar mit (vgl. Kap. 1). Die Enttäuschung drückt sich aus in den ersten Gedanken fast aller: "Hier bleibst Du nie" (Künne 1999: 27). Durchgangsstation für einen nur kurzfristigen Aufenthalt war die Stadt des KdF-Wagens aber nur bis in die unmittelbare Nachkriegszeit (vgl. Kap. 5).

Von heute aus gesehen trifft für die damalige Zeit sehr gut das Wort des Bundestagspräsidenten Thierse, das er auf die Situation der DDR nach der Wende bezogen hatte, zu: "Soviel Anfang war nie und gleichzeitig so viel Ende." Die Kriegszeit war eine schwere Hypothek für die Gründungsphase der neuen Stadt, die erst nach dem Kriege ihre politischen, ökonomischen und kulturellen Konturen entwickelte, die sie bis heute als eine besondere Stadt ausweisen.

Die Werkssiedlung (Nachkriegszeit)

In den frühen Diskussionen in und über die Autostadt Wolfsburg fiel immer wieder der Begriff der 'Werkssiedlung', womit unmißverständlich auf die Dominanz des Volkswagenwerkes hingewiesen werden sollte. Unter einer Werkssiedlung versteht man Siedlungen, die von einem Industriewerk zur Unterbringung von Arbeitskräften gebaut werden, um sie dauerhaft an das Unternehmen zu binden und eine paternalistische Kontrolle über Arbeiter ausüben zu können. Als Beispiel können die Werkssiedlungen der Firma Krupp gelten, die im letzten Jahrhundert erbaut wurden (vgl. Schlandt 1970). "Der 'Oikos' eines Großunternehmens durchsetzt mitunter das Leben einer Stadt und bringt jene Erscheinung hervor, die als 'Industriefeudalismus' bezeichnet wird" (Bahrdt 1961: 12), d.h. dort verläuft das öffentliche und weitgehend auch das private Leben nach den Vorstellungen und Gesetzen des Großbetriebes.

Obwohl es keinen Zweifel daran geben kann, daß die Stadt des KdF-Wagens nicht als Werkssiedlung konzipiert worden ist, sind doch unabweisbar - gerade in der frühen Zeit - viele charakteristische Züge von Werkssiedlungen vorhanden: Der überwiegende Teil der Erwerbstätigen war in dem rasch erstarkten VW-Werk beschäftigt. Die im Mittelpunkt stehende Wohnungsfrage der schnell wachsenden Stadt wurde maßgeblich durch die VW-Wohnungsbaugesellschaft geprägt, die Quasi-Monopolstellung des VW-Werkes war rahmensetzend für die Wolfsburger Kommunalpolitik, indem seine Interessen alle Politikbereiche durchtränkten (vgl. Kap. 4). Das VW-Werk trat als großzügiger Mäzen für eine Reihe kultureller Großbauten auf (Kulturzentrum, Stadthalle, Hallenbad). Die weitgehend omnipotenten Möglichkeiten des perfekt organisierten Betriebes förderten bei der Bevölkerung eine fordernde Anspruchshaltung. Ja selbst die privaten Sozialkontakte in Bekanntschaft und Nachbarschaft wurden durch die gemeinsame Werkszugehörigkeit vieler gefärbt. All dies mag mit dafür verantwortlich sein, daß der Publizist Kuby noch 1957 - also fast 20 Jahre nach der Stadtgründung - sagte,

"Wolfsburg sei immer noch nichts anderes als eine komfortable Werkssiedlung" (Kuby 1957: 408).

Tatsache war, daß nach den Wirren der unmittelbaren Nachkriegszeit und nach der Währungsreform 1948 ein Prozeß der politischen Normalisierung einsetzte. Die Stadt wuchs rasant: In den ersten zehn Jahren nach dem Krieg stieg die Bevölkerung um fast das Dreifache; auch der Wohnungsbestand verdreifachte sich und die VW-Belegschaft stieg sogar um das Vierfache (vgl. die Übersicht am Ende des Textes). Charakeristischer als dieser quantitativ meßbare beginnende Aufschwung war die Tatsache, daß Wolfsburg in der damaligen Zeit zum Auffangbecken für Vertriebene und Flüchtlinge aus ganz Deutschland wurde. Konsequent war die Bezeichnung der Bevölkerung als "zusammengewürfeltes Volk", die nicht nur sich gegenseitig sondern auch den relativ wenigen Einheimischen fremd war. Wenn jemals die Bezeichnung der Stadt als "Integrationsmaschine" gerechtfertigt war, dann auf jeden Fall für die Aufgabe, diese kulturell verschiedenen Gruppen in eine sich erst formierende Stadt zu integrieren. Die von heute aus als gelungen zu betrachtende Integration dieser zuwandernden Flüchtlinge und Heimatvertriebenen war beispielhaft für diese Neue Stadt. Sie war eine der Voraussetzungen für den beispiellosen Aufstieg des Volkswagenwerkes zu einem der erfolgreichsten Konzerne im Nachkriegsdeutschland.

Die 'Wirtschaftswunderstadt' (50er und 60er Jahre)

Sinnbildlich für den unaufhaltsamen ökonomischen Erfolg mag das Datum stehen, daß 1955 der millionste VW-Käfer vom Band rollte. Die Kapazität des Standortes Wolfsburg war ausgeschöpft und so begann zunächst die nationale Dezentralisierung der VW-Produktion (vgl. Kap. 3) in andere deutsche Städte und später die Entwicklung zum internationalen Konzern durch die Gründung in- und ausländischer Tochtergesellschaften. Die Leitung des Werkes in der damaligen Zeit lag in den Händen von Generaldirektor Nordhoff, der als "General" bzw. "König" in Wolfsburg herrschte und mit autoritärem Führungsstil das Werk zur ersten großen Blüte führte.

Die sechziger Jahre stellen den Kern eines schon früher begonnenen und darüber hinausreichenden Modernisierungsschubs dar, der alle Bereiche des gesellschaftlichen Lebens erfaßt und tief durchdrungen hat. Wirtschaftswachstum war das oberste und bis in die späten 60er Jahre kaum in Frage gestellte Ziel gesellschaftlicher Entwicklung, dem vor allen anderen Priorität zuerkannt wurde. Wolfsburg wurde zum Modellfall für die Aufbauleistungen in der sog. Wirtschaftswunderzeit. Daher kam es nicht von ungefähr, daß an den neuen Städten Wolfsburg (und Eisenhüttenstadt in der DDR) in einer großen Ausstellung exemplarisch die Nachkriegszeit bis in die 60er Jahre dargestellt wurde (vgl. Beier Hg. 1997). "Durch den Erfolg des Volkswagenwerkes wurde das Fragment der 'nationalsozialistischen Musterstadt' in der jungen Bundesrepublik die 'Wirtschaftswunderstadt' des Westens" (ebenda: 11). Bis zur ersten VW-Krise 1966/67 fand eine kontinuierliche wirtschaftliche Expansion statt, die bei der Bevölkerung eine äußerst optimistische Sichtweise zur Folge hatte.

Die gut verdienenden Wolfsburger (der Durchschnittslohn übertraf andere Städte bei weitem) konnten sich jetzt viel leisten: eigene Autos, Reisen, gehobene Wohnungsausstattungen etc. und man zeigte diesen neuen Wohlstand. "Goldgräberstadt", aber auch "Großprotzendorf" waren häufig zu hörende Charakterisierungen für diese Wohlstandssituation, in der sich die Bürger zunehmend wohler fühlten. Die inzwischen reiche Stadt gab ihnen zunehmend Gelegenheiten, eine gewisse Freizeitkultur zu entwickeln und den Konsum demonstrativ zu entfalten. Nicht nur große Infrastruktureinrichtungen bekam die Stadt in dieser Zeit mit Hilfe des VW-Werks, sondern die zentrale Magistrale der Stadt, die Porschestraße, übernahm Zentrumsfunktionen und überhaupt gewinnt die schnell wachsende Stadt ihre dezentral angelegte Struktur. Immer wieder wurden durch breite Grünflächen und Waldstreifen getrennte neue Wohngebiete für Tausende von neuen Einwohnern angelegt (vgl. Kap. 2), und die wachsende Stadt vermittelte Selbstvertrauen und Zuversicht. Zur Frage der Identifikation mit der Stadt war es nicht gleichgültig, daß in dieser Zeit - den 60er Jahren - zunehmend Einwohner vorhanden waren, die schon in dieser Stadt geboren waren. Wolfsburg machte - wie E. Kuby sagte - "einen durchaus bürgerlichen Eindruck", weil es in der Stadt keine traditionelle Arbeiterschaft gab. Viele Arbeiter stammten aus anderen Berufsstellungen und daher trifft vielleicht eher die Bezeichnung "Kleinbürger" zu. "Die Stadt verstand sich nun (Anfang der 60er Jahre - Verf.-) nicht mehr als Werkssiedlung, sondern als modernes Gemeinwesen" (Reichold 1997: 43).

Großstadt Wolfsburg (70er Jahre)

Schneller, als man nach den jährlichen Wachstumsraten annehmen konnte, wurde Wolfsburg durch die Gebietsreform in Niedersachsen 1972 Großstadt. Als so 20 Umlandgemeinden eingemeindet wurden, stieg die Bevölkerung mit einem Schlag von 93.000 auf über 130.000 Einwohner an (vgl. Kap. 9). Hiermit wurden Voraussetzungen für eine gedeihliche Weiterentwicklung des Wolfsburger Lebensraumes geschaffen. Quasi über Nacht gab es rd. 35.000 Neubürger, die nun ohne eigenes Zutun Wolfsburger geworden waren und sich in diese Stadt integrieren mußten. Das fiel nicht ganz so leicht für die Einwohner der beiden Kleinstädte Vorsfelde und Fallersleben, die beide über viel Tradition verfügten. Für die Bewohner aus der früheren Kernstadt Wolfsburg wurde mit diesem Akt noch einmal deutlich, daß der Zustand einer Werkssiedlung endgültig überwunden war; zudem verschwand mit dem Anwachsen von in Wolfsburg geborenen Einwohnern der Topos des 'zusammengewürfelten Volkes' immer mehr.

War Wolfsburg mit der Gebietsreform statistisch zur Großstadt geworden, so war die Stadt, was ihre zentralörtliche Bedeutung anbetrifft, damals noch lange nicht Großstadt: Wolfsburg war vor allem eine 'große Stadt' ohne eigentliche City. Ihr Fehlen war ein folgenreicher Geburtsfehler der neuen Stadt und der Autoboulevard der Porschestraße, die lange Zeit die Innenstadt verkörperte, ersetzte das Zentrum nur unvollkommen: Zum einen wurde die Einkaufsfunktion nur unzureichend wahrgenommen, so daß der Kaufkraftabfluß in Städte der Umgebung - vor allem Braunschweig - erheblich war; zum anderen erfüllte sie nicht die Repräsentationsfunktion eines Zentrums. Den Wolfsburgern fehlte ein Raum urbaner Identifikation, nach dem sie sich so sehr sehnten. Beide Defizite wurden gemildert durch die Umwandlung der Porschestraße in eine Fußgängerzone in Verbindung mit einer städtebaulichen Umgestaltung. Wenn damit auch nicht die von den Wolfsburgern so sehr vermißte Atmosphäre und das Flair anderer älterer Städte erreicht werden konnte, so gab es nun doch Ansätze für eine Urbanität. Mit der verspäteten City-Bildung hat Wolfsburg gegen Ende der 70er Jahre den letzten, entscheidenden Schritt auf dem Weg zu einer "richtigen Stadt" getan. So wie die Gebietsreform von 1972 den vorläufigen Abschluß der Phase des "äußeren Wachstums" der Stadt markiert, so die Zentrumsbildung den des "inneren Ausbaus": Die Stadt ist sozusagen "fertig", 40 Jahre nach der Stadtgründung. Wolfsburg wird zwar von den Bürgern als eine Stadt erlebt, in der nun "alles da" sei, die "fertig" und "komplett" sei, aber es fehlt noch an den städtischen Lebensformen, die Urbanität ausmachen. Im Vorgriff auf die Gegenwart ist festzustellen, daß die gewandelte Innenstadt (vgl. Kap. 8) auch heute noch das Sorgenkind Nr. 1 ist, denn für viele (annähernd die Hälfte) hat die Stadt zum einen auch heute noch keine lebendige und städtische Atmosphäre und zum anderen werden von fast ebensovielen die Einkaufsmöglichkeiten negativ gesehen (vgl. Harth u.a. 2000). Aber mit jedem Jahresring wird Wolfsburg einen Schritt auf eine solche Normalität hin machen, die nun einmal ältere Städte auszeichnet.

Wenn auch nicht mehr eine Werkssiedlung, so war doch auch die Großstadt Wolfsburg als Autostadt von dem alles überragenden VW-Werk abhängig, was den Wolfsburgern durch drei starke Rezessionen zwischen 1965 und 1975 bewußt wurde. Nach zwei Krisen (1966/67 und 1971/72), die gewissermaßen Warnsignale für Werk und Stadt waren, führte die bis dahin größte Krise (1974/75) im Wolfsburger VW-Werk zu einem Personalabbau in bis dahin unbekanntem Ausmaß. Innerhalb von zwei Jahren gingen 10.000 Arbeitsplätze verloren. Im Vertrauen auf die Krisenbewältigung im halbstaatlichen Weltkonzern war die Stimmung in der Wolfsburger Bevölkerung damals jedoch nur verhalten gedrückt, wie aus unseren Umfragen hervorging. Aber - und das ist sicher für das kollektive Bewußtsein folgenreich - der Nimbus immerwährender Prosperität war verflogen, die über lange Zeit herrschende Wachstumsmentalität war brüchig geworden. War Wolfsburg in den 80er Jahren also an den "Grenzen des Wachstums" angekommen?

Wolfsburg in der Konsolidierung (in den 80er Jahren)

Tatsächlich folgten bei Werk und Stadt Jahre der Konsolidierung teilweise aber auch der Stagnation, was Bevölkerungs- und Wohnungsbauentwicklung angelangt. Die Beschäftigtenentwicklung bei VW erreichte 1986 seinen Höhepunkt mit 65.000 Arbeitskräften. Nicht unerheblich für die Zukunft war die innere Umschichtung einer fortschreitenden "Tertiärisierung" des VW-Werkes: Der Angestelltenanteil verdreifachte sich gegenüber 1960 (vgl. Herlyn u.a. 1982: 89ff.). Die Bevölkerungszahl pendelte um die 130.000 infolge zurückgehender Wanderungsüberschüsse und der Geburtenüberschuß war nicht mehr vorhanden. Ein wesentlicher Faktor dafür war die Normalisierung der Altersstruktur, in dem der Überhang an jungen Jahrgängen immer weiter abgebaut wurde (vgl. Kap. 5).

Für die 80er und beginnenden 90er Jahre kann man sagen, daß sich die ursprünglichen Besonderheiten in der Bevölkerungsstruktur weitgehend verloren hatten: Der Altersaufbau hatte sich nahezu normalisiert; die Integration der Neubürger in den eingemeindeten Orten war vollzogen; die Sozialstruktur bewegte sich hinsichtlich des Arbeiteranteils langsam auf den Durchschnitt zu. Aber auch in der Arbeiterstadt begannen sich die Lebensstile zu pluralisieren; der Anteil der in der Stadt Geborenen nahm zu. Flüchtlinge und Vertriebene waren - soweit sie in Wolfsburg geblieben sind - integriert.

Aber nicht nur strukturell hat sich ein Prozeß der Normalisierung vollzogen, sondern auch hinsichtlich der Befindlichkeiten und Mentalitäten. Für immerhin zwei Drittel der Bewohnerschaft ist Wolfsburg eine ganz normale Stadt, in der man viel verdienen und auch gut seine Freizeit verbringen kann. Man fühlt sich sozial eingebunden und die Anzahl derer, die sich in Wolfsburg heimisch fühlen, ist so verbreitet wie in anderen Städten. Das Merkmal der Neuen Stadt schwindet in dem Maße, in dem nun allmählich die zweite

Generation in Wolfsburg geboren ist und sich damit persönliche und Familiengeschichten immer mehr mit dieser Stadt verbinden.

Wolfsburg: Stadt im Aufbruch (90er Jahre)

Durch eine Reihe von Kulturbauten von überregionaler Bedeutung (1983 das Planetarium, 1988 die Fachhochschule, 1994 das Kunstmuseum), weiter durch das 'Erlebnis-Marketing' von VW (Europa-Tournee von Pink Floyd und der Rolling Stones in der Mitte der 90er Jahre) und durch Ereignisse wie der Aufstieg des von VW gesponserten VfL Wolfsburg in die 1. Bundesliga, ICE-Anschluß auf der zukunftsträchtigen Strecke Bonn-Hannover-Berlin wurde Wolfsburg imagemäßig weiter aufgewertet. Die Stadt lag nach der Wiedervereinigung nun nicht mehr abgelegen am Rand der alten Bundesrepublik, sondern verkehrsmäßig angebunden in der Mitte Deutschlands wie es bei der Gründung gewollt war. Anfang der 90er Jahre war also so etwas wie eine Aufbruchstimmung in Wolfsburg zu spüren. Allerdings schon 1992/93 schlug die Stimmung bei den Satdtverantwortlichen um: Der VW-Konzern geriet mit seinen 60.000 Arbeitsplätzen in Wolfsburg in eine schwere Strukturkrise. Und diese VW-Krise führte die Stadt an einen Wendepunkt. Für eine kurze Zeit schien es so, als könnte die Stadt Wolfsburg über kurz oder lang Opfer eines Deindustrialisierungsprozesses werden, wie ihn Städte wie Oberhausen, Bremen oder ostdeutsche Städte bereits erlebt hatten, die ihre ökonomische Basis in Industriebereichen besaßen, die auf dem Weltmarkt nicht mehr wettbewerbsfähig waren und buchstäblich wegbrachen: Textilbranche, Werften, Bergbau usf.; der "Industriestandort Deutschland" schien im Zuge des Globalisierungsprozesses grundsätzlich (wenn auch auf lange Sicht) in Frage gestellt! Und Wolfsburg war schließlich Industriestandort par excellence – und nicht zuletzt hatte der VW-Konzern selbst längst damit begonnen, seine Produktionskapazitäten weltweit auszubauen.

Trotz des Abbaus von ca. 16.000 Arbeitsplätzen beim VW-Werk zwischen 1991 und 1996 (das entspricht etwa knapp 20% aller in Wolfsburg vorhandenen Arbeitsplätze) war bei der Bevölkerung überwiegend die Meinung vertreten, sie seien persönlich nicht betroffen gewesen. Zu erklären ist diese vermeintliche Spurenlosigkeit der wohl schwersten Krise durch die Tatsache eines einmaligen Krisenmanagements bei VW, das sozialverträgliche Maßnahmen unverzüglich eingeleitet hatte: Durch Einführung der Vier-Tage-Woche und einer Flexibilisierung der Arbeitszeitmodelle konnten Kündigungen vermieden werden.

Aber vor allem die neuen Großprojekte der 'neuen Autostadt' und der 'Autovision' (vgl. die Kap. 3, 4 und 8), die auf Initiative des VW-Werkes begonnen wurden, bestärkten große Teile der Bevölkerung in ihrem Optimismus. Man erkannte, daß nach 60 Jahren einer im ganzen gedeihlichen, jedoch nicht konfliktfreien Koexistenz von Werk und Stadt das VW-Werk sich in besonderer, bisher nicht dagewesener Weise für diese Stadt engagierte. Im Zusammenhang mit der zur Umsetzung des Autovisions-Konzepts gegründeten Wolfsburg AG (vgl. Kap. 4) scheint es vielen so, als wenn eine "zweite Gründerzeit" begonnen hätte, in der die Stadt Wolfsburg nicht mehr die bescheidene Rolle einer Werkssiedlung spielt, sondern als Konzernsitz und Hauptstadt eines prosperierenden Unternehmens herausgeputzt wird.

Nach diesem Rückblick auf die Phasen der Stadtentwicklung liegt es nahe, von der 'Faszination Wolfsburg', bzw. von der "wohl erfolgreichsten Stadtneugründung des 20. Jahrhunderts" zu sprechen (vgl. Verlagsbeilage der Hannoverschen Allgemeinen Zeitung). Es hat sicher nur wenige gegeben, die zum Beginn dieses ökonomischen, sozialen und städtebaulichen Experimentes vor 60 Jahren sich eine derart imposante Entwicklung vorstellen konnten:

- Der ökonomische Erfolg ist kaum nachhaltiger zu dokumentieren als mit der Tatsache, daß das VW-Werk hinsichtlich der Unternehmensgröße weltweit an 12. Stelle rangiert und der größte europäische Automobilhersteller geworden ist. Es ist – wie man im Zeitalter der Globalisierung sagt – ein "global player", der zwar auf der ganzen Welt Autos produziert und absetzt aber sich doch nun auch nachdrücklich und nachhaltig zu der Stadt bekannt hat, die für das Werk gegründet worden war und die mit dem Konzern auf Gedeih und Verderb verbunden ist. Man weiß inzwischen aber auch, daß alle Versuche, ökonomisch unabhängig zu werden bis heute in Anbetracht des beherrschenden Einflusses des VW-Werks gescheitert sind. Trotzdem bleibt unübersehbar, daß ein immer größerer Teil der Wolfsburger Erwerbstätigen außerhalb des Werkes arbeitet. Nach den gegenwärtigen Initiativen und Aktivitäten des VW-Werkes solch ehrgeiziger Vorhaben, wie z.B. der 'neuen Autostadt' und der 'Autovision', dem Geschenk an die Stadt, die Arbeitslosigkeit zu halbieren , wächst das Vertrauen der Bevölkerung in die Verantwortung des Werkes für die Stadt.
- In sozialer Hinsicht hat die Stadt als Integrationsmaschine so gut funktioniert, daß heute für den weit überwiegenden Teil der Wohnbevölkerung ein selbstverständliches Zusammengehörigkeitsgefühl entstanden ist. Nur selten wurden in anderen Städten vergleichbarer Größenordnung so viele fremde Personen in relativ kurzer Zeit eingebunden wie in Wolfsburg. Dabei ist zuallererst an die Integration der Flüchtlinge und Heimatvertriebenen zu denken; ablesbar an dem Verschwinden des To-

pos vom "zusammengewürfelten Volk". Aber auch die Eingliederung von Neubürgern im Zusammenhang mit der Gebietsreform gehört zu den besonderen Leistungen der neuen Stadt. Sicherlich, die Schwierigkeiten der Eingliederung ausländischer Arbeitnehmer haben auch in Wolfsburg zu massenhaften Rotationen geführt, die jedoch auch von anderen Städten bekannt sind.

Über den sicheren und gut bezahlten Arbeitsplatz hinaus mußten spezifisch soziale Faktoren hinzukommen, um bei der Bevölkerung ein Heimatgefühl zu entwickeln, das mit dem anderer Städte kokurrenzfähig ist. Mit der Zeit hat sich das soziale Netz von Kontakten immer enger geknüpft und eine differenzierte Infrastruktur hat mit Erfolg den unter Arbeitern bekannten Privatismus nicht übermächtig werden lassen. Wolfsburg ist zwar auch heute noch statistisch eine Arbeiterstadt, aber der abnehmende Arbeiteranteil, die mangelnde Arbeitertradition sowie die Pluralisierung von Lebensstilen und Haushaltszusammensetzungen – auch in der Arbeiterschaft - haben die Bedeutung des Arbeiterstatus für das gemeindliche Leben gemindert.

- Was die Stadtentwicklung(spolitik) betrifft, so ist Wolfsburg ein Lehrbeispiel für den modernen Städtebau und für die ihm zugrundeliegenden Ideologien und Konzepte: Nahezu alle Städtebauideologien und –konzepte der Nachkriegszeit haben hier ihren baulichen Ausdruck gefunden (landschaftlicher Städtebau, "gegliederte und aufgelockerte Stadt", "autogerechte Stadt" und "organische Stadtbaukunst", "Urbanität durch Dichte" etc.). Auch wenn es ältere Architektur aus der Zeit vor dem Kriege (bis auf Ausnahmen) in Wolfsburg nicht geben kann, so zeigt sich doch innerhalb der Bandbreite moderner Nachkriegsarchitektur ein differenziertes Bild, das verschiedene Ansprüche bedienen kann. Auch wenn die Innenstadtproblematik in ökonomischer wie auch städtebaulich-urbanistischer Hinsicht ein Sorgenkind darstellt, so gab es doch mit der Einrichtung der Fußgängerzone Anfang der 80er Jahre als auch mit gegenwärtigen Aufwertungsbestrebungen Versuche, den Geburtsfehler der Stadtneugründung zu entschärfen. Das z.Zt. im Bau befindliche ECE-Zentrum und das "städtebauliche Highlight", die "Autostadt", lassen einen Blick auf die Glasarchitektur des nächsten Jahrhunderts erahnen.

Aber gerade zu den momentan sichtbaren zukunftsweisenden städtebaulichen Veränderungen der 'neuen Autostadt', des 'Science Centers' am Bahnhof und der geplanten Erlebniswelten in der Stadt(mitte) muß die Frage gestellt werden, ob sie sich nicht zu sehr nach außen an Fremde richten, um der Stadt Profil und Prestige zu verleihen und dabei den Wolfsburger Bürger übergehen bzw. überfordern, der auch an den kommunalpolitischen Entscheidungen eher peripher beteiligt wurde. Eine lebendige kommunalpolitische Öffentlichkeit gehörte schon in der Vergangenheit zu den Mangelerscheinungen in Wolfsburg. All diese Überlegungen ändern u.E. jedoch nichts an den enormen Chancen, die sich für die Stadtentwicklung Wolfsburgs aus diesen Projekten ergeben werden. Insbesonders ist ein positiver Schub für die Urbanitätsentwicklung der Innenstadt zu erwarten, wenn täglich Besucherströme von Fremden im Zusammenhang mit dem Besuch der 'neuen Autostadt' dorthin kommen werden. Allerdings stellt sich generell die Frage, wieviel inszenierte Erlebnisqualität diese Stadt verträgt, ohne daß die Bürger die Identifikation mit ihr verlieren. Da wirkt ein Wort des Oberstadtdirektors vom Juli 1999 beruhigend: "Wir wollen nichts, was zu dieser Stadt nicht paßt, wollen sie nicht verfremden, nicht amerikanisieren, sondern Wolfsburgs Seele entwickeln" (Wolfsburger Nachrichten v. 24.6.1999).

Anhang

Bildnachweis

Alle Fotos einschließlich Abbildung 1.4 wurden uns freundlicherweise vom Stadtarchiv Wolfsburg zur Verfügung gestellt.

Abbildung 1.3 und 1.5 (Fotograf: F. Heidrich)

Abbildung 6.1 (Fotograf: F. Rogner)

Abbildung 7.1 (Fotograf: H.G. Koll)

Abbildung 8.4 (Fotograf: L. Landmann)

Die Abbildung 2.1 wurde nach Vorlagen bei Reichold (Hg.) 1998 erstellt.

Die Abbildung 5.1 wurde entnommen aus Reichold (Hg.) 1998.

Die Abbildung 9.2 wurde entnommen aus Tessin 1988.

Die Abbildung 10.1 wurde entnommen aus Schweitzer 1988.

Die Abbildungen 3.1, 3.2, 5.3 bis 5.7 und 9.1 wurden auf der Basis vorliegender Statistiken von uns erstellt

Die restlichen Abbildungen sind aufgrund eigener Daten erstellt worden.

Rechte Seite:

Übersicht: Entwicklung von Bevölkerung, Wohnungsbau und VW-Belegschaft in Wolfsburg

Jahr (31.12.)	Bevölkerung Gesamt	Saldo* %	Wohnungsbau Bestand	Saldo* %	VW-Belegschaft Gesamt	Saldo* %
1945	17872		.		6033	
1946	20542	14,9	3385		8261	36,9
1947	22277	8,4	3397	0,4	8382	1,5
1948	23351	4,8	3462	1,9	8719	4,0
1949	24898	6,6	3729	7,7	10227	17,3
1950	26941	8,2	4101	10,0	14966	46,3
1951	28002	3,9	4801	17,1	13365	-10,7
1952	30139	7,6	5720	19,1	16572	24,0
1953	34167	13,4	6857	19,9	19656	18,6
1954	38253	12,0	8131	18,6	24163	22,9
1955	44397	16,1	9955	22,4	29203	20,9
1956	46298	4,3	11100	11,5	28991	-0,7
1957	49629	7,2	12335	11,1	32634	12,6
1958	53793	8,4	13690	11,0	32826	0,6
1959	58862	9,4	15602	14,0	36124	10,0
1960	62935	6,9	17230	10,4	36652	1,5
1961	65993	4,9	18388	6,7	38511	5,1
1962	73140	10,8	19754	7,4	43578	13,2
1963	76649	4,8	21467	8,7	43722	0,3
1964	80525	5,1	22901	6,7	46276	5,8
1965	84099	4,4	24452	6,8	48623	5,1
1966	84600	0,6	25660	4,9	46691	-4,0
1967	84552	-0,1	26354	2,7	45614	-2,3
1968	88997	5,3	27297	3,6	52127	14,3
1969	91644	3,0	28092	2,9	55603	6,7
1970	93494	2,0	28591	1,8	59200	6,5
1971	93546	0,1	29524	3,3	58923	-0,5
1972	130979	40,0**	44248	49,9**	51836	-12,0
1973	135057	3,1	45209	2,2	56549	9,1
1974	131985	-2,3	46803	3,5	51155	-9,5
1975	128586	-2,6	47523	1,5	46097	-9,9
1976	129104	0,4	47851	0,7	48899	6,1
1977	130660	1,2	48287	0,9	52620	7,6
1978	131043	0,3	48626	0,7	54420	3,4
1979	131485	0,3	48903	0,6	56429	3,7
1980	131225	-0,2	49173	0,6	57927	2,7
1981	131610	0,3	50141	2,0	58876	1,6
1982	130782	-0,6	50548	0,8	58348	-0,9
1983	129503	-1,0	51253	1,4	56298	-3,5
1984	128759	-0,6	52031	1,5	57867	2,8
1985	129318	0,4	52459	0,8	61392	6,1
1986	129248	-0,1	52711	0,5	65003	5,9
1987	127663	-1,2	52877	0,3	64242	-1,2
1988	126091	-1,2	52614	-0,5	62330	-3,0
1989	127067	0,8	53903	2,4	61324	-1,6
1990	129097	1,6	54739	1,6	60511	-1,3
1991	129643	0,4	55168	0,8	59942	-0,9
1992	129868	0,2	55848	1,2	56676	-5,4
1993	129100	-0,6	57047	2,1	51494	-9,1
1994	128268	-0,6	57941	1,6	50057	-2,8
1995	127791	-0,4	58325	0,7	48039	-4,0
1996	126361	-1,1	58605	0,5	44857	-6,6
1997	124456	-1,5	59407	1,4	45364	1,1
1998	123898	-0,4	59726	0,5	49139	8,3

* Veränderung gegenüber Vorjahr ** Die hohen Werte kommen durch die Eingemeindungen zustande.

Literaturverzeichnis

Ammon, A. 1967: Eliten und Entscheidungen in Stadtgemeinden, Berlin

Bahrdt, H.P. 1961: Die moderne Großstadt. Soziologische Überlegungen zum Städtebau, Reinbek (Neuauflage 1998, hrsg. von U. Herlyn)

Bahrdt, H.P., Kern, H., Osterland, M., Schumann, M. 1970: Zwischen Drehbank und Computer. Industriestadt im Wandel der Technik, Reinbek bei Hamburg

Bausinger, H. 1980: Heimat und Identität, in: E. Moosmann (Hg.): Heimat, Sehnsucht und Identität, Berlin

Beck, U. 1986: Risikogesellschaft - Auf dem Weg in eine andere Moderne, Frankfurt a.M.

Becker, U., Becker, H., Ruhland, W. 1992: Zwischen Angst und Aufbruch – Das Lebensgefühl der Deutschen in Ost und West nach der Wiedervereinigung, Düsseldorf

Behn, O., Friedrichs, J., Kirchberg, V. 1989: Die City von Wolfsburg - Bedeutung und Bewertung eines jungen Stadtzentrums, Wolfsburger Beiträge zur Stadtgeschichte und Stadtentwicklung, Frankfurt a.M.

Beier, R. (Hg.) 1997: aufbau west aufbau ost - Die Planstädte Wolfsburg und Eisenhüttenstadt in der Nachkriegszeit, Berlin

Bollerey, F., Fehl, G., Hartmann, K. (Hg.) 1990: Im Grünen wohnen - im Blauen planen. Ein Lesebuch zur Gartenstadt, Reihe StadtPlanungGeschichte 12, Hamburg

Brandenburger, D. 1998: Infotainment in Wolfsburg, in: Bauwelt H. 17/18

Brock, D. 1991: Der schwierige Weg in die Moderne. Umwälzungen in der Lebensführung der deutschen Arbeiter zwischen 1950 und 1980, Frankfurt a. M.

Diewald, M. 1986: Sozialkontakte und Hilfeleistungen in informellen Netzwerken, in: W. Glatzer, Becker-Schmitt, R. (Hg.): Haushaltsproduktion und Netzwerkhilfe, Frankfurt a.M.

Diewald, M. 1989: Informelle soziale Beziehungen in der Bundesrepublik – eine Individualisierung sozialer Netzwerke?, in: E. v. Kardorff u.a. (Hg.): Zwischen Netzwerk und Lebenswelt – soziale Unterstützung im Wandel, München

Dombois, R. 1976: Massenentlassungen bei VW: Individualisierung der Krise, in: Leviathan, 4. Jg., H. 4

Dülffer, J., Thies, J., Henke, J. 1978: Hitlers Städte - Baupolitik im Dritten Reich, Köln, Wien

Edelmann, H. 1997: "König Nordhoff" und die "Wirtschaftswunderzeit", in: R. Baier (Hg.): aufbau west aufbau ost, Berlin

Fehl, G., Rodriguez-Lores, J. 1997: "Die Stadt wird in der Landschaft sein und die Landschaft in der Stadt", Bandstadt und Bandstruktur als Leitbilder des modernen Städtebaus, ReiheStadt-Planung-Geschichte Bd. 19, Hamburg

Fondran, E. 1984: Die Stadt- und Industriegründungen Wolfsburg und Salzgitter - Entscheidungsprozesse im nationalsozialistischen Herrschaftssystem, Frankfurt a.M.

Friedrichs, J. 1980: Städte. Eine vergleichende Dokumentation, Offenburg

Friedrichs, J. 1995: Stadtsoziologie, Opladen

Führ, E. 1985: Wieviel Engel passen auf die Spitze der Nadel?, in: Ders. (Hg.): Heimat. Eine Auseinandersetzung mit einem strapazierten Begriff, Wiesbaden und Berlin

Funke, U. u.a. 1996: Wolfsburg aus der Sicht der Bürgerinnen und Bürger - Imageanalyse durchgeführt im Auftrag der Stadt Wolfsburg, (unv.Ms.)

Garhammer, M. 1994: Balanceakt Freizeit. Auswirkungen flexibler Arbeitszeiten auf Alltag, Freizeit und Familie, Berlin

Geißler, R. 1996: Die Sozialstruktur Deutschlands, Opladen

Gluchowski, P. 1988: Freizeit und Lebensstile – Plädoyer für eine integrierte Analyse von Freizeitverhalten, Erkrath

Göderitz, J., Rainer, J., Hoffmann, H. 1957: Die gegliederte und aufgelockerte Stadt, Tübingen

Goldthorpe, J.H., Lockwood, D. 1970: Der wohlhabende Arbeiter in England (zuerst 1968), München

Greverus, J.-M. 1972: Der territoriale Mensch. Ein literaturanthropologischer Versuch zum Heimatphänomen, Frankfurt a.M.

Guthardt, W. 1998: Junge Stadt auf neuen Wegen, in: O. Reichold (Hg.):...erleben, wie eine Stadt entsteht. Wolfsburg 1938-1998, Wolfsburg

GWH (Gesellschaft für Wettbewerbsforschung und Handelsentwicklung) 1995: Stadt Wolfsburg als Einzelhandelsstandort, Hamburg (unv.Ms.)

Habermas, J. 1958: Soziologische Notizen zum Verhältnis von Arbeit und Freizeit, in: Festschrift für E. Rothacker "Konkrete Vernunft", Frankfurt a.M.

Habermas, J. 1971: Strukturwandel der Öffentlichkeit, Neuwied

Harth, A., Herlyn, U., Scheller, G., Tessin, W. 2000: Wolfsburg: Stadt am Wendepunkt. Eine dritte soziologische Untersuchung, Opladen

Hartz, P. 1994: Jeder Arbeitsplatz hat ein Gesicht - Die Volkswagen-Lösung, Frankfurt a.M.

Häußermann, H. 1998: Die selbstzerstörerische Sehnsucht nach der Global City, in: Frankfurter Rundschau, Nr. 141

Häußermann, H., Roost, F. 1998: Globalisierung, in: H. Häußermann (Hg.): Großstadt. Soziologische Stichworte, Opladen

Häußermann, H., Siebel, W. 1987: Neue Urbanität, Frankfurt a.M.

Häußermann, H., Siebel, W. 1998: Stadt und Urbanität, in: GHK, FB Architektur, Hrsg., UmBauPresse, Jg. 16., H. 2, Kassel

Heinemann, K. 1982: Arbeitslosigkeit und Zeitbewußtsein, in: Soziale Welt 33, H. 1

Heinz, W. 1998: Public Private Partnership, in: Archiv für Kommunalwissenschaft, Bd. II

Heinz, W., Hübner, H., Meinecke, B., Pfotenhauer, E. 1977: Sozioökomische Aspekte der Einrichtung von Fußgängerzonen, in: P. Peters (Hg.): Fußgängerstadt - Fußgängergerechte Stadtplanung und Stadtgestaltung, München

Herlyn, U., Scheller, G., Tessin, W. 1994: Neue Lebensstile in der Arbeiterschaft? Eine empirische Untersuchung in zwei Industriestädten, Opladen

Herlyn, U., Schweitzer, U., Tessin, W., Lettko, B. 1982: Stadt im Wandel - Eine Wiederholungsuntersuchung der Stadt Wolfsburg nach 20 Jahren, Frankfurt a.M.

Herlyn, U., Tessin, W. 1988: Von der Werkssiedlung zur Großstadt. Zur Entwicklung der städtischen Identität Wolfsburgs, in: Die Alte Stadt 15. Jg., H. 2

Hilterscheid, H. 1970: Industrie und Gemeinde, Berlin

Howard, E. 1998: Garden Cities of To-Morrow, dt. Ausgabe: Gartenstädte in Sicht, Jena 1907

Hradil, St. 1992: Alte Begriffe und neue Strukturen. Die Milieusubkultur- und Lebensstilforschung der 80er Jahre, in: Ders. (Hg.): Zwischen Bewußtsein und Sein, Opladen

INGESTA, 1969: Gutachten zur Gewerbeplanung der Stadt Wolfsburg, Köln

Jacobs, J. 1963: Tod und Leben großer amerikanischer Städte, Berlin-Frankfurt-Wien

Jürgens, K., Reinecke, K. 1998: Zwischen Volks- und Kinderwagen. Auswirkungen der 28,8-Stundenwoche bei der VW-AG auf die familiale Lebensführung von Industriearbeitern, Berlin

Kautt, D. 1983: Wolfsburg im Wandel städtebaulicher Leitbilder - Texte zur Geschichte Wolfsburgs Band II, Wolfsburg (unv.Ms.)

Kautt, D. 1984: 'Stadtkrone' und 'städtebauliche Dominante' in: Die Alte Stadt, 11. J., H. 2

Kautt, D. 1988: Stadtentwicklung in der Polarität städtebaulicher Leitbilder: Das Beispiel Wolfsburg, in: Die Alte Stadt, 15.J., H.2

Keim, K. 1979: Milieu in der Stadt. Ein Konzept zur Analyse älterer Wohnquartiere, Stuttgart

Keupp, H. 1987: Soziale Netzwerke. Eine Metapher des gesellschaftlichen Umbruchs?, in: Ders. und B. Röhrle (Hg.): Soziale Netzwerke, Frankfurt a.M.

Kleine-Brokhoff, Th. 1998: Tut Modernisierung weh?, in: Die Zeit Nr. 48 vom 19. November

Köhler, A. o. J.: Wolfsburg: eine Chronik 1938-1948, Wolfsburg

Kolck, R. 1977: Aspekte der Versorgungssituation ländlicher Bereiche in Niedersachsen, in : Neues Archiv für Niedersachsen, Bd. 26, H. 2

Koller, P. 1958: Wolfsburg, eine Stadt von Morgen, in: Der Städtetag, H. 6

König, R. 1965: Der Begriff der Heimat in den fortgeschrittenen Industriegesellschaften, in: Ders.: Soziologische Orientierungen, Köln/Berlin

Krabbe, W.R. 1980: Eingemeindungsprobleme vor dem Ersten Weltkrieg: Motive, Widerstände und Verfahrensweise, in: Die Alte Stadt, 7. J., H. 7

Krämer, W. 1996: Wolfsburg - Stadt im Umbruch, in: Deutsches Architektenblatt H.1

Krockow, Chr. Graf von 1989: Heimat. Erfahrungen mit einem deutschen Thema, Stuttgart

Krockow, Chr. Graf von 1995: Heimat in der Fremde, in: E. Führ (Hg.): Worin noch niemand war: Heimat, Wiesbaden/Berlin

Kuby, E. 1957: Das ist des Deutschen Vaterland, Stuttgart

Künne, H. 1998: Frauen in Wolfsburg - Ein Blick in ihre Geschichte, Wolfsburg

Lammert, P. 1987: Die gegliederte und aufgelockerte Stadt, in: Die Alte Stadt, 14. J., H. 4

Le Corbusier 1964: La ville radieuse, Paris (zuerst erschienen 1933)

Maase, K. 1989: Freizeit im sozialen Wandel, in: W. Benz (Hg.): Die Geschichte der Bundesrepublik, Bd. 3. Gesellschaft, Frankfurt a. M.

Matzerath, H. 1978: Städtewachstum und Eingemeindungen im 19. Jahrhundert, in: J. Reulecke (Hg.): Die deutsche Stadt im Industriezeitalter, Wuppertal

Meibeyer, W. 1972: Monographie der Stadt Wolfsburg, in: Akademie für Raumforschung und Landesplanung (Hg.): Die Mittelstadt (2. Teil), Forschungs- und Sitzungsberichte Bd. 69, Hannover

Mickler, O., Pelull, W., Wobbe, W., Kalmbach, P., Kasiske, R., Manske, F. 1980: Ökonomische Bedingungen und soziale Folgen des Einsatzes von Industrierobotern, Göttingen

Mitscherlich, A. 1965: Die Unwirtlichkeit unserer Städte – Anstiftung zum Unfrieden, Frankfurt a.M.

Mitzscherlich, B. 1997: "Heimat ist etwas, was ich mache." Eine psychologische Untersuchung zum individuellen Prozess von Beheimatung, Pfaffenweiler

Mönnich, H. 1958: Die Autostadt - Abenteuer einer technischen Idee, München

Moorhoff, G. 1999: Die Stadt Wolfsburg und ihre 'Fremden' - Ethnische Segregation in den letzten 20 Jahren, Unv. Dipl. Arbeit Hannover

Negt, O., Kluge, A. 1972: Öffentlichkeit und Erfahrung, Frankfurt a.M.

Oswald, A. von 1997: "Venite a lavorare con la Volkswagen!" Gastarbeiter in Wolfsburg 1962–1974, in: Beier, R. (Hg.): aufbau west – aufbau ost. Die Planstädte Wolfsburg und Eisenhüttenstadt in der Nachkriegszeit, Berlin

Peisert, H. 1957: Bevölkerungsentwicklung in neuen Städten, Hannover

Pfeil, E. 1959: Nachbarkreis und Verkehrskreis in der Großstadt, in: Ipsen, G. (Hg.): Daseinsformen der Großstadt, Tübingen

PRISMA, 1983: Einzelhandelsgutachten Wolfsburg, Hamburg (unv.Ms.)

Rauterberg, H. 1999: Glaube, Liebe, Auspuff. Der VW-Konzern baut sich eine eigene Stadt – und verklärt den Autokult zur Religion, in: Die Zeit, Nr. 36 vom 2. September

Recker, M.-L. 1981: Die Großstadt als Wohn- und Lebensbereich im Nationalsozialismus - Zur Gründung der 'Stadt des KdF-Wagens', Frankfurt a.M.

Reichold, O. 1998: ... erleben, wie eine Stadt entsteht. Städtebau, Architektur und Wohnen in Wolfsburg 1938-1998, Braunschweig

Reichow, H.-B. 1948: Organische Stadtbaukunst, Braunschweig

Reichow, H.-B. 1959: Die autogerechte Stadt, Ravensburg

Rohr-Zänker, R. 1998: Die Rolle von Nachbarschaften für die zukünftige Entwicklung von Stadtquartieren, Expertise im Auftrag der Bundesforschungsanstalt für Landeskunde und Raumordnung, Bonn

Schäfers, B. 1998 : Sozialstruktur und sozialer Wandel in Deutschland, Stuttgart

Schlandt, J. 1970: Die Kruppsiedlungen – Wohnungsbau im Interesse eines Industriekonzerns, in: H. G. Helms, J. Janssen (Hg.): Kapitalistischer Städtebau, Neuwied und Berlin

Schneider, Chr. 1979: Stadtgründung im Dritten Reich - Wolfsburg und Salzgitter, München

Schneider, Chr. 1998: Wolfsburg unter anderen. Städtebaupolitik im Dritten Reich, in: Beier, R. (Hg.): aufbau west aufbau ost. Die Planstädte Wolfsburg und Eisenhüttenstadt in der Nachkriegszeit, Berlin 1997

Schubert, D. 1986: Großstadtfeindschaft und Stadtplanung. Neue Anmerkungen zu einer alten Diskussion, in: Die Alte Stadt, 13. Jg., H. 1

Schumann, M., Baethge-Kinsky, V., Kuhlmann, M., Kurz, C., Neumann, U. 1993: Trendreport Rationalisierung, Automobilindustrie, Werkzeugmaschinenbau, Chemische Industrie, Berlin

Schweitzer, U. 1988: Neuanfang in Wolfsburg. Integrationsprobleme von Neuzuzüglern, in: Die Alte Stadt, 15. Jg., H. 2.

Schweitzer, U. 1990: Ortswechsel – Probleme und Chancen des Einlebens an einem neuen Wohnort, Diss. Universität Hannover

Schwonke, M., Herlyn, U. 1967: Wolfsburg. Soziologische Analyse einer jungen Industriestadt, Stuttgart

Selle, K. 1992: Vom 'sparsamen Umgang' zur 'Vision offener Räume' - Stadtentwicklung und Freiraumpolitik für die 90er Jahre (Vorträge, Texte, Materialien), Werkbericht No. 29 der Arbeitsgruppe Bestandsverbesserung, Hannover und Dortmund

Siegfried, K.-J. 1997: Die Autostadt – Zur Selbstdarstellung der Stadt in der Nordhoff-Ära, in: O. Reichold (Hg.) a.a.O.

Spiegel, E. 1995: Heimat, in: Handwörterbuch der Raumforschung und Raumordnung, Hannover

Stadt Wolfsburg (Hg.) 1967: Wolfsburg Zentrum 67, Wolfsburg (unv.Ms.)

Stadt Wolfsburg (Hg.) 1976: Materialien zur Stadtentwicklung, Wolfsburg (unv.Ms.)

Stadt Wolfsburg (Hg.) 1993: Wohnungsbau der 40er Jahre in Wolfsburg, Braunschweig

Stadt Wolfsburg (Hg.) 1998: Ergebnisse der Wanderungsmotivbefragung, Wolfsburg (unv.Ms.)

Staufenbiel, F. 1989: Leben in Städten, Berlin

Tessin, W. 1980: Restriktives Baurecht im Stadtumland - Zu einigen Implementationsproblemen und gesellschaftlichen Implikationen des Green-Belt-Konzeptes, in: Die Alte Stadt, 7. Jg., H. 4

Tessin, W. 1986: Stadtwachstum und Stadt-Umland-Politik, München 1986

Tessin, W. 1987: Die Entstehungsbedingungen der Großsiedlungen, in: Herlyn, U., v.Saldern, A., Tessin, W. (Hg.): Neubausiedlungen der 20er und 60er Jahre - Ein historisch-soziologischer Vergleich, Frankfurt a.M.

Tessin, W. 1988: Stadt-Umland-Politik im Raum Wolfsburg, in: Die Alte Stadt, 15. Jg., H. 2

Tessin, W. 1990: La belle et la Bête - Zu planerischen Utopien der Aufhebung von 'Landschaft' in der modernen Großstadt, in: Nieders.Landeszentrale für politische Bildung, Hrsg., Natur ist Kultur - Beiträge zur ökologischen Diskussion, Hannover

Uebler, E. 1940: Fallersleben, in: Raumforschung und Raumordnung, H. 4; wiederabgedruckt in: Recker, M.-L., 1981: Die Großstadt als Wohn- und Lebensbereich im Nationalsozialismus, a.a.O.

Uliczka, M. 1993: Berufsbiographie und Flüchtlingsschicksal: VW-Arbeiter in der Nachkriegszeit, Hannover

Vester, H.-G. 1988: Zeitalter der Freizeit. Eine soziologische Bestandsaufnahme, Darmstadt

Vogel, B. 1997: Kulturelles Leben zwischen Stadt und Werk. Zirkel und Vereine, Feste und Feiern in zwei Industriestädten, in: R. Beier (Hg.) a.a.O.

Waldenfels, B. 1985: Heimat in der Fremde, in: E. Führ (Hg.): Heimat. Eine Auseinandersetzung mit einem strapazierfähigen Begriff, Wiesbaden u. Berlin

Wang, W. 1996: Alvar Aaltos Entwurf des Wolfsburger Kulturzentrums - Architektur als Materiale Architektur, in: Reichold, O. (Hg.): ...erleben, wie eine Stadt entsteht, a.a.O.

Warren, R.L. 1963: The Community in America, Chicago

Wehling, H.-G. 1975: Gemeinde und politisches Lernen, in: H.-G.Wehling, (Hg.): Kommunalpolitik, Hamburg

Willmott, P. 1963: The Evolution of a Community. A Study of Dagenham after Forty Years, London